云帆沧海凤凰镇

《崛起的长兴岛》编委会·编

文匯出版社

图书在版编目(CIP)数据

云帆沧海凤凰镇/《崛起的长兴岛》编委会编. —
上海：文汇出版社，2019.10
ISBN 978-7-5496-2973-2

Ⅰ. ①云… Ⅱ. ①崛… Ⅲ. ①乡镇—地方史—上海
Ⅳ. ①K295.15

中国版本图书馆CIP数据核字(2019)第182706号

云帆沧海凤凰镇

编　　者 / 《崛起的长兴岛》编委会

责任编辑 / 吴　华
特约编辑 / 蔡德忠
总 策 划 / 樊敏章
封面题签 / 黄　杰
封面装帧 / 徐忠如　辛　慧

出版发行 / 文匯出版社
上海市威海路755号
(邮政编码 200041)
经　　销 / 全国新华书店
排　　版 / 南京展望文化发展有限公司
印刷装订 / 启东市人民印刷有限公司
版　　次 / 2019年10月第1版
印　　次 / 2019年10月第1次印刷
开　　本 / 787×1092　1/16
字　　数 / 400千字
印　　张 / 21.75(插页12)

ISBN 978-7-5496-2973-2
定　　价 / 68.00元

先进村办公楼

先进村两委扩大会议

先进村新一届生产队队长全家福
2018年7月留影

2004—2006年度
上海市五好村党组织
中共上海市委组织部
二〇〇七年八月

文明村
Model Village
上海市人民政府颁发
Issued by
Shanghai Municipality

先进人民调解委员会
上海市司法局
二〇〇二年三月

先丰村两委会议

命名 长兴乡先锋村
为二〇〇三年度上海市文明村。
特发此证。
上海市人民政府
二〇〇四年

绿化先进集体证书
長兴乡先锋村：
被评为一九九一——一九九二年度上海市绿化先进集体。特发此证，以资鼓励。
上海市绿化委员会
一九九三年三月

2004—2006年度
上海市五好村党组织
中共上海市委组织部
二〇〇七年八月

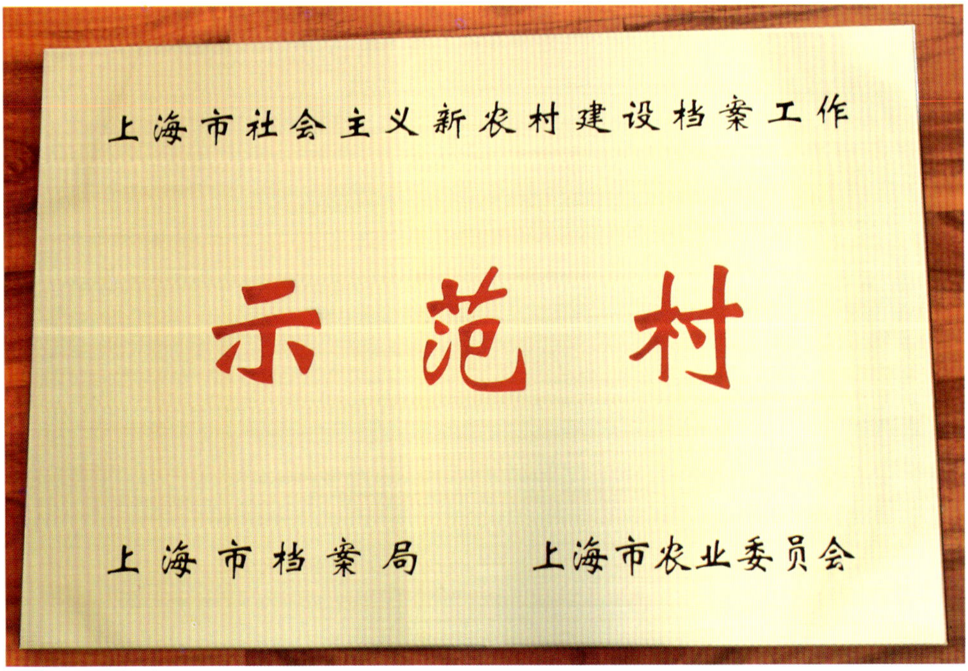
上海市社会主义新农村建设档案工作
示范村
上海市档案局
上海市农业委员会

北兴村党群服务中心
上海市崇明区
长兴镇北兴村村务监督委员会
上海市崇明区
长兴镇北兴村村民委员会
中共上海市崇明区长兴镇
北兴村支部
1669

北兴村两委会

2008-2010年度
上海市五好村党组织
中共上海市委组织部
二零一零年十二月

文明村
Model Village
上海市人民政府颁发
Issued by
Shanghai Municipality

北兴村 荣获
上海市崇明区长兴镇2016年度
先进集体
中共上海市崇明区长兴镇委员会
上海市崇明区长兴镇人民政府
二〇一七年二月二十七日

党建工作进网格
群众服务进家门
北兴村概况
党建“微网格”管理图
网格工作要求
上海扫黑除恶

编　委　会

序一

近日，老朋友郭树清来电，要我为《云帆沧海凤凰镇》一书作序。我素来不喜欢为书作序。这不是我自命清高，而总认为为书作序，要能有助于为这本书锦上添花、提升知名度、增加厚重感。然本人作序起不了这些作用，无故浪费这一席之地，真有点诚惶诚恐。但考虑到这本书的编辑们，他们并不是一批舞文弄墨之辈，而是一群对长兴岛怀有深厚感情的、土生土长的农民和文学爱好者，他们不忘初心、执着追求，在四五年里，在没有得到相关政府部门、文化部门的经济资助，而自筹资金，相继出版了《崛起的长兴岛——长兴岛的故事》《崛起的长兴岛——情系长兴》《多彩的长兴岛》《烟雨蒙蒙厚朴镇》等四本书。系列地宣传长兴岛的前世今生，为挖掘长兴岛的文化底蕴、扩大长兴岛的知名度、增强长兴岛的影响力、提升长兴岛的竞争力、打造长兴岛的文化软实力不遗余力地作出贡献。这一群不为名利、无私奉献，只期盼长兴岛有更好明天的七八十岁老先生的行动感动了我，他们的精神感化了我。我没有理由拒绝他们，更不愿意伤害他们。

人是万物之灵，皆有寻根之本能。观今宜鉴古，无古不成今。作者们在广征博采的基础上编写这部《云帆沧海凤凰镇》的目的，是使长兴人民研究和审视长兴的昨天，了解和把握长兴岛的今天，预见和开拓长兴岛的明天。《云帆沧海凤凰镇》的编撰问世，为长兴岛人民的寻根，为了解长兴岛人民的历史渊源，无疑具有十分重要的意义。

凤凰镇是长兴岛的首善之地，她历来是长兴岛各行各业的中心。要说长兴岛就离不开长兴的凤凰镇，说了凤凰镇也就说了长兴岛，两者是密不可分的。

《云帆沧海凤凰镇》是一部“百科书”。它以近30万字的篇幅，几十幅珍贵的照片，内容包括凤凰镇的政治、经济、社会、文化、自然、风貌、风土人情，等等。条分缕析地记载了凤凰镇有史以来政治、经济、社会、文化等各个领域兴衰变化的历史。新中国成立后凤凰镇一直是长兴岛党政机关的所在地。凤凰镇的历史，就是展现长兴全岛的概貌和发展的历史。通过它，人们可以总览凤凰镇不同历史时期的社会风貌。本书内容丰富，资料翔实，也是反映长兴岛的一本百科全书。

《云帆沧海凤凰镇》是一部参考书。它所记载的凤凰镇各业兴衰的过程，揭示了各种经验和教训。这部书精彩地叙述了那些年、那些事、那些人的创业史、奋斗史、发展史。如实地记载了长兴岛人民的欢乐和痛苦，追求与奋斗；客观地反映了长兴岛人民晦明风雨，毕力劳瘁，创业功高，可歌可泣；对于在长兴岛生活和工作的人们，尤其是担任领导职务的人来说，是一份极其宝贵的精神财富。人们可以从中受到启迪，获取教益，有所借鉴，从而把今天以及明天的事业办得更好。

《云帆沧海凤凰镇》是一部乡土教材。洋洋万言的《云帆沧海凤凰镇》详述了长兴岛人民自强不息、团结拼搏、艰苦创业所创立的丰功伟绩，反映了长兴岛人民厚德载物、存诚博学、爱恶分明的精神风貌。记载了长兴岛人民勤劳勇敢、百折不挠、征天搏地的英勇业绩，展现了长兴岛日新月异、万象兴旺、地灵人杰的一代风姿；翔实地记录了长兴岛凤凰镇，在中国共产党的领导下，所发生的翻天覆地的巨变。所有这些，对于长兴人民，尤其是青少年，都具有十分重要的现实教育意义。

凤凰镇，这个名起得好。凤凰，是百鸟之王，象征祥瑞。长兴的父老兄弟姐妹们确实是富有凤凰祥瑞的灵气。我坚信，长兴人民既然能在过去的岁月里创造出如此辉煌的业绩，那么，亦能在党的领导下，意气风发、斗志昂扬地把长兴岛建设成为“海洋装备岛、景观旅游岛、生态水源岛”；把长兴农村建设成为“美丽的家园、绿色的田园、幸福的乐园”。他们在今后的岁月里，在世界级生态岛建设的大业中，也一定能够书写出更加光辉灿烂的历史新篇章！

是为序！

秦志超

2019 年 7 月 31 日

（作者系上海市崇明区文史研究会会长）

序二

我们先进、先丰、北兴三个自然村，都坐落在凤凰镇周围，地理条件得天独厚，既是进出长兴岛的门户，又是改革开放的窗口。历史上我们是地道的“鸭窝沙”人，也是凤凰镇人。万里长江水流进了鸭窝沙第一河——马家港，浇灌着我们三个自然村的田田块块，它是长兴人民生生息息的母亲河。鸭窝沙是我们上一代的“老宅”，凤凰镇就是我们这一代的“新宅”。“老宅”和“新宅”的时间跨度、相距170多年。说心里话，我们这一代年轻人，大多不能完整地说出长兴岛的过去和凤凰镇历史上的往事。但是，值得庆幸的是，几个平均年龄超过75岁的老党员、老同志，他们怀着对祖辈用扁担一担一担挑起来的家乡——长兴历史的深情，以“一万年太久，只争朝夕”的精神，抢救长兴史料，他们汇总资料、图片，编写了《云帆沧海凤凰镇》一书。

据了解，此书通过回忆，收集了凤凰镇的往事，但笔域已经延伸到了长兴岛的昨天、今天和明天。这本书，不但丰富了我们三个村的村志，对长兴乡志同样有某些补充。这是长兴人民的“本帮菜”，用心咀嚼，亲切自然、很接地气。读来感慨万千，回味无穷！

要说昨天。从海岛“开沙”到长兴岛解放，已历时100多年。这段漫长的历史，是悲惨的历史，是痛苦的历史，是受压迫、受剥削的历史，是永远不能忘却的历史。在这100多年中，我们的祖辈从崇明、启东、海门等地，拖儿带女逃荒到此定居，吃的是独龙顿，住的是滚洞厅，穿的是布条筋。在重租压境下，挑泥做岸、围垦套圩，他们依仗海滩上“蛸蜞、芦青、茭白草”的天然资源，在这五个小沙都不相连的孤岛上，求生存、谋发展，过着牛马不如的生活。鸭窝沙的名称充满着“野味”和艰辛，这块“荒滩”，既是他们早期开发建设的战场，也是他们艰苦生活的缩影，更是一座露天“自然博物馆”。

再说今天。从新中国成立以后到现在，历史的车轮向前滚动了整整70年。海岛人民和全国人民一样，经历了站起来、富起来到强起来的70年。在中国共产党的坚强领导下，这个“地图上找不到、报纸上看不到、广播里听不到”的长兴岛，实实在在长高了、长大了、长实了。它已拉近了大上海、全中国、全世界的距离，十几万建设大军，把曾经有人评说为“伤心岛”的长兴岛，逐步变成“粮棉岛”“柑橘岛”“海洋装备岛”“旅游岛”。目前正在向“三个功能岛”的建设目标冲刺，一幅美丽乡村的幸福图案就在眼前闪亮登场。凤凰的老镇已经移到了凤滨路一条街。凤凰镇以及镇域以外的地方，绿化郁郁葱葱，道路四通八达，小区高楼林立，社区建设迅猛发展，经济增长速度迅速，人民生活已成小康。今天，这颗长江口的东海明珠，像大姑娘芙蓉出水，亭亭玉立、光彩照人！

后说明天。开发建设的历史接力棒，已经到了我们这一代年轻人手中。我们三个村领导班子成员，自感责任重大。我们要牢记在1949年前100多年受人欺负的耻辱史和新中国成立70年来的幸福史，决心在以习近平同志为领导核心的党中央坚强领导下，按照长兴镇党和政府绘制的发展蓝图，践行习近平新时代中国特色社会主义思想，一步一个脚印，以“三个功能岛”建设和美丽乡村建设为总目标，带领广大村民用实际行动迎接中华人民共和国成立70周年，让凤凰镇飞出“金凤凰”，让长兴岛长兴下去！

中共长兴镇先进村党支部书记 

中共长兴镇先丰村党支部书记 

中共长兴镇北兴村党支部书记 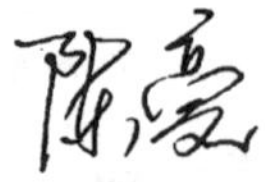

前　言

凤凰镇位于长兴岛中部，是一个拥有100多年历史的长江口的一个沙洲，这里有着良好的区域优势，便捷的交通网络，丰富的旅游资源，舒适的宜居环境，深厚的文化底蕴。自古以来，凤凰镇都是长兴岛上政治、经济、文化中心。

凤凰镇，充满生机活力的海岛小镇。长期以来，凤凰镇以落实乡村振兴战略，全力打造具有生态宜居、田园气息、乡土风情、产业鲜明等特色乡村的发展路径，扬起高质量发展风帆，在新征程上奋进追梦。近年来，凤凰镇坚持不懈地走转型发展之路，产业结构明显改善，创新能力持续提高，乡村发展活力和市场竞争力不断提升。

凤凰镇，处处散发着无穷魅力。近年来，凤凰镇人民充分利用岛上资源，因地制宜，按照崇明区政府建设世界级生态岛的战略任务，精致乡村的目标，重点编制特色乡村、创建美丽乡村等规划，经济产值不断提升，人居环境质量不断提高，人民生活水平不断改善。

凤凰镇，传承着优良的本土文化。具有100多年历史的凤凰镇，留下了诸多充满乡土气息的印记和人文故事。近年来，为挖掘丰富的历史文化底蕴，创建了乡村文体中心，农耕文化馆、乡贤馆等，而带动村民参与乡村共建共享，亦激发了乡村内在活力。比如，建起了一座缘觉寺庙，吸引岛内外大批信徒前来礼拜，让佛教文化以及向善的人心、重义的民风优良传统发扬光大。挖掘和发展凤凰镇独特的人文环境，民俗风情，是我们全体编委成员的职责和义务。本着这一指导思想，积极筹备编撰《云帆沧海凤凰镇》一书。本书自征稿以来，承蒙得到岛内外广大文学爱好者和曾经在凤凰镇工作过的岛内外人士的关心和积极响应，他们怀着对凤凰镇的真情实感精心撰稿，并用他们热情洋溢的感悟和笔触，从不同角度讴歌凤凰镇的前世今生和各个时期所取得的辉煌成就。

书中近百篇入选作品，主题鲜明，风格各异，异彩纷呈，表达了作者对党、对祖国、对家乡满腔的热爱之情，对改革开放新时代勇当排头兵和实现中国梦的奋进之情，投入家乡建设，助力乡村振兴。在这里，我们也看到了广大作者的精神风貌和艺术风采。

我们全体编委会成员，都是退休多年的老同志，平均年龄在75岁以上。通过编写《云帆沧海凤凰镇》一书，收获到很多的乐趣和成就，学到了许多新的知识，开阔了视野，净化了心灵，陶冶了情操，促进了大脑思维能力，对身心起到了保健作用，使晚年生活过得更加充实和丰富多彩。为此，让我们一起为党的事业发展点赞加油，为凤凰镇的健康发展和美好前程而不懈努力！

徐惠忠

目 录 Contents

第三章 改革开放

第四章 教育天地

第五章　凤凰乡韵

第六章　诗情画意

第七章　三村概况

第八章　附录

第一章　历史钩沉

历史，是自然界和人类社会的发展过程，它记载着流逝岁月的人和事。

当你翻阅凤凰镇的这幅历史画卷时，一定会有许多感想和启示，并对社会发展有着一种哲理性、历史性的思考。

历史是一面镜子，历史是一部教科书。你读了本篇章的一些文章后，一定会感受到：历史的潮流总是滚滚向前的，人民群众是真正的历史创造者，人民的力量是不可抗拒的。历史告诉我们：中国共产党的领导和优越的社会主义制度，是国家走向繁荣、民族走向兴旺、人民走向幸福的根本保障。

静谧闲适凤凰镇

郭树清

长兴岛上有凤凰镇，此镇位于该岛中部南沿马家港两边，架设在河面上的那座东西走向的双木桥便称为“凤凰桥”。有着100多年历史，面积为185平方公里的长兴岛，是由石头沙、潘家沙、瑞丰沙、鸭窝沙、金带沙、圆圆沙等6个小岛，直到20世纪70年代初连成一体，称为长兴岛。凤凰镇原属鸭窝沙境内，起先镇上仅有两爿小杂货店，店主是顾卿凤、黄朝相，后逐渐形成了集镇。人们为了纪念和褒扬他们为建镇立下的功劳，就从他俩的姓名中各取一字“凤”和“黄(凰)”为凤凰镇，意为这里人杰地灵，凤凰也肯来落脚。

那条南北走向的马家港从凤凰镇中间穿越而过，它的南端入江。相传，因港口岸边住着一户马姓人家，以行船谋生，过往到长兴岛的船家们当遇到困难事常到他家求助，而马家人热情好客，总是有求必应，鼎力相助。久而久之，马家宅院成了渔船靠岸泊居之处，人们便以该港口居住的马姓渔民之姓，称之为马家港。

凤凰镇的历史街巷，融汇着建筑、历史、宗教、民俗等丰富文化。随着渔户密集，港口渔舟泊岸的增多，那时候，每当夜色朦胧，港口内渔火闪烁，渔歌吆喝，好不热闹。随之，街市也不断繁荣，生意日益兴盛起来。凤凰桥东西两堍头，商店纷纷开业，河东有施志仁杂货店兼邮政，张文祥、张小清杂货店兼营肉台，徐小明、朱灿其、徐小贤3爿烟糖杂货店，薛发仁茶馆。紧接着又增加了郁三狗、毛锡周茶馆，朱三弟染坊，施小其酒茶馆，黄宝其米厂。河西有芮鹤松酒食店、曹福章米厂、倪少辰药店。抗战胜利后，建立长兴区，区公所设在凤凰镇，新民国民学校(现长兴中心小学)也迁至凤凰镇。

新中国成立初期，凤凰镇街市日趋繁荣，规模日渐扩大成为新型集镇，先后建立长兴供销社、国营第二碾米厂、长兴粮管所、供销站等。1956年私营商业经社会主义改造，成立合作商店。1963 年 8 月开通了吴淞至马家港航线，设立客运码头。1966 年底街面通行公共汽车。20 世纪 70 年代街面改造拓宽，那座双木凤凰桥也翻建成跨度 26 米拱形并设有护栏的钢骨水泥桥，仍称凤凰桥。1974 年成立凤凰水站，向居民供应自来水，结束了自古以来用河水和井水做饭的历史。1979 年建成一座每小时出水 70 吨的深井和高度 25 米、容水 100 吨的水塔。河东街道建成混凝土路面。1985 年马家港用石料、混凝土加固堤岸，筑砌护坡加重立式墙。镇区内还建有 1 幢 5 层办公楼，1 102 个座位的乡政府大礼堂，长兴中学的 3 幢 3 层教学楼，中心幼儿园的 3 层教学楼。

1985 年凤凰镇迎来了凤凰涅槃般的变化，面积为 0.2 平方公里，各类商铺鳞次栉比，星罗棋布，如雨后春笋般涌现。河西先后建立银行、邮电支局、装卸码头等。河东建有长兴浴室、旅馆、照相馆、商业公司综合商店、粮管所、房管所等。街东建有长兴乡机关、长兴中小学、中心幼儿园、长兴法庭、长兴派出所、工商管理所、文化中心管理站等。河东有改水管理站、电力排灌站、气象哨等。一直到 20 世纪 90 年代末，凤凰镇水陆交通便捷，经济繁荣，沿街商铺，相连紧挨，市场活跃，成为岛上颇具规模的四大集镇(凤凰镇、厚朴镇、园沙镇、三民镇)之首，是全岛政治、经济、文化的中心。

步入新时代，随着社会的发展和长兴岛海洋装备产业基地建设的需要，开辟了新区，乡村面貌日新月异，凤凰镇上原有的行政、经济、文化、卫生等机构也随之迁入新区，镇上的商店被分设到各社区，现代的都市气息和昔日街坊市场的古朴风韵融和。过去那繁盛的街巷，如今成了民风淳朴、环境整洁、人文历史和自然生态交相辉映的风情小镇。

冬日的一天，阳光和煦，微风拂面。我在《崛起的长兴岛》编委会同志的陪同下，兴致盎然地来到凤凰镇。走进街巷，跃然眼前的是，这里静谧闲适，绿水辉映，芦花婆娑起舞，树木黄绿相衬，白云飘在天际，艳阳高照，轻风吹拂，空气清新，景色宜人。一条条被绿草和鲜花抱着的小径蜿蜒曲折，一座座种植着花草树木的街心小花园穿插其间，到处散发着传统民俗气息的街巷，连接着悠悠岁月，充盈着浪漫色彩，更是紧连着当地经济、文化和百姓生活。

凤凰镇北侧的缘觉寺，那是长兴岛上仅有的一座佛教寺院，这是从 1994 年起，在原“垂珠园”的遗址上经过 10 多年的分阶段改造，重新建起的佛教寺院，从而开启了从无到有的新篇章。取缘觉为寺名，乃因缘而觉，即缘佛成觉之意。进得寺院狭长的庭院，青瓦黄墙，飞檐翘角，画栋雕梁，精美别致，辉煌庄重。翠绿的树木，郁郁葱葱，流水潺潺，曲径通幽。那耸立的宝鼎，玲珑雅致，香炉里袅袅香烟，烛亭内闪闪红光，僧人的诵经声和信众们的祈祷声，轻声细语，彬彬有礼，不由令人心生敬意。2014 年 9 月落成并开光的那尊高 6 米、全身洁白的观音佛像耸立在寺院中间的亭台楼阁、假山水榭间，显得出尘脱俗，清净庄严，成为崇明区最大的露天大佛。

走出寺庙大门，回首望去，绿树掩映下的缘觉寺，青砖、黛瓦、黄墙，小巧玲珑、整洁清丽，庙门前碧水盈盈，在阳光下闪耀着粼粼波光，明媚俊朗，宛如一幅静美油画。极目远望，天空明净，水流明澈，碧绿无垠的橘园，枝繁叶茂，层层叠叠，楚楚动人。还有那原野茫茫，空旷悠远，一条条河渠、一丛丛树木、一排排屋舍、一片片农田自成一景，三三两两的白鹭时而在田间悠闲觅食，时而在蓝天自由翱翔，那一片祥和里，浸透着水秀鹭欢的诗情画意，尽享着生机勃勃的自然风光，令人心旷神怡。

徜徉在凤凰桥头，映入眼帘的是另一番美景。那穿街而过的马家港碧水盈盈，波光粼粼，风光旖旎，河面倒映着蓝天彩云，河水如银色飘带自南向北蜿蜒流淌，呈现着无限的画境和诗情。环顾四周，那南岸边船厂高大的塔吊伸出长长的臂膀在缓缓转动着。沿河两岸行道边那一排排姿态优美的水杉、楝树、榆树、合欢等落叶树间，夹杂着常绿的樟树、玉兰树和桂花树，还有那杜鹃、茶梅、月季、天竺、蜡梅、枇杷等开花植物，在冬阳的照耀下，于绿叶中闪烁，多姿多彩，层层参差，灿烂缤纷，彼此衬托掩映，形成了花叶共享、色香俱佳的绝妙美景。那一幢幢沿河而居、色彩夺目、造型迥异的农家小楼，街贯巷连，巧妙组合，相映成趣，犹如一幅和谐优雅和充满江南水乡文化底蕴的风情画卷。

舒适的环境使人健康长寿。那天，我们来到先进村 6 队走访了凤凰镇历史见证人——今年 104 岁的姚敏秀老人。她是凤凰镇第一代店主黄朝相的妻子，见我们走进她家，便笑盈盈地迎接，招呼我们坐下。老人眉清目秀，精神矍铄，手脚灵活，目光炯炯、满面红光、乐观开朗。她的三个儿子和儿媳们对老人的孝敬在长兴岛上有口皆碑，他们陪伴老人同住一起，相濡以沫。老人的子孙个个都有出息，小儿子黄俊明虽患有眼疾，却是长兴岛上出了名的民间艺人，吹拉弹唱样样都会。如今他们是儿孙满堂，人丁兴旺，住着新式宽敞的别墅楼房，一家人过着甜甜蜜蜜、其乐融融、共享天伦的幸福生活。

来到凤凰镇实地走访考察，一路观览，心中油然生起无限感慨。有着 100 多年历史的凤凰镇，让人领略到那纯朴、智慧、勤劳而执着的海岛先民们创造了人间辉煌，深深地感受到海岛垦拓文化深厚的底蕴和历代长兴岛人付出的艰难和不懈的追求。凤凰镇如画，赏之洗心涤肺；凤凰镇如诗，品之余韵无穷；凤凰镇如史，读之启人深思；凤凰镇更是满怀憧憬，追梦路上疾步前行……

（作者系上海市作家协会会员）

凤凰镇名的传说

柴焘熊

凤凰镇是崇明区长兴镇政府的所在地，也是长兴岛上最大的集镇，地处岛的中部，南沿马家港的两边。想知道这个乡间小镇为何有这样一个美丽动听的镇名吗？它有这样一个传说。

180多年前，现在长兴岛一带的江面上，只有石头沙、鸭窝沙先后露出水面，到1909～1924年圆圆沙、潘家沙、金带沙分别围垦第一个圩。据说在前，还有崇宝沙坍了后才涨起来的石头沙。刚开始时，这些沙洲上一片荒凉，无人居住，仅有水草漂忽、芦苇随风飘摇，水鸟落脚、虾蟹栖息。年年初春暮秋时节，鸭窝沙上更是有成群结队北上南下的大雁、野鸭等驻足歇脚，还有的干脆在此做窝，繁衍生息。可以说这里是候鸟的栖息天堂、水生动物的乐园。人们随口把这小沙叫为鸭窝沙，倒也名副其实。众多的水鸟在此云集，自然也吸引了江南江北一带的狩猎者。年年候鸟集结在这里时，他们也三三两两地登上岛来。有的带上大大的网具张网捕捉，有的拿着裹有山萘等剧毒药品的诱饵药杀。岛上成片的芦苇里和江边宽阔的滩涂水草丛间，到处可以见到狩猎者忙碌的身影。

这天，有一位叫张二的狩猎者，在南沿芦苇荡里，张起一片大大的猎网。第二天早晨，他走到那里一看，嗬，大网竟网住了一只体型巨大的飞鸟。这鸟长得十分好看，尾巴长长的，浑身羽毛五彩斑斓，比常见的野鸡还要漂亮。张二心里的高兴劲就别提了。他想平时这里只能捕捉到一些野鸭、野鸡之类的飞禽，今天这只鸟不知道从哪里来的，自己还从没有见过。不如把它带回家去，做一只宽大的笼子，好生饲养起来。一来自己可天天欣赏，二来可以在亲友面前炫耀炫耀。想罢，他就把那只大鸟轻轻抱回居住之处，用网罩好，欲待过几天回大陆时带走。

这天晚上，张二刚入梦乡不久，就做了一个奇特的梦。梦中，他见自己捕到的大鸟在网内东钻钻西钻钻，想方设法要钻出来，未几，竟真的被它钻了出来。正想振翅高飞时，无奈有一爪缠上了网线，摆脱不了。大鸟挣扎了一回，网线越缠越紧。无奈之下，它停下来，噙着眼泪向张二开了口。它说自己是东海蓬莱岛上的凤凰鸟，一直在那里栖息居住。昨天趁天气晴朗，飞出来游玩，没想到误了回去的时辰，被芦林中张挂的大网网个正着。现在思家心切，恳求张二放它回去，日后保证这里能成为一块富庶安乐之地。张二听罢，动了恻隐之心。他正欲伸手去解除缚缠凤凰爪上的网线，不想一个翻身，从篱笆床上滚落下来，醒来发觉竟是一个梦。

苏醒过来的张二想起梦中的情景，仍历历在目。他又一眼瞥见黑暗中的大鸟，双目正闪射着幽幽的清光，不由开动了脑筋。自己如若把这大鸟带回去饲养，既要做好大好大的笼子，又要想办法给它喂料。可这料喂什么，到哪里去找，自己心里没个数，脑中一无所知。天长日久，大鸟一直都郁郁寡欢的话，岂不害了它的性命？与其这样，还不如趁早应了它在梦中向我的诉求，放它回蓬莱仙岛去。第二天一早，张二起身后就捧着那只大鸟，来到江边，把它轻轻往空中一抛，说道："去吧，去吧！回你的家去。"那大鸟扑腾着双翅飞到空中，围着张二转了三圈，然后展翅升天，朝着南方向红日升起的地方飞去。张二捕到凤凰后又放飞的消息很快在狩猎者中间传了开来。俗话说："凤凰不落无宝地。"人们都议论着，这块沙洲肯定是块风水宝地，在此安家落户定能兴业发家。因此就有人搬来定居。消息一传十、十传百，很快，捉到凤凰之地就热闹起来，变成一个像模像样的集镇，大家都把它称为凤凰镇。

除了上述的故事外，长兴岛的民间对凤凰镇这一镇名的来历，还有另一个故事：传说姓马的渔民来到鸭窝沙一港口抛锚停靠，见这里水势平缓、河汊宽阔，就打定主意在这里安家定居。当地人们和进出船只看到马家房屋就叫上了"马家港"港名。从此该港日益兴旺起来。渔民一多必然有人开店设铺。据传，最早马家港边上仅有两家小杂货店，两位店主一姓顾，叫顾卿凤；一姓黄，叫黄朝相。别看这两家店，店小门面不大，因为经营的都是渔民日常生活必需品，所以生意十分兴隆。那时，一有渔船靠岸，渔民一走上跳板，购物何处去？人们都纷纷答到顾卿凤或黄朝相小店去。日子一久又开肉台、茶馆、酒店、染坊、药店、米厂、榨油、作坊，一样不缺，马家港渐渐成了一个五业齐全、人丁兴旺的热闹集镇。后来的店家为了纪念最先前来开店的两位店主，褒扬他们为建镇立下的功劳，就从他们两人的姓名中各取一个字，合成凤凰镇之名。

要说这凤凰镇名称由来的两个故事，前者我们可以看出，它颇带几分传奇色彩，由民间杜撰而成故事的可能性较大，但它倒也符合我国许多地方都以民间传说故事作为地名命名的方式。后者呢，似乎比较接近现实生活，也符合旧时有些地名的取名规律。“凤凰镇”地名由此而来，应该没有多大疑问。正如崇明岛上的新河镇，最早的名称也是以所居顾、闵、周三户人家之姓连缀而成“顾闵周镇”。但是，就凤凰镇而言，令人不解的谜团是：起名时虽以最早两家店主之名来连缀，但为什么顾卿凤取的是其名字末尾的“凤”字，而黄朝相取的却是其姓的谐音呢？一取其尾、一取其首的命名，显然有悖常理。不是吗？在崇明岛上，其他诸如马河镇、顾家镇、四条镇、厚朴镇、朝阳镇、陈家镇、长安镇、圆沙镇、潘石镇就见不到如此奇特的命名方法。

（作者系副研究员，中国民间文艺家协会会员、上海市作家协会会员）

昨天

吴 侃

说到长兴岛，就得说到凤凰镇，也就必须说到鸭污沙（鸭污沙是原始的沙名，后来一些文人觉得此名不雅观，将“污”改为“窝”，所以现在地图上用“鸭窝沙”三个字。）。先来说说鸭污沙名字的由来。我听老人说，当时最早到这江心沙的人是在秋末冬初，这时迁徙而来的野鸭、天鹅等在这里聚集。为什么呢？首先这里荒无人烟，无人打扰。其次，芦苇、茭白、江草铺天盖地。沙滩一望无际。潮水退去，留在小水塘中的小鱼、小虾，草丛中的芦根，草根，茭白结的茭米，沙滩中的蚬贝，芦苇丛中遍地的蛸蜞都是迁徙禽类上好食材，况且数量充足，是候鸟南来北往迁徙途中的中转站。天然湿地是鸟儿的天堂，这些沙洲上的禽鸟据说起飞时遮天蔽日，歇息后密密麻麻。当时当地人把鸭屎称作鸭污（直到现在我们鸭污沙人仍把鸭屎、鸡屎、猪屎叫作鸭污、鸡污、猪污。污者脏物也），所以率先踏上沙洲的人，一看这里遍地都是鸭污，为了下次来便于识记，就把这里叫作鸭污沙。要说到长江，浩浩荡荡的长江，奔腾不歇的长江，是真正诞生了我们长兴岛、更养育了我长兴岛一方生灵的母亲。没有长江，何来长兴岛。千百年来，发源于青藏高原、跨越了几千公里的长江自西向东率领着数省支流的江水，夹沙带泥穿千山转万壑，咆哮、奔腾地一路东来，逝者如斯夫，不舍昼夜。和浩渺无垠的东海汇聚于川沙、崇明、启东一线，与海水形成你来我往之势。涨潮时，海水赶着江水沿着长江逆流而上和顺流而下的江水对峙，潮平时，潮位最高。退潮时，江水推着海水哗哗响着，一路到海不回头。落潮停时，潮位最低（每月初三、十八为大汛期，中间隔初八、廿三为小汛期）。川沙与崇明之间宽阔的江面，除靠川沙一侧主航道还有湍急的水流外，其他江面的水流十分缓慢。随着江水奔走几千公里一路东来，略显疲惫，这时缓慢混浊的江水不堪泥沙的重负，得到了落脚生根的天时地利，轻清者上浮，重浊者下沉。泥沙也遵循着适者生存的大自然法则，找到了落脚生根的风水宝地。日复一日，年复一年，不断沉积，不断生长，历经几百年风雨沧桑，渐渐地在川沙以北崇明以南宽阔的江面上从西向东露出了五六个沙洲。开始时，潮来白茫茫海水一片，潮去青幽幽江草遍地。一个个恰如翡翠珠子，从西向东珠子连成串。长江似练，绿洲如珠，潮涨潮落，若隐若现，长江也在婆娑起舞，喜迎新生命的到来。有了芦苇、茭白、江草后，沙洲泥沙沉积加快。大约 19 世纪末，在沙洲较高地势（俗称荡板）上只要简单围上围圩，就能挡住潮水供人居住了。当然是挡不住大潮汐和风暴潮的，只是一个落脚容身之所。在这里捕鱼抓蟹，先驱者的身影开始在这些沙洲上出现。

1848 年后百年时间，中国国内是兵连祸结，天下大乱，推翻清廷的反封建专制战争、军阀混战、十年内战、抗日战争、解放战争，打了一百多年。战争从南打到北，从东打到西。天下百姓为躲避战争，流离失所，拖儿带女背井离乡，寻找远离战争、能够养家活命的天涯海角，深山老林也毫不在乎。这时正是 1880 年后，鸭污沙西的潘家沙、石头沙、瑞丰沙，东边的金带沙、圆圆沙，渐渐地吸引那些躲避战乱的难民、破产农民来此落脚生根。一开始围的小圩，用芦苇搭的环龙舍（用芦苇扎成 20 到 30 厘米粗的芦把，把两头埋在土中，弯成穹顶，旁边及顶上用稻草或茅草扎成草片，把草片一层层绑在芦把上，就能遮风挡雨），这就是房子，就能当成家，吃住都在里面。家有了，就开始谋生计了。在围的小圩内清除杂草，开垦荒田，种上水稻、麦子。因是冲积而成的沙洲，长年累月堆积的腐殖质，土地比较肥沃，亩产 200 到 500 斤。粮食不够了，空余时就到滩涂上捞鱼摸虾，去采集野茭白开花后长的茭米。这种茭米产量很低，黑色的米粒很小，碾成粉做成饼很硬，但能吃，能充饥。只要勤快，半饥半饱也饿不死人。照理说，这种地方，碰到风暴潮来时，小圩不慎破堤，海水汹涌而至，猪漂羊死，房倒屋塌，鸡鸭无踪，种的水稻淹得颗粒无收，交通不便，缺医少药，为何这几个沙洲上人却越聚越多呢？一是这种偏僻的小地方没有战争；二是有地种，饿不死人。当时的人只有一个信念，活下来就能看到希望。

当时长江通航的主航道南沿，是川沙北脚，与主航道北沿的鸭污沙南脚相距不远，住在川沙江边人家，家养鸡的鸣叫声鸭污沙人都能听到。这么窄的主航道，要承载长江通往东海庞大的水量经年累月的冲刷和航经此地的航船的翻搅，主航道就不断向北扩张，所以形成沿鸭污沙一带五六个沙洲（沙洲当地人俗称小沙，后来连成一体改称长兴岛）。正因为主航道的深水区在这些沙洲的南麓，北麓是新涨的浅滩，所以几个沙洲中的小河小江都是向南开口，北边是不通的。但瑞丰沙与石头沙、潘家沙、鸭污沙、金带沙、圆圆沙中间都隔着两头通的小小鸿沟（宽 20 到 60 米不等的河流），俗称小鸿。鸭污沙地处这些沙洲中间，也是面积最大的一个，中间有一条小江，下了大雨，能把雨水放入江中，能上潮灌溉农田。跑运输的小商船，长江中打鱼的小渔船都能停靠。因江边住着一户马姓人家，人们为了方便识认，就叫此江为马家江(当地人口音江港不分)。正因为有了马家江，便有了马家港码头。这时已是民国时期，开垦规模逐渐扩大，但自然灾害仍时有发生，主要是潮水淹没，俗称潮没，还有出没于川沙、横沙、长兴岛的土匪的横行。虽说是民国政府的天下，替政府办事的地方官对百姓催个税收个捐是有能力的。但要靠他们带领人民抵抗自然灾害和土匪横行那是万万不行的。因为鸭污沙不断向北延伸，适宜围垦的高荡板增多，迁徙而来的人也多了，人也杂了，有钱的人也多了。有钱人到县里花钱买了鸭污沙的一块高荡板，县里给他个地契文书，这块地国家认可是他的了。他就可组织人员筑堤围圩了。他就是这块地的地主了。当时有个陋规，大百小斗空心岸。大百是地主给筑堤人丈量尺寸的丈杆是加长的，比正常的丈杆多出百分之十左右，所以称之为大百。地主给筑堤人的工钱是以米、麦子、玉米实物为主，所用的量具是斗，比正常的斗要小百分之五左右，这就是小斗。筑堤工人的回应是，利用筑堤技巧，岸上排了很多窟窿，减少了土方量，这就是空心岸的由来。地主为省成本堤岸筑得又窄又低，加之空心岸，这为后来自然灾害的频发埋下了伏笔。有了可耕地的增加，迁徙人口就增加了不少，因为新来的人只要租上地主几亩地，搭个田头舍，就能带着一家人在此落脚。随着农业生产的发展、人口的增多，各种生活、生产所需的商铺、手工作坊应运而生，就有了自然形成的集镇，马家江的商船和渔船码头的形成，给商家提供了源源不断的货源。在现在凤凰镇的地方，人们在马家江上架起了一座木桥，方便两岸人们的交通。头脑活络的人及有钱人纷纷建起了杂货铺、鱼鲜行、铁匠铺、客栈，还建了一座关帝庙，庙中关帝手中捧着一百多斤的大铁刀。有了集镇总得起个名吧，大家一致以河西的顾卿凤、河东的黄朝相(两人都是当时鸭污沙拥有很多生产资料，如耕牛、土地、商铺的头面有钱人物)名字中各取一字，合成凤凰镇的镇名。这是老人的传说，难辨真假。

鸭污沙的地理位置，是长江下游中的冲积平原，在长江中间，四面环水，春、夏、秋、冬四季分明，雨量充沛，无风的日子很少，东海旁边，属海洋性气候。春季有十天半月咸潮倒灌，其余都是淡水。夏天不太热，冬天不太冷，空气湿润，是个宜居之地。物产丰富，有东海的黄鱼(俗称黄花郎)、带鱼，长江中的鲥鱼、刀鱼、凤尾鱼、黄子白虾、河豚、中华绒毛蟹、鲈鱼、鮰鱼及四大家鱼。沙夹黄土壤肥沃，适宜耕种水稻、麦子、玉米、棉花。除了热带及寒带作物种了不结果外，其余都能种植。不怕涝。鸭污沙地方小，下再多的雨也会随江水一泄而空。几个月不下雨也旱不到，这里的田地，因江水一天两次涨潮，可直通田头灌溉用的明沟，然后通向每块稻田。

可谓是旱涝保收的鱼米之乡。这是人们梦寐以求的世外桃源，谁承想，平民百姓还是民不聊生，苦不堪言。听我细细说来。

鸭污沙上的天灾有两，一曰火，二曰水，水火无情。鸭污沙上当时所建房屋都是就地取材，海滩上的芦苇，由笆匠师傅编成芦笆，把两层芦笆用篾丝绑在木头或毛竹立的柱子上，中间隔开，四面围住，上面用木头或毛竹当梁，用竹子当椽子，在椽子上铺上芦笆，再用稻草铺上盖顶。门是芦笆的，床是芦笆的，房间开个小小苍蝇洞做采光之用，泥土块堆砌的灶，这就是遮风挡雨的家。到了冬天芦笆窜风，为保暖，用稻草编成的草片一层层绑在房屋外围的芦笆上挡风。这些都是易燃之物，到了冬天，天干物燥，因小孩玩火，家中煮饭烟囱发热引发屋顶起火或其他意外引发的火灾时有发生，一把火，把你烧得哭天抢地，全家多年辛苦积累的财产变成灰烬。只能从头再来。

每年农历六月、七月、八月是台风季，台风碰到大潮汛，狂风暴雨催着大潮卷起巨浪冲击着低矮狭窄的空心岸，特别到了晚上那个声势，搅翻海底龙宫倒，十万鳌将带兵来，鸣金击鼓齐声吼，天崩地裂堤已倒。洪水滔滔汹涌而来，那时候的人们，哪怕那风狂雨猛，伸手不见五指，哪管那房屋田舍、牛羊鸡鸭、家具粮食，急忙忙扶老携幼往高处逃命去也。有的人来不及抓到什么漂浮物，随波逐流成了鱼鳖肚中物。有的只能爬到自己家的草屋顶上。石头沙有这么一家两口子，破堤时来不及逃，爬到自家屋顶上，漂在水中，退潮时，屋顶随着江水从圩堤缺口处漂到了长江中，顺流而下，潮停时，仔细察看已到了江南川沙外口。这时天刚蒙蒙亮，开始涨潮了，屋顶随着江水向西又漂走了。两人一路念叨着菩萨保佑，菩萨保佑，最后又漂到了石头沙。潮没过后，家里东西漂了，种的庄稼也毁了，真是家毁人亡，接下来生活可想而知了。等小汛天晴，大家一起把缺口堵住，擦干眼泪重新来。

当年乱世，说是有国有家，也可说无国无家，因盗匪多如牛毛，大白天提枪抢劫，在茶馆、酒家、街面、赌坊晃荡串门，入张家、进李户，谁敢拦，谁敢阻？如果碰到有钱有势的富户，小土匪是不敢碰的。当时农民，家无钱粮、身无长物者众。如果知道你今天有钱了，晚上土匪就可能上门。有这么一户人家，白天卖了一头猪，正好被两个土匪看到，晚上土匪上门抢了钱，把男主人用砌灶用的大土块压死了。更有土匪把机枪放在一户人家饭桌上，枪口对着大门口擦枪，一个走火，把路经门口的剃头师傅打死了。当时，死个人，跟谁去说，权当狗死。国家、政府只知收捐税，没有尽到保护人民生命财产安全的义务。所以我们中国的老百姓知道交捐交税是老祖宗传下来的应尽的义务，而不知道国家应尽的义务是什么。民国政府也不尽保护人民生命财产安全的义务，民国政府积小恶而不顾，一叶知秋，终酿大患，国将不国了。对土匪,政府不管,百姓结群以自保。一次住在南海(当地俗称鸭污沙南边长江叫南海,北边长江叫北海)的人到凤凰镇报信:一艘强盗船下来四五个强盗要来凤凰镇抢了,大家快做准备。当时有个约定,锣声响,街坊邻里、附近农民,大家一起来打强盗。这时强盗已进市梢,锣声一响,五六十个人手中拿着钉耙铁搭、长棍短棒,呼啸着大声喊杀,一时声势浩大,直冲强盗而去。强盗一看这阵势吓得扭头而逃。追赶人群中有一异人,天生神力,只见他来到关帝庙前,看看人家手中都有家什,自己赤手空拳,不管三七二十一,夺门而入,抢过关公手中一百五六十斤重的青龙偃月刀,跳出庙门,举刀大呼"杀!"声震屋宇,活脱脱重现了云长当年雄风。大家一口气追了四五里,把强盗赶下了南海。

鸭污沙是以农业为主,一年二季作物:水稻、草夹麦。当年种田用的肥料只有猪灰和羊粪,远远不够作物生长的需要,所以发明了水稻收割后种上苜蓿(当地称为草头的绿肥)。人们把明沟中的淤泥捞起来和苜蓿籽麦子搅成糊状,种在稻田里,草头为主,麦子为副。一年草头长好,来年水稻丰收有望。绿肥是当年农田肥料的主要来源。麦子能多收点最好,收少了也无妨。这样的种植方法当时是很科学的,因为需要肥料。到了夏初,把草头割完,犁完地后灌满水,把草头沤在田里二三十天,把稻田里的水沤成红色,发臭,把稻田中的鱼、泥鳅都沤死了,同时把对农作物有害的虫卵、病毒、病菌也都沤死了,所以当时种的作物基本上没有什么病虫害。种了草头,极大地改良了土壤,使土地疏松,更透气,极利作物生长。草头能当菜吃,能腌制咸菜。当犁完地后,就上潮水沤肥,上潮时把明沟中的鱼与水都放进了犁完地的稻田中了,大部分是鲫鱼、鲇鱼。空手也能捉个一二碗吧。为什么鱼这么多?因为稻田与明沟相通,明沟通过水漏与江河通,江河连着长江。鸭污沙人平时想吃鱼,就到明沟(灌溉用的水渠)中筑两个坝,把坝中水弄干,抓个五六斤、七八斤鱼是很正常的。当时海滩上鱼多到什么程度,说出来你可能不信。当时的牛是放在海滩上的,涨潮时牛群会自己走过金带沙与鸭污沙中的小鸿回到鸭污沙来。有天鸭污沙的一群牛在金带沙,立在金带沙小鸿边上不肯过江。养牛人感到奇怪,走到江边一看,好家伙,二三十米宽的江面,一米多深的水,鱼翻滚跳跃,白花花一片,把整条江都塞满了,牛也看得糊涂了,站在江边商量怎么过江呢。但当时农业生产毕竟落后,没有脱粒机,人握着稻把使劲在稻床上摔打,把稻粒脱下来。一般农民交了地租后剩余的粮食不够全家一年吃的,因为一年只有一熟稻子(那个年代也确实没有使粮食增产的手段),麦子用以补贴之用,家中孩子又多,家中一年缺一两个月、两三个月粮的比比皆是。所以,人们就在冬春两季,插完秧后的农闲之时,纷纷外出打工,补贴家用。很多人向长江和滩涂进军。滩涂上长着成片成片的野茭白。夏秋之交，茭白米成熟，人们背着芦头做的芦框，手里拿着不知竹子还是木头做的工具，把茭米穗拉下来，扛回家中。茭米是穷人补贴家中粮食短缺的一个重要途径。也有不少人在拉茭米途中不识潮汛，溺水身亡。特别是过了年，青黄不接之时，断粮人家更多。借得到的借，借不到的就把灌了浆的、没有成熟的麦穗拉下来，做成麦蚕，聊以充饥，很多麦子也做不了一碗麦蚕，医得眼前疮，剜却心头肉。有的人就扛起推网（推网：捕鱼工具）下海推面鱼。除凤尾鱼外（当地人称它“子馀”）外，还有面鱼、白虾、刀鱼等。刚过完年，春寒料峭，水中结有薄冰，人们赤脚走在五六十厘米深的水中去推面鱼，脚都渗出了血。没办法，饿肚子，生活所迫。面鱼比现在的银鱼细一点长一点，长江口特产，现在已经见不到了。年前后是面鱼汛期，过了此时就没有了。两三个小时能推一二十斤、二三十斤，能卖点，换点粮，卖不完，有人当饭吃。面鱼性热，吃了两天，眼睛通红。生逢其时，能奈其何。面鱼汛后是刀鱼汛，后是子馀汛（凤尾鱼俗称籽鱼），再是黄籽白虾汛（汛指鱼群集中暴发时）。在刀鱼和籽鱼汛时夹着鲥鱼和河豚，当时鲥鱼就十分珍贵，你送人我送人把鱼都送臭了。河豚不送人，要吃自己拿。煮好了，你要吃，自己吃，没人请你吃，因为河豚要吃死人的。马家江里集歇的网船帮，大部分来自江苏常州一带，他们一家老小，全部财产都在一条渔船上，所以打鱼到哪，哪里适合生存，就在哪落脚了。鸭污沙靠近上海，鱼货好卖，所以就落脚马家江了。当时他们在南长江中撒网。起网时口中唱着：“拉拉来，拉拉来，小鱼白虾满网来。”网上真的雪白一片。产量是高的，奈何鱼多价贱。生活还是很困苦。一部分农民在农闲时到海滩上，小河、小江中捞鱼、摸蟹补贴家用。创造了许多捕鱼工具和方法，如海滩上的围网，俗称插网。有两种使用方法。一种是人与网在船上，等潮水回落时，把连着网的竹竿插在有一二米深海水的沙滩上，把鱼围在网内，潮退尽，把鱼捡起。另一种方法是，离岸几里地的沙滩上，把竹竿插在退尽海水的海滩上，挂上网，网高一米二三十。涨潮时，鱼与海水一起越过渔网，游到岸边觅食。退潮时，误入围中，那就束手就擒了。如此捕鱼看似简单，实则艰辛。到了晚上潮水涨平后，不敢睡了，就怕睡过了头，退潮后又涨潮了，把网里的鱼也冲走，一天白忙活了。所以到时候就在海岸上的树下等那海水退去。有时是月映柳丝影，江平水无纹，虫鸣声声急，夜深重重露。有时是赤练劈开混沌界，雷震天庭地亦动，雨挂天宫喷瀑布，风裹漩涡天地茫。为不使家人啼饥号寒，为了繁衍生息，中国人有着与天地抗争、与命运叫板的血性。尽管如此，披星戴月，沥霜沐雨。还有多少人娶妻无钱的，特别是死人的连买口棺材钱也没有，用芦扉卷一卷。全靠亲朋好友、左邻右舍，你出一点我凑一点，把事办了的。这就是穷人所说的，婚丧人情往来的起源吧。与有钱人的礼尚往来是有本质区别的。

回看长兴岛鸭污沙逝去的昨天，底层拓荒者和百姓们好像只有为生存而进行艰苦奋斗的一幕又一幕。诚不知我们先辈们为生存和天地的抗争中的这平凡的一幕幕，确保了我们子孙后代赖以立足生存的这一方土地，也是我们一代代先辈们用勤劳的双手不断地开拓，筑起了一道永远冲不垮的长堤保卫的结果呢。先辈们没有向我们后代索要任何回报，只是祈求堤坝筑牢，子孙平安，比自己活得更好。悠悠岁月，有多少先辈为此而默默地奉献。这就是我们民族的道德，这就是我们民族自强不息的源头。正是昨天这平凡的一幕幕与天抗争、与地抗争、与不公平的社会抗争，一步步缓慢地走到了今天。今天的人们不也在与天地、与不适合我们社会发展的现象做着一件件平凡的抗争之事吗？社会向前、向好发展是历史的必然，这就是人们抗争的原动力，也是社会发展的原动力。一部缓慢前进的历史，就是一代代先辈们一点一滴的抗争史啊。这就是今天的我们回忆昨天先辈们的情怀所在，也是明天的后辈子孙们，对我们今天所做的一点一滴平凡琐事而不会感到不值一提吧。逝者如斯转头空，惟余逸事留口中。铺路填石碌碌事，来者犹忆修道人。

难忘的瞬间

徐　兵

去年,《崛起的长兴岛》编委会编纂并出版了以集镇为主题的纪实、散文集《烟雨蒙蒙的厚朴镇》,希望我能为续集《凤凰镇》撰稿。美意盈盈,盛情难却。我想以近日有幸搜集珍藏的五张有关长兴公社风貌的老照片作为由头铺陈展开,讴歌长兴镇,讴歌长兴镇历史上自然形成的厚朴镇、凤凰镇,等等。

这五张老照片,反映的是 1959 年上海市区商业系统等单位干部职工在长兴公社从事农业生产劳动,接受贫下中农再教育的场景。

其中三张是单人照,两张是集体照。都像是摆拍的,可能考虑到摄影的效果。

第一张,一个人站在农家的"宅基前园地上",正在用钉耙松土,肩膀上围着毛巾,他背后是老百姓居住的低矮的芦笆屋,一位老者在注视着,老者应该是农舍的主人,很安逸,很自在。还有两个人在拖着、推着一辆"劳动车",那可是当年重要的劳动工具、交通工具。在农家宅基地前畈浪田里松土,土硬,水分少,是很累的。加上赤日炎炎,往往挥汗如雨,随时擦抹。下一步应该是播种了,种青菜,种萝卜,各取所爱。有播种就会有收获。正如"心灵鸡汤"所说的:若要秋天有收获,就得春天去播种。春耕,夏耘,秋收,冬藏,道尽了农事的兴替。

翻田

第二张,一个人背着斗笠、身穿蓑衣、手持

钉耙的人，专心致志、赤脚站在水田里“斩”（方言，意思是：压碎）泥，远处还有其他男女在干同样的农活。“稻田斩泥”的农活，是栽秧前的必要环节，意味着拖拉机已经把田耕好了，现在必须把水田里的泥巴敲碎，然后才能栽秧或播谷。栽秧，属移栽农作物，人虽辛苦，产量高。播谷，俗称“散落谷”，人轻松，收入稍低，但看似轻松，实则仍需要随时把握抛撒均匀，全在乎眼力和手里运作的力量。

斩泥

第三张，一个人站在水田（即秧田）里，目视前方，肩挑两畚箕秧，水田里还有人与畚箕清晰的倒影。挑秧，拼的是体能，力气大的，肩压千斤，疾步如流星。双脚先后踏进秧田，秧担仍稳稳的，全靠自身的平衡能力。最惹笑的是乳臭未干的青年后生，肩挑两畚箕秧，往往摇摇晃晃，肩膀耸着，一看就是平时缺乏农活锻炼的模样，有待“广阔天地炼红心”。

挑秧

在田埂岸上合影

那张三人集体照，背后书写着：“1959 年 5 月 9 日，“摄于长兴岛新兴队”，他们在“田埂稍息”。”只见他们在大块秧田与大块秧田之间的田埂上稍事休息，都赤着脚，笑得很灿烂。他们下田莳稻，任务可不轻啊！对于都市人来说，这可是“难忘的战斗”。

最难得的是那张 21 人集体照，背后书写着："1959 年 5 月 9 日，集体秧田踏草。"21 人站在秧田里，正对着照相机的镜头，热情洋溢，绽放激情，像是在接受领导检阅。他们也即将投入战斗，去完成栽秧前的一次"施肥"任务。

依据照片背后的文字说明，大都是 1959 年 5 月 9 日拍摄的，地点在长兴公社新兴生产队三分队（今属新港村，靠近厚朴镇）。这批来自市区的干部职工响应党和政府的号召，下放到农村参加集体劳动，与当地社员群众"同吃同住同劳动"。被社员群众亲切地称作"下放干部"。约莫待了一年时间，他们大都离开了长兴岛，各自回到原来的工作单位。

根据黄元章老先生《长兴沙往事》续集介绍，1958 年，上海市政府组织市、区、局干部职工到郊区农村参加劳动锻炼，接受贫下中农再教育，这批干部职工被称为"下放干部"。相传从市商业局、市化轻公司、市外贸公司、市医药公司、中百公司等下放到长兴公社各个生产大队的共有 6 000 多人，光市商业局就有 2 758 人。他们与贫下中农一起生活、一起从事农业生产劳动，俗称"同吃同住同劳动"。其中市化轻公司曹福根、叶子刚、施锦清，中百公司黄松甫、颜松茂，市外贸公司褚祖镐，银行系统李秀琴 7 个人后来留了下来，有的还担任公社领导干部，充实机关领导班子，施锦清、叶子刚后来还将家属成员迁入长兴公社，成为新长兴人。

感谢上海市内来到长兴公社参加农业生产劳动的这批"下放干部"，他们以当年最先进的高科技产品（估计使用的是当年名牌产品——海鸥牌照相机）为今天的长兴镇留下了历史上难忘的瞬间。

难忘的瞬间，定格了长兴镇60年前的农村风貌。昔日的长兴，百年沧桑，集镇兴替，长江入海口的冲积沙洲由滩涂逐渐成为绿洲。悠悠百载岁月，农事年复一年，养活了一代又一代的生民。古语说得好：谁知盘中餐，粒粒皆辛苦。俗语也有：鲜鱼汤好吃网难织，白米饭好吃田难种。不知稼穑之辛劳的后生小子，缺少的正是这样的人生历练。没有设身处地的体验，哪来感悟？没有艰辛创业的历程，哪来感恩？

难忘的瞬间，也衬托了长兴镇今天翻天覆地的变化。随着海洋装备基地的目标定位，长江隧桥的通车，居民大动迁，2035年总体规划的谋篇布局，长兴镇的农田少了，农活少了，农民少了，而柑橘多了，商品房多了，轿车多了。

诚如崇明三岛流传的一句千年俗语：凤凰不落无宝之地。凤凰飞过的地方，相传是一块风水宝地。凤凰着落的地方，更是一片神奇的土地。长兴凤凰镇的地名，也恰恰寄寓了先民对美好事物的祈盼和愿景。

故土依旧，家园巨变。在梦中，在诗意中……

同心馆

吴建国

在那特定的年代，私人的饭店被迫关门打烊后，同心馆以集体性质，芳香飘荡在凤凰镇的凤凰河边！

凤凰镇是公社的所在地，是长兴岛的中心地带。

只有 100 多年历史的长兴岛，她的美食体系从季节上说是完整的：早春的草头汆汤面鱼，二三月的清蒸刀鱼，四月的清蒸梅子鱼，五月的油爆长江虾，六月的面拖蟹，七月的爆炒鳝丝，八月的腌蟛蜞，秋后有芋艿老鸭汤、山药白露鸡、清蒸长江蟹。红烧河豚、葱油芋艿、红烧羊肉这些美食，都是长兴岛半年的当家菜！

物质的贫瘠与丰富，大体表现在食材的多寡和优劣。食材的优劣取决于天然的水质、土壤和气候环境。在太平洋的西岸，有潮汐规律而不受海水的咸潮侵蚀的，可能只有长兴岛。美食在长兴岛是得天独厚的。作为文化的范畴，美食的传承也是最直接的。事实上，长兴岛上是没有厨师的，他们大多烧制单一的菜品，在孜孜不倦的探索中，把这个菜品的色香味烧到极致，烧到没有人能够超越自己而成为别人学习超越的对象！当然，这个过程是漫长的。在实践“红烧河豚”这道菜品上，有很多人甚至付出了生命的代价。在长兴岛，很多人，往往就用单一的一道菜，便成就了他一生的美名！因此，可以这么说，他们既是长兴岛美食的实践者又是传承者。上至湖北、江西，南来福建、浙江的船家，带来的是各种不同的食味感觉，提升了长兴岛美食的品质和知名度。

到同心馆坐坐，这是长兴岛人的奢望。在农村合作化和人民公社化之后，农民都被锁定在了土地上，连镇上的小业主，也大部分回到圩里岸上，当起了农民。贫穷也是从这个时代开始的，集体以外的养殖和长江里的捕捞，都属于资本主义被批判的范畴，长兴岛上的美食几乎消失了。同心馆的历史地位，就是在国家和人民处在“浩劫”这个时间段里，基本保持了长兴岛菜肴在制作层面上的连续性。同心馆的顾茂生师傅的红烧长江鮰鱼，在传承的基础上又有了更大的提高，甚至让京城来的人物都流连忘返。

到同心馆坐坐，这是长兴岛上男人的一种境界。美食美味是人童年记忆的基础，它和语言一样，是“先入为主”的，从这个意义上说，长兴岛人是幸福的。美食的极致，是给予绝境中的人以生命的支撑！长兴岛人为这些美味佐餐的，一定是本地当年收获的新糯米酿的酒。1 斤糯米酿制成 1 斤酒，这样的酒本身具有最高的能量，特别能提升一个成年男子的精气神！大风中升帆起锚的时刻，大潮里决口合龙的时刻，基本的准备是让这群搏命的男人酒足饭饱——酒足的前提是菜，饭饱的基础也是菜——这样的状态里，人就有了慷慨赴死的决心，就有了战胜一切艰难困苦的力量和勇气；在这样的状态里，就让人有了无穷无尽的力量，去劳动创造，去爱这片土地和土地上的人！

（作者系上海市作家协会会员）

凤凰镇

吴建国

依偎在马家港的臂弯里，凤凰镇入睡了。

夜是这样的纯净、这样的静谧，墨蓝的天空里，星星晶亮，那星星仿佛就在你的近处，让你伸手可摘。

……这是一百年以前的凤凰镇。马家港边的河沿上，集中了几十户人家，砖墙草屋的民居，白砖墙灰接瓦的店铺，最高处是岸头上的一棵苦楝树。抑或一个逃难的秀才从马家港的跳板上走出来时的感慨，这个美丽沉静的小镇应该有一个名字，如果将苦楝树当成梧桐树，那在此落脚的人不都是凤凰吗？——这是凤凰镇美丽而浪漫的名字的由来。在凤凰栖息的镇上，风每天都是清新的，潮汐涨落在每一个白天和每一个夜晚：涨潮了，长江水从马家港的港湾里涌进来，十几丈宽的凤凰河里，朱鱼最先感到了水的流动，它们不停地跳跃，河面上就有连续的咚咚声。芦苇和水杨树是凤凰镇真正的土著，它们一簇长在河里，一簇站在岸上，这个时候，河滩上的芦苇在上涨的河水里抖动着，像有一群鸭子在啄食寄生在芦苇根部的田螺。满潮的标志是芦苇梢头的淹没，是水杨树下垂的树枝轻轻地拂着河面。此刻，凤凰变成了一只船，在阳光下，凤凰镇在摇；在月夜里，凤凰镇在漂。

农历正月二十，正是捕捉刀鱼的季节，整整一天，上百条帆船聚集在马家港里，拔升篷帆的号子和橹楫的吱扭声交织在一起，盖过了浪涛的轰鸣声。岸上，过秤交易的是喜悦。丰厚的收获，立刻让人忘却了早春的风寒水冷，忘却了急流里下网的危险。人在激动的时候最先忘记的一定是自己，尽兴的事情就是醉，完完全全的醉！这不，夜已至深，凤凰镇上依然喧阗着清蒸刀鱼的香味、糯米白酒的香醇……沉浸在这样的夜里，根本没有人会想到什么时候天亮。

因港口码头而兴镇兴市，这是所有地域经济文化发展的一条普遍的规律，但凤凰镇镇区面积的扩大和市场的繁荣，还应该记录两个成因：一个是饭店，它的名字叫同心馆。事实上它似一根缆桩，牵系着各地来的航风船，它由小到大的发展过程中，变换过什么名字并不重要，客人是循着酒香和菜香而来的。酒当然是本地的糯米白酒。腌蛸蜞、呛长江虾、羊肉两吃，清蒸刀鱼、面鱼（银鱼），草头汆汤等，这些菜，离开凤凰镇一步，就烧不出这个香、这个味。饭店最后掌勺的顾茂生师傅的红烧长江鮰鱼让多少食客流连忘返，一次酒桌上不吃第二盆就是对不起自己！甚至武汉来的船家，出了吴淞的黄浦江口应该左转向西，可他们却愿意右转升帆，定要靠一次马家港，吃一顿同心馆的酒菜！

美人是船家酒以外最大的惦念。走进凤凰镇才真正叫人心动，这里的女儿都是美人：裁缝的女儿、铁匠的女儿、郎中的女儿，甚至肉铺里杀猪人家的女儿，个个美如天仙。但那美和戏里天仙不一样，她们健康、朴实、羞涩，连脸上的笑都是绯红的。凤凰镇具备了美女生长的必要条件，水土纯净空气湿润外，艰苦平静的日子里，劳作不但健美了女子的肢体，还锻炼了她们的智慧，让她们更加聪慧贤淑。船家上岸后，在镇里走走看看、看看走走后，年轻的船家就把心放在凤凰镇上。他们都是走南闯北的人，他们知道，如此美丽的女子值得他倾其所有去追求。还有凤凰镇香糯的大米、河滩低头可拾的鱼虾和路不拾遗、夜不闭门的民风，这在兵荒马乱的年代里，是多少钱也买不到的。因此，那时凤凰镇上的每一个女儿家都是一个港湾，拴住泊着的船和船上人的心。

凤凰镇上的大礼堂

徐光明

说起凤凰镇上的大礼堂，长兴岛上了年纪的人，都怀有深深的情感和美好的回忆。它虽简陋朴素，但它在三十多年的存在期内，却发挥了巨大的作用。它沐浴着海岛的风风雨雨，见证了长兴历史的发展。在某种意义上来说，它是长兴的一张历史名片，是镌刻在海岛人们记忆深处的一幅历史画卷。

这座大礼堂建造于 1953 年，位置在凤凰镇马家港河东现先进村六队的地界上，西边是一个个店铺，东面是一排排农民的住宅，北面是一大片开阔的农田，路南是长兴中心小学，东南面是当地政府机关的所在地。大礼堂刚建的时候，结构十分简单，全是用毛竹扎起来的拱形房子，屋顶上铺上油毛毡，再覆盖上稻草就完事了。礼堂内的凳子，全是就地取材、用杨树锯料制作而成，礼堂内能够坐上五六百人。在当时贫穷落后的海岛上，也只能这样。当时建造的目的，主要让几百名下放干部围垦农田时能有一个吃饭的地方，有时也用它来开开会，布置工作任务或传达上级的指示和精神。长兴岛发展到今天这样繁荣和美丽，是党的英明领导，是海岛人民的艰苦创业，也是大融入的结果。这大礼堂正是见证了这批下放干部融入长兴的一个开端。

到了 20 世纪 70 年代初期，大礼堂进行了翻造，变成砖木结构，里面安装了 1 100 多张靠背椅子，前面还设有舞台，安装上灯光和音响设备，显得有点气派。大礼堂面貌的变化，折射出海岛经济的发展和人民生活水平的提高。凤凰镇上的大礼堂，因为它所处的地理位置的缘故，发挥的功能和作用特别明显。它既是一个开会议的礼堂，又是一个育人的课堂，还是一个人们享受文艺生活的“天堂”。岛上不知有多少人也不知有多少次地走进过这个礼堂，聆听教育，观赏文艺，交流经验，商议大事，追求梦想，悼念伟人。这个礼堂，也许是许多人梦想升起的地方，也许有许多人从这里认识了世界，认识了人生的价值，懂得什么是真善美。

凤凰镇上的大礼堂，在长兴岛上算是能容纳最多人开会的地方了。岛上的各届党代会、人代会都在这里召开，代表们讨论着国家大事，规划着海岛的发展蓝图，选举出党的代表和人民代表，推举产生地方政权机构。公社的三级干部会议，也都在这里进行，交流经验，总结成绩，布置任务。此外，结合不同时期的中心工作，如征兵动员、抗台救灾、表彰先进、传达中央文件等，会议都放在礼堂里举行。礼堂旁边的先进、先丰大队，近水楼台先得月，他们开社员大会，也借用这个大礼堂。庆祝粉碎“四人帮”的伟大胜利，投入以经济建设为中心的伟大战斗，积极推进改革开放，一系列的重要活动，都在大礼堂里进行。大礼堂，真是成了庄严的殿堂。

在狂热的年代和动乱的岁月中，大礼堂里显得更加热闹了。什么大炼钢铁誓师会、亩产万斤粮擂台会、消灭麻雀动员会，什么“走资派”批斗会，什么造反派成立大会，什么清队学习班等。但历史毕竟是人民写的，正义终将战胜邪恶。党中央做出了《关于建国以来党的若干历史问题的决议》，廓清了历史上的是是非非，大礼堂成了历史的见证者。

长兴岛上有许许多多人对大礼堂有刻骨铭心的记忆，那是因一次悼念伟人的逝世活动所致。1976 年 9 月 9 日，我们敬爱的领袖毛主席与世长辞了。黄河在号啕，长江在痛哭！这如一声霹雳，沉重地打在中国人民身上。当时，动乱的岁月尚未过去，中国革命的航船驶向何处？人们担心着。苦难深重的长兴岛人，对毛主席有着深厚的感情。是毛主席把我们从苦海中救了出来，见到了太阳。天大地大没有毛主席的恩情大。毛主席逝世，怎能不感到由衷的悲痛。当时的长兴公社党委、革命委员会顺应民心，决定在大礼堂设立一个灵堂，组织全岛人民悼念伟大领袖毛主席的逝世，表达哀思。舞台中央悬挂着毛主席的巨幅遗像，横幅上面写着“沉痛悼念伟大领袖、伟大舵手、伟大导师、伟大统帅毛泽东主席”字样，两旁摆放着许多鲜花，组织领导干部轮流值班，哀乐声在礼堂内外回响，气氛肃穆。在中央召开追悼伟大领袖毛主席大会之前的日子里，按照安排，全岛的工人、农民、学生、干部等都到灵堂去悼念。前后有数万名群众前往悼念，有白发苍苍的老人，有年轻的解放军战士，也有戴着红领巾的少年儿童，他们的手臂上别着黑纱，手里拿着小黄花，排着长长的队伍，个个悲痛欲绝，泪流满面，走进大礼堂，向毛主席遗像庄重地三鞠躬，悲痛、思念、回忆，一齐涌上心头。悼念活动持续了整整一个星期。

从那时至今，历史的车轮又走过了 40 多年，祖国已经发生了天翻地覆的变化，人民的生活水平有了极大的提高，一条东方巨龙在世界腾飞，令世界各国都刮目相看。但这一切都是和毛主席打下的基础分不开的。没有毛主席，就没有新中国，毛主席的伟大功绩，祖国不会忘记，人民不会忘记，历史不会忘记。凡到过凤凰镇大礼堂参加过悼念伟人毛主席活动的人们，都不会忘记那个场景和根植于心灵深处的崇敬之情。

整修过后的大礼堂，又是海岛人民群众进行文化娱乐活动的新天地，为丰富农村文化生活提供了场所。每年的春节、五一、十一等重要节日，都要举办小型多样、自编自演的文艺演出活动，大礼堂里常常挤得水泄不通。有了个可演出的地方，推动了许多基层单位文艺宣传队的建设，他们根据形势和党的中心工作，积极创作、排演贴近实际、贴近群众生活的文艺节目，为活跃农村文化做出贡献。值得一提的是，在 20 世纪 70 年代初期，在公社文化站的牵头下，从各单位抽调了一些文艺骨干，精心排演了现代京剧《沙家浜》，演得像模像样，轰动了全岛，在大礼堂演出了几十场，场场爆满。大礼堂也是一个讲故事的地方。长兴岛讲故事也是出名的，当时以先锋大队故事组为龙头，积极开展讲革命故事活动，先后培养了一百多名故事员，活跃在全岛的四面八方。自然大礼堂成了讲故事的重要场所，常常座无虚席。另外，大礼堂又是电影放映院，常常放映各种影片，观众之多，出乎意料，有的骑自行车远道而来，放电影的时候，礼堂外面的路上放满了自行车。有时候，县的文艺剧团来岛演出，礼堂内外人山人海，热闹非凡。凤凰镇的大礼堂，说它是一个文化娱乐中心，也是名副其实的。

大礼堂还是一个教育的大课堂。长兴中心小学就在大礼堂旁边，学校有五六百学生，常常借这块宝地，举行集会、开学典礼和召开每年一度的六一庆祝大会，孩子们在这里受到教育，得到成长。后来，他们中间有的成了国家干部，有的成了学者和教授，有的成了某一方面的专家，但他们都会忆起大礼堂里受到的教育和影响。再说，岛上的小学教师的集会，都是放在这个礼堂里进行的。那时，全岛有 20 多所小学，三四百名教职工。开学工作的布置、学期工作的总结、教学经验的交流、先进人物的表彰、重要文件的传达，都要在这块宝地举行。许多教师回顾自己成长的历程，自然而然地回忆起大礼堂对他(她)产生的影响和作用。

凤凰镇的大礼堂虽然消失 30 多年了，取而代之的是更高级、更华丽的场馆、会堂，但刻印在人们记忆深处的凤凰镇大礼堂，仍那样清晰，那样鲜活，那样有力量。

(2019 年 4 月 18 日深夜)

小小长兴气象站

顾晓三

以前，在长兴岛凤凰镇的东南面，有一个小小长兴气象站，规模不大，人数不多，但作用可不小呢。

很多人认为在总面积不到70平方公里的海岛上，也建一个气象站，觉得有点不可思议。

但事实上，人们的衣食住行一刻也离不开气象，农业、交通、军事、国防等方面，都离不开气象，国民经济建设也少不了气象事业的参与。既然气象如此重要，那么

长兴气象站又有何作为？且让我细细道来：

一、长兴气象站的建立

长兴岛地理位置处于长江出口要道，海洋航运与内陆运输交汇。长兴岛南航道每天有很多货轮进出上海港。掌握主航道上的气象变化，确保航运安全，是上海市气象台的一个重要职责。当时长兴岛没有气象站，宝山气象站又鞭长莫及，于是上海市气象局决定在长兴岛上设立一个气象站，每天五次向市气象局发送天气实况，这是建站的原因之一。

长兴岛地下岩层结构特殊，从江苏太湖直至东海，有一条岩层断裂带，虽然不是一条活动的断裂带，但是很有监测的必要。上海市地震局有建立长兴岛地震测报站的考虑，认为在地下岩层断裂带上建立一个地震观测站，其作用和效果明显好于别的地方，经过充分酝酿，最终决定投资长兴岛，建立长兴岛地震监测站，这是建站的原因之二。

长兴岛水资源丰富，海拔高度在 2.8—3.6 米之间，历代老百姓一年四季饮用长江之水。但冬季受海潮影响，咸水倒涨，影响人们生活用水，影响工业用水，腐蚀物质。为此，上海市水文总站研究认为，在长兴岛建立一个水文监测点很有必要，一旦出现咸潮，做出预报，关闭水闸进水，避免不必要的损失，这是建站原因之三。

长兴岛的经济建设，经历了国民经济困难期，十年“文革”的动乱期，正在迅猛发展，农业生产与工业生产都急需气象信息为其服务，这是建站原因之四。

外因和内因条件，促成了长兴岛气象站的建立，经过多方协调、沟通，达成一致，决定建立长兴岛气象站，统一气象、地震、水文工作。业务上由国家主管部门布置，出经费和仪器设备，人员由公社调派，负责场地和房屋配置。这样，于 1976 年春由公社水利部门出资建造长兴气象站，地点设在凤凰镇东南 100 米，凤凰水闸东北 150 米处，这里地势空旷，环境幽雅，长江口南航道一目了然，地理位置在北纬 31.22 度，东经 121.41 度。

二、长兴气象站的责任

当时我正年轻，刚从部队退役，于是公社党委决定让我负责气象站工作。我清楚地记得，公社党委组织组施保新同志找我谈话，让我担任此项重任，并语重心长地说：“小顾啊，我们挑选你去负责这项工作，是经过慎重考虑的。你现在是掌管长兴岛的海、陆、空(海指水文、陆指地震、空指气象)三军总司令,任务不轻啊,你要好好干!”幽默的话语、热情的嘱托,使我欣然受命。党的安排就是我的志愿。于是,我在站里其他同志的配合下,完成基建和仪器的安装,经过培训,于 1977 年 5 月开始工作。

1. 气象工作贵在坚持

长兴气象站属于乡级事业单位,与上一级气象站的工作环境和条件相差甚远,工作非常艰苦。我们的观测项目有:云、气压、温度、湿度、风向、风速、降水、日照、蒸发、地面温度及地下 5、10、15、20 厘米地温。每天从 6 时到 20 时,准点 5 次向市气象局中心台发送长江口区的实时天气情况,便于他们分析天气,做出正确的天气预报。特别是大风、迷雾天气,我们的信息对他们的分析预报至关重要。地面天气的观测,对当地的工农业生产十分重要。气象工作的宗旨,就是要为“二当”服务(即为当地、当时的经济建设服务),关键在于不间断地正确观察记录好每天的天气实况,使气象资料能有系统性、准确性和可比性。这项工作,说是繁重,但不是重体力劳动,说是轻松,但必须十分认真和细心。可想而知,早晨 6 时,是一天中最冷的时间,冬季结冰,还要提前半小时进行融冰工作,即使是零下 10 摄氏度的严寒天气,也不能缺少一次观察记录,因为缺少了数据就没有可比性,领导要数据你没有

就只能挨批评。中午1时，是一天中最热的时间，夏天40摄氏度以上的高温天气，你也要进入观测场地做好记录。除此之外，遇刮风下雨，也要顶风冒雨工作，一天换几身湿衣服的情况时有发生。同志们深有体会地说："我们是常年在地球赤道到南极之间跑。"因为我们尝到了一年之中最热和最冷的滋味，而且节假日也不能停止观测，就连一部好的电影，值班员也不能观看。更有甚者，在当时乡财政困难时期，财政补贴仅按事业单位人均每月300元下拨。就在这样艰苦的条件下，气象站6位同志硬是咬紧牙关，坚守在自己的工作岗位上，年复一年，月复一月，日复一日，圆满地完成了上级交给的工作任务。1978年被上海市气象局评为先进气象站。我也同时被评为先进个人。

长兴岛气象站的建立，比较系统地掌握了长兴地区的气象资料和气候规律，并揭示出长兴岛具有海洋性气候的独特条件，引起了上海市农科院的重视，他们派专家来岛考察，参阅了我站历年的气象资料，证实了长兴岛受海水包围冬暖夏凉的特征。冬季最低气温明显比大陆同纬度地区高出2摄氏度左右，夏天最高气温明显偏低2到3摄氏度，由此推出结论，长兴岛的热岛效应适宜发展柑橘生产。大陆同纬度地区，大片柑橘由于受严寒霜冻影响而死亡，而长兴岛的独特气候条件，未被冻害。于是，乡党委、乡政府做出决策，大面积地将棉田改种橘树，增加农民收入。从1984年开始，万亩橘园逐步建成，农业产值由原来种植棉花的亩产值1 500元左右，到种植柑橘后增长到每年亩产值七八千元，年收入增长几倍，广大橘农腰包鼓起来了，生活走上了小康。

有了气象资料，决策农业生产就有了主动权。长兴岛的热能，年季变化较大，遇到低温年，一年三熟制就明显欠温，造成后季稻空瘪粒增多，产量明显降低，辛辛苦苦的三熟制生产劳而无功。分析了气象资料后，公社党委大胆进行了熟制改革，变三熟制为二熟制，在减少了劳动成本和劳动强度的同时，没减少粮食产量，使广大农民得到了实惠。由此种种事例，证实了长兴气象站存在的重要性，因而也产生了一定的社会效益。

2. 地震预测艰苦摸索

地震是一种毁灭性的灾害，大地震尤其如此。可是在世界上，没有一个国家能做出正确的预报(也不能轻易预报地震，只能做些内部通报)。即使是美国、日本这些发达的资本主义国家，也没有攻破地震预报关。我国科学家李四光同志，创造了地球板块学说，从理论上说明了地震的起因，轰动世界，被公认为地震事业的先祖。但要做出正确的预报，目前还处于探索阶段。地震不像气象，气象可以上天观测，有卫星、雷达、高空气球等高科技手段。地震则不然，人们不能入地几千米处观测地下岩层的断裂和变化，只能靠仪器和土办法，捕捉一些异常信号，分析地震前兆。大多数是在地震发生以后，根据有感地震的强弱、方向，确定地震的震级和地点。最典型的是河北唐山地震和四川绵阳地震，给国家和百姓造成多么大的灾难。因此，攻克地震预报，使其能像天气预报那样正确、及时，是地震行业当前的重要任务。长兴岛气象站的任务，就是要利用一些土仪器、土办法，探索地震前兆，探索地震的异常情况。洋办法是用上海市地震局松江佘山地震台统一配置的仪器进行观测记录。我们的观测项目主要有土地电，地应力，地倾斜，深井水位、水温，强震仪观察等，土洋结合，在地震预报中填补空缺。这些土办法、土仪器，经过一段时间的实践后，有的被淘汰，有的被保留，如深井水位、水温，强震仪观察保留到现在。在仪器的投入和观察手段上不断探索和创新。我们深深感觉到：地震事业在迅猛发展，所用的仪器设备也在不断更新，真是今非昔比。相信在不远的将来定能攻克难关，成功做出各种地震预报，为国民经济建设，为抗震救灾做出更大的贡献。

3. *水文工作久久为功*

水，人们一刻也不能脱离。某地方的水资源好坏，直接关系到这个地方老百姓的生活质量。“绿水青山，就是金山银山”，这是习近平总书记告诫我们的一句名言。数十年前，由于某些地方政府的忽略和某些企业的随意性，造成了大片水资源的破坏。上海以苏州河为例，水质又黑又臭，流入长江口形成明显的黑、黄分水界。近年来，从中央到地方各级领导部门十分重视生态环境，制定了严厉的保护措施，使我们的水资源得到明显的改善。长兴岛青草沙水库的建立，使全上海百分之八十的人们饮用到优质水，明显改善了广大市民的生活质量，为市民办了一件大好事、大实事。早在青草沙水库建设之前，朱镕基市长根据一系列的考察论证，决定不惜一切代价，建设水库，造福人民。在考察论证的前期准备工作中，长兴气象站也参与其中。我们担任的主要工作是检测青草沙水质的氯化物含量，俗称“咸水”，它对物体有腐蚀作用，也不宜食用，每年冬季有一到二潮的咸水侵袭。在长江水源不足的情况下尤其显现，这也是我们重点防治的对象。我们的检测工作是这样的：从当年 12 月起至来年 2 月份，每天在高平潮时，去青草沙江边固定地点，取 100 毫升水样，加入硝酸银，再进行铬酸钾滴液，求得氯化物的质量是否超标。连续三年的测报，得出科学结论，青草沙的水质氯化物含量很低，比长江南航道的氯化物含量还要低，是非常好的优质水源。科学论断，依据十足，更加坚定了建设青草沙水库的决心。青草沙水库于 2010 年建成，正式向全市人民开放，使大家都能饮用优质的长兴岛青草沙水库之水，结束了长期以来上海市民主要饮用黄浦江水的局面。

水文工作除做好长兴地区的水资源监测外，还要做好长江水位的检测。一年四季，每日每时记录水位的高低，这项工作在台风季节尤为重要。上海每年要受到两到三个台风的影响，台风的到来，往往是风、雨、潮水弟兄三个一起来，高潮位造成的海水倒灌将是危害最严重的。长兴岛在历史上发生了多次海水冲破圩岸，淹没农田和房屋，淹死人员和家禽的灾难，用长兴的俗言叫“潮没”，“潮没”的标志就是风浪大、水位高。水位也就是我们水文工作每天所测量到的数据，超过临界标准线的水位，就是危险因素，必须及时汇报领导和政府部门，做好防台防汛工作。水文部门在各水闸安装了水位标尺，在长兴岛市轮渡码头安装了水位自动记录仪，这些都是我们平时一直要进行观察和操作的。搞水文工作的同志就是要准确无误地做好记录，及时向上级部门汇报，服务好防汛防台工作。

三、长兴气象站的更新

随着国家建设的兴旺发达、科学技术的日新月异，长兴气象站必然要进行更新换代。2006 年长兴乡归属崇明县管辖之后，崇明气象局在长兴岛建立了一个自动观测站，探测项目有温度、雨量、风向和风速，数据直接传送给崇明气象局，信息传递更加便捷。地点设在乡政府东辅楼 2 楼平台上，2017 年迁址到长兴岛郊外公园。这样，同地两个气象站就没有必要，先进的科学技术必然替代落后的手工技术，这是社会进步，历史发展的必然结果，长兴气象站于 2006 年 3 月完成了它的历史使命，退出了历史舞台。

以上工作项目，长兴岛还存在，只不过技术上先进了，质量上更高了，正像现代化机器人代替人工操作一样，体现了我们国家的科技发展水平。

从 1976 年到 2006 年整整 30 年时间，既是长兴岛气象站的发展历史，同时见证了国家的兴旺和长兴的发展。30 年时间，在历史的长河中，只不过是短暂的一瞬间，但对于工作的人们，就是近一生的工作历程。值得一提的是，在长兴气象站工作过的同志有：顾晓三、黄百新、黄兴昌、范德兴、张妙华（知青）、黄士忠、黄廉忠和季爱萍。他们勤勤恳恳，任劳任怨，艰苦朴素，勇于付出，在十分困难的条件下，团结一心，迎难而上，默默地付出了自己的青春和年华，用自己辛勤的汗水，谱写了长兴气象站的光辉篇章，在《长兴乡志》上留下了浓浓的一笔，记载着它的历史，为后人所记忆和传诵。

远去的广播声

王金山

1958年,在长兴公社的大地上,出现了一个新生事物——田头广播,从此,拉开了长兴有线广播的序幕。60年代初期,家家户户都安装上了小喇叭。这样,党中央的声音、国家大事,迅速地传到老百姓的耳朵里。广播,是宣传党的方针、政策、路线的强有力的舆论工具,是社会主义思想占领农村阵地的重要举措,也是鼓舞和激励广大农民群众战天斗地的重要法宝。广播,成为广大农民群众的亲密朋友,成为人们生活中不可缺少的一个组成部分。回首往事,真是记忆犹新,思绪万千,感慨不已。

长兴的有线广播,从60年代到80年代初期,是"田头广播"及家中的"小喇叭"的鼎盛时期。在那个时期,每天早晨五点钟,喇叭里就传来嘟—嘟—嘟—嘀的报时声,紧接着就是"东方红,太阳升,中国出了个毛泽东"的乐曲声,好像解放军吹起的起床号,把大家从睡梦中唤醒。于是,各家各户准时起床,洗衣煮饭,料理家务,准备劳动工具,吃好早饭,社员们纷纷准时出工。这样,日复一日,年复一年,广播准点报时声,成了人们生活中准时起居的好帮手。人们经过一个上午的艰苦劳动,到11点时,田头喇叭里传来了"大海航行靠舵手,万物生长靠太阳"的乐曲声,好像在告诉大家应该歇工了,吃中饭的时间到了;到傍晚6点钟,每家每户的小喇叭又响起来,一直广播到晚上8点30分。此时,雄壮的国际歌"英特纳雄耐尔就一定要实现"的乐曲声响起,算是一天的广播结束。

忙碌一天的人们,随着当天广播"结束曲",开始上床休息。一天三次,雷打不动。我们这一代人的记忆中,都留下了深深的印象,也算是一种难以忘怀的情结,它陪伴着我们一起劳动、一起生活、一起成长。广播能及时反映时代的脉搏,传达党和政府的声音,向人民群众进行思想教育,引导大家走社会主义道路。广播具有鲜明的时代特点。广播里播放的一些音乐和文艺节目,起到丰富人们的文化生活、陶冶人们情操的重要作用。想当年,一些革命现代京剧《红灯记》《沙家浜》《智取威虎山》等,在广播里播放以后,在社会上引起了强烈的反响,大家既为剧中英雄人物的爱国主义和革命英雄主义的伟大精神所感动,同时也受到很好的思想熏陶,又感受到我国京剧的韵味和博大精深的艺术造诣。还有在广播里传来的那些朗朗上口、优秀的革命歌曲。沪剧小戏、三句半、表演唱、天津快板等活泼多样的文艺节目,也很受欢迎,极大地丰富了广大群众的文化生活,同时,也推动了全公社文艺创作和文艺演出活动的开展。还有,在中午的广播里,有一个节目,叫作“阿富根谈生产”,真可谓家喻户晓,正是在吃中饭的时候,社员们边吃、边听。“阿富根”谈的都是种田知识,农民特别喜欢听,真是得益不浅啊。

公社广播站还专门安排本地新闻节目,播送本岛的新闻、好人好事、植保农事,甚至紧急通知(如抢救病人、需要献血者或寻找医生等)。特别有趣的是当时分管农业生产的党委副书记陆荣富同志,在三夏、双抢、三秋大忙季节,或在抗灾抢险的关键时刻,总能听到他强有力的指挥声音。一开头总是亲切地招呼着:“贫下中农同志们,社员同志们,你们辛苦啦!”接着提出生产上的要求或希望。他的一句名言“烂铃不烂产”,当时在全岛几乎无人不知、无人不晓。棉花收获季节,遇上连绵不断的秋雨,为战胜灾害,他鼓动社员克服困难,千方百计保证棉花丰收,取得了很好的效果。1974 年 8 月,长兴岛遇到少有的 13 号台风侵袭,大兴圩、四化圩堤岸决口,在这关键时刻,公社党委利用广播发出紧急动员令,动员千军万马,奔赴抗灾第一线,参加堵决口的战斗。2 万多人经过 10 多天的奋战,终于把两个圩的决口堵住。由此可见,这广播起到非常重要的作用。

随着科学技术的进步、电视机的普及、手机的出现,信息网络的突飞猛进,广播逐步退出历史舞台。现在的年轻人已不知“广播”“喇叭”为何物。我们这些从那个时代过来的人,对它总有割舍不开的情结,“广播”“喇叭”虽然已成历史,但远去的广播声好像还在耳边回响……

七十年前的凤凰镇

黄元章

凤凰镇，是长兴乡人民政府所在地。经改革开放40年的建设，特别是振华港机厂、江南造船厂落户长兴后，来自祖国各地的农民工，逐步了解和熟悉了位于长江口的、经170多年来由泥沙沉积起来，东西长26.8公里、南北宽2—4公里、总面积88平方公里，在全国地图上找不到的极其小的小岛。现经10多万在长兴打工的"农民工"给凤凰镇传播、宣传、介绍后，在外省市民众中有了广泛的知名度，大多数人希望对长兴岛凤凰镇能有更多的了解。在庆祝上海解放70周年之际，笔者借此机会，也说说70年前的凤凰镇，与岛内外读者共同探讨它的地形、地貌、交通路线的概况。

凤凰镇，坐落在鸭窝沙（长兴）中部南海边。在上海长江隧桥未通之前，长兴人民与外界往来，全靠设在离凤凰镇南边约200公尺的马家港码头上由"市轮渡"解决。但更早未通市轮渡之前，凤凰镇，包括整个长兴的各个小沙都没有码头，都依靠扯篷船（崇明人称为"沙船"的小木帆船）进出，由水路通往各地、通往四面八方。

凤凰镇始建于20世纪30年代末至40年代初，它坐落于马家港两边。在这之前，马家港口西侧七圩东岸，即现在的码头西南方约200米处有一座陈家镇，当时由陈兆荣开一爿杂货店，后来各色店铺不断增加，因第一家是陈兆荣，所以取名为"陈家镇"。但到1947年全部坍入海里；在马家港河东，在现在的发电厂北侧，原来老圩与四圩交界的岸上，由孙彦康开一爿杂货店，才形成一条"孙家镇"。那时的房子不论民房还是镇上都是草屋，生在该镇的现年98岁的陆柱尊老中医说：在1932年我12岁时，孙家镇连我书包一起烧光。

在孙家镇烧了后，黄朝相小商店迁往福字圩与田福圩交界的岸塔柄的西岸，即马家港河沿上继续营业；河西是老增圩和新增圩交界的两岸处（现在叫凤西支路的东端，也就是邮局的地方)。那条路北就是新增圩，据先进村六队袁士林说：“新增圩是1928年围垦的。”新增圩北边(先丰腰闸北侧)是艺字圩，那是1935年后围垦的。也就是说孙家镇在1932年未烧掉之前，那是鸭窝沙的(长兴)北海边。

当孙家镇烧掉、陈家镇坍掉，这才在黄朝相的旁边，还有河西各小店逐步增加、市面逐步扩大。据说黄朝相搬来后，当地粮户顾卿凤(解放后改叫地主)早已想过，南面孙彦康和陈兆荣分别开了第一爿店才叫孙家镇、陈家镇。现在黄朝相在这里开第一爿店，那必然叫黄家镇。所以他与黄朝相说：看来这里总会形成一条镇，我想过，我们两人从名字里各用一个字组成这条镇的名字。他又说，我名字里用一个“凤”；你姓黄，历来王黄不改姓，与凤凰的“凰”又是同音字，这样组成“凤凰镇”镇名。黄朝相听后非常乐意地说：好，蛮好！心想你是粮户，看得起我，那当然说好。这才把“凤凰镇”的镇名一传十、十传百……传开了。凤凰镇当时在两边河沿上陆续开了几爿小商店，但河中还没有桥，为了让河东、河西百姓便于来往，河中安放一根木头成了独木桥。直到1951年据说又加了一根木头(凤凰桥前身)。

我家当时住在鸭窝沙西沿、德茂圩西岸，在我10岁左右(1947年)常跟我的堂哥到凤凰镇“上镇”；如果上潘家沙三民镇，虽然比凤凰镇近，但到潘家沙要过一条很宽的大河，那时还没有架桥，实在不方便。没有架桥之前都是到凤凰镇。上镇到凤凰镇要走一个小时(普及钟表后才知道一个小时)。所谓“上镇”按北方人说法叫赶集。那时那条“潘圆公路”的有关地段还没有围垦，有的地方泥沙还未涨起来。到了1958年才有潘圆公路。70年前唯一交通要道就是在德茂圩和德龙圩(红星村)的南岸，向东经过德龙圩的圩角镇，往老增圩和新增圩(先丰村)中间那条路，现在叫凤西支路进入凤凰镇西市梢。凡西边的潘家沙、石头沙、瑞丰沙的民众要到凤凰镇去办事，在那时是人们来往的必经之路。因为那时像现在的整个北兴村还未围垦或者说海里的泥沙还未涨起来。

当从凤西支路西市梢进入凤凰镇第一家商店，朝南门面是秦木清的豆腐店(新中国成立后与供销社合营迁移到河东)；然后是孙道魁的鲜行(水产品)，新中国成立后改设“中国人民银行长兴支行”(农业银行前身)的第一个地点；在孙道魁东边转角处是“坏脚天宝”杂货店；向北，朝东门面，可能有三间房子，据说是顾卿凤开的店；与孙道魁对门、朝北门面是倪少仁中药店，新中国成立后中药店由他儿子倪学良与供销社公私合营也迁到河东。该房子到1958年改为长兴邮政支局；随着凤西支路再向东那就是一条独木桥(凤凰桥前身)；河东，朝南门面是施志仁、黄朝相杂货店；北边(现在的凤凰街)朝东屋是茶馆店、书场兼带旅馆；还有朱三弟染布店；在黄朝相路南对门，是唐毛狗剃头店；再向南是朝东屋孙金乾轧米厂。还有一座有菩萨的庙，年年夏天抬着菩萨“出会”，求菩萨“花地茂盛、民间太平无事”。按照70年前的说法，现在的长兴(凤凰)中心小学(原在八圩)、长兴中学、长兴幼儿园校舍都在人民公社后建起来的；大礼堂在福字圩北岸上，那时的探照灯部队、酿造厂、长兴粮管所办公室在福字圩南岸上；人民公社时，政、社合一的机关部门迁出后的地方都成为现在中心校校区。

凤凰镇在凤凰桥的两侧。桥西属(先丰村凤西支路东端)老增圩和新增圩东岸的马家港河边，桥东属先进村福字圩和田福圩交界处的西岸河边。这是南方人利用丰富的水源密集的河道，都习惯把市、镇设在河边，利用水路通往四面八方。改革开放40年后的今天，凤凰镇已形成了长兴乡政治、经济、金融、商贸、文化教育等中心地带，成为长江口一颗光芒四射的明珠。

耄耋之年看凤凰

周品其

一、初识凤凰镇

时间回溯至1949年7月25日(农历六月二十九)一场大潮没,家中房屋财产全部被冲毁,全家三口幸得有一棵大杨树和三条大束腰带,把我们三个人紧绑在大杨树的三个大丫杈里,在狂风恶浪中坚持了几个小时,直到第二天早晨退潮后,才蹚水走到南岸上施锡林家里。人总算活下来了,但从此后,已家贫如洗。再加上当年所有农作物又颗粒无收,大部受灾家庭都已揭不开锅盖。但幸亏长兴岛已解放了。人民政府一方面从外地组织调运大批粮食到长兴,对受灾群众发放救济粮,以确保灾民们能维持最低生活用粮;同时又发动受灾人民组织起来进行生产自救,并及时修复圩岸、布置秋季种植等。这一切的一切,我们家里全靠父亲独立支撑着。

时至1950年初秋,年满15岁的我,刚从瑞丰小学读完六年制课程。算是高小毕业生的一个月之后,那天也是我一生中最为煎熬痛苦之日。自从家受大潮漂洗之后,原来父亲承诺过的升学梦已彻底破灭,唯一出路只有赶快参加劳动,以减轻家庭负担。那年正是土改后,父亲在圆沙的土地上种了棉花,需要有人看管采摘,此事经与大伯父、母商量同意后,决定我到圆沙从看田头舍、学摘棉花开始学种田,走上人生第一步。

就是那天早上,在家吃过早饭,父亲肩挑一担,一头是我的衣服、蚊帐之类,另一头为我准备了50斤左右的大米,还带了些路上的饭,父子两人走出家门,摆渡到了潘家沙,一路直行,中途也稍事休息过两次,约在中午时间,到了一个小集镇。这是我人生第一次出门,也是我经过的第一个小镇,父亲告诉我,这里名叫凤凰镇。经过半天人生首次长途跋涉,父亲看我已累得满头大汗,同时他估计赶到三圩港的路程及潮水，觉得时间还有富余，就决定先在镇上休整一会儿，并把带的饭就地吃掉，以免饿着肚皮赶路。就在父亲走到一个酒食店门前向一位老板娘讨些热水喝时，我看到那蒸笼里冒着腾腾热气的馒头时，确已馋涎满口。因为瑞丰沙镇上只有张大友的大饼油条，没有蒸馒头的店铺，直想买个尝尝。这一举一动已被父亲发现。那时家庭经济十分困难，每分钱都得掂掂分量才用。可是父亲为了满足我，他还是慷慨解囊，从口袋里摸出一百元人民币(这是新中国成立初期的老币，相当于现在的一角人民币)给我买了两个热馒头。当时我想分给他一个，却被他推给了我，自己吃的是白开水冲热的冷饭、菜，此时此景让我又一次深刻地感悟了舐犊深情的伟大……这是我第一次走出家门，第一次认得了凤凰镇，第一次品尝了凤凰镇上景兰妈妈(她的丈夫名叫芮天宝)做的馒头。

一顿路中便饭吃过后，父亲又带我初览了当年的凤凰镇风貌。一条木桥横架在马家港河面上，贯通了东西两岸，我们歇脚吃饭是河西，那时供销社还未成立，河岸上除了一爿肉店和几家杂货店外，还有一爿中药店，老板名叫倪少辰。过河向东是一家南货店，门口挂着一个邮箱，证明它还兼营邮政业务，老板姓施。他的东首是个姓陆的老中医，对面也有一家点心店和理发店(位置就在后来的同心馆的基础上)。延河岸向南有一家轧米厂，它就是当年宝山县粮食局第二碾米厂的前身，现在的长兴粮管所范围内。向东有一条明沟，自镇上朝东一路延伸直至如今的长兴中学。中间有幢坐北向南的瓦房，里面就是统辖长兴五沙(石头沙、瑞丰沙、潘家沙、鸭窝沙、金带沙，因当时圆圆沙还属川沙县管辖)的宝山县长兴区人民政府所在地。

二、60 年代的凤凰镇

当我再次走进凤凰镇时，应在 1958 年 8 月，圆圆沙和横沙，从川沙县整建制划为宝山县管辖，横沙岛独立建制为乡，圆沙乡划归长兴乡领导之后。当年 9 月，灯塔人民公社在全国掀起的人民公社化高潮中诞生后，我和凤凰镇的接触机会就多了。当我再次踏进凤凰镇时，凤凰镇的面貌已远非昔比了，镇区范围已经有所扩大，机关、学校、卫生院在周围建立。凤凰桥横跨在马家港河面，使凤凰镇区形成 H 形。河西：宝山县交通局第三航运公司、供销社的门市部、畜牧水产购销站、农业银行、凤凰邮电局等相继成立。河东：桥南，有长兴粮管所和宝山第二碾米厂，这是长兴岛上唯一的一家国营粮食加工厂，它所生产的大米产量，除了供应当地居民、机关、部队外，主要向大陆调运。当年长兴岛曾被称为宝山县第二产粮基地，长兴岛的老来青大米是市内闻名的。桥北,有供销社棉百部、合作商业的旅馆、中药店、理发店等。饮食服务业中最为显著的是凤凰桥东堍南边,有了一家从闸北区迁移过来的同心馆。这家饭店在当年的长兴岛上,可算相当于一个宾馆级的上海本帮菜馆,所有厨师、服务人员全都从上海带来的,所以品味正宗,服务周全,生意兴隆人气旺盛。镇上还办起了小型发电厂,所有凤凰镇区内的机关、学校、企事业单位、商业门市及镇区范围内的部分居民家庭,都已点上了电灯,每日早、晚在规定时间内,凤凰镇区就会呈现出一派灯火通明、昼夜难别的新鲜景象,气魄宏伟胜若一个小城市。

原来的机关大院西边是长兴中心小学,只有一沟之隔,机关大院内新建了东西侧厢房和武装部专用房。在机关大院明沟南侧建造了一幢小洋房,是长兴岛上最早的电话机房,内部设有隔音电话室并配置了专用发电机,能确保 24 小时电话通信畅通。广播站的播音室也在这幢房子内。旁边就是长兴派出所,长兴岛第一家集体所有制企业——长兴酿造厂(专业生产酱油及米白酒)也在前面。长兴卫生院就在现在的长兴中学位置上。

三、70 年代后的凤凰镇

70 年代时长兴岛的经济发展进入了一个崭新时段。随着国民经济得到全面发展,国家建设项目大量投入,农村乡镇企业的蓬勃发展,集体经济迅速壮大,人民生活水平不断提高,凤凰镇的发展也在与日俱增。镇区范围进一步扩展,机关、学校、企事业单位布局经过调整后,更趋规范整齐;街面道路全部成为水泥路;凤凰镇桥已从原来的木桥,改建成有 26 米跨度的水泥桥,并可容载重卡车通行。河的东、西两边商业房屋全部改造成两至三层楼,河东扩建成对面街,所有门面装饰也较新颖美观,市场繁荣、人流不息,农、副、工、商各业产品购销两旺,凤凰镇的旧貌已荡然无存。

马家港水闸巍然耸立在马家港口,它是一个阻挡海潮侵袭的守护神,又适应调节控制农田灌溉用水的水位需求、为农副业夺取丰产丰收创造良好条件。随着农、副、工各业发展和人民生活需求的增加,岛内物资进出大量增加,水上运输任务繁重,装卸作业相应增加,既靠人力也有机械化,卸出货物须装车或直接进仓。装卸船货物必须争分夺秒,装满装好,赶潮水等开闸放船。

凤凰街向东,长兴中心小学教育楼、操场已全部改建。长兴卫生院迁到解放圩,原址改建为长兴岛上最高学府——长兴中学。长兴人民公社原来的办公地迁入了新建的第一幢办公大楼，原来的办公地已交给长兴中兴小学改建成教育楼。原来的电话室、广播站地址已改建为长兴派出所和长兴法庭。使用多年的三角形毛竹架子大礼堂也改建成一座水泥梁、砖瓦结构、内设1102个座位的公社新大礼堂。

四、撤社建乡后的凤凰镇

时间跨入90年代，这是凤凰镇区面貌改变最快、规划手笔最大的一个时段。今天的凤凰镇区，纵向：东自江南大道、凤凰公路向南至凤南路。西有凤西路(凤凰水闸西侧)向北直至凤滨路(桥)。中间纵向：筑成了一条凤卫路，南自凤南路向北贯穿凤滨路延伸直至近横河桥。横向：北有凤滨路，东起江南大道凤凰公路向西延伸，一座凤滨路桥，横跨在马家港河面，贯通了凤滨西路，由此向西直达振华港机厂，也把凤西路南北通道和润丰农贸市场串联在一起。南有凤南路，由东向西，从原台湾渔民接待站向西至长兴社区卫生院、凤凰水闸。中间横向：有条凤凰镇老街，东起凤凰公路向西，直通至凤西路商业门面和润丰农贸市场。由这三横三纵，几条马路组成格子化，贯穿了南、北、东、西。镇区内有长兴中心小学、长兴中学、长兴中心幼儿园等教育区，学区背后是凤凰二苑、凤凰三苑等居民住宅楼。凤卫路上有一段东西向的对面商业街，东有辛弘广场，西边设有果品、饮食等服务业。凤滨路东起凤凰公路，西接凤滨西路。路北，是一段房型建筑格调不一、错落有致的对面街，设有华联超市、上海银行、工商银行、建设银行、农业银行、农商银行及电信、宾馆、娱乐场所等。

在凤凰公路以东、江南大道北侧、凤环路之西，有一幢坐北向南，占地面积10 660平方米，建筑面积为3 820平方米的三层建筑，正中悬挂着庄严的国徽，整幢大楼格外宏伟壮观。它前有宽阔气派的大理石广场及停车棚，后有整洁宽敞的辅助房，周围绿化环绕、四季常青。办公室前后通明、空气清新，办公用具全部雅而不俗。外人如果不看到大门口悬挂着的上海市崇明区长兴镇人民政府标志牌，根本不相信它是一个乡镇级的政府办公地，但它确确实实地告诉人们，它就是现在的上海市崇明区长兴镇镇政府所在地。

今天的凤凰镇，四周环境已是村、镇相楔，镇村难分，人际称呼也已只有分工不同，再无居民与农民之别。凤凰镇是长兴岛的政治、经济、文化中心。它的发展变化，不仅是长兴岛经济发展建设中的一个重要标志，也反映了历届政府在以实际行动，为实现长兴岛总体规划，做出了坚持不懈的努力，所取得的巨大成效。从“要致富先筑路、农民买房进镇”开始，不断实施凤凰镇区的发展规划。这个大手笔、大举措是体现历届党委、政府领导，为实现长兴岛的崛起，做出的难能可贵的有理想、有创举、敢担当的大无畏精神产物。

（2019 年 4 月 15 日）

凤凰飞入长兴岛

董　昊

长兴的地名,全国有好几个。上海崇明区的长兴,是一颗岛状的明珠,也是一只涅槃的“凤凰”。

相传在700年前,有一只美丽的“凤凰”,翱翔海与江的浩渺而“折戟”在上海的长江口,由于翅膀受伤,不得“起降”而被迫停留在一片荒芜的沙滩上。

据考,公元前84年的冬天十月里,有许多凤凰聚集在东海岸边的山上,皇帝认为这是了不起的祥瑞征兆,专门派使臣到海边祭祀。这个东海指的是连云港云台山脉的凰窝山。这里的地名、山名就叫作凰窝、凰窝山,民间还一直流传着许许多多龙凤呈祥的爱情故事,亦真亦幻,神奇曼妙,动人心弦。江苏连云港的凰窝山就是凤凰栖息的地方。《前汉书·昭帝纪》:“三年……冬十月,凤凰集东海,遣使者祀其处。”这是汉朝始元三年的事情了。不知它如何来到上海的?也许归来时迷路还是被外星人袭击?

长兴岛上的这只传说中的“凤凰”,后来演绎为:于唐朝“安史之乱”的公元755年,在马嵬驿(今陕西兴平市),美女杨贵妃被随驾禁军军士假“处死”、真藏匿。这是唐朝天宝十四年的事情了。

被藏匿的杨贵妃,一路奔波东渡去了倭国,却在长江口留下了六个痕迹——首尾、两翼及两足,“繁衍”出六个小沙,之后逐渐长成沙洲相继成陆。长兴岛也许就这样形成了。

希冀着美好的传说,于是,人们将岛中心凤凰镇,建设成为长兴岛的经济、文化、政治中心,近年来也成为上海人踏青的好去处。现在,曾经的鸭窝沙、石头沙、瑞丰沙、潘家沙、圆圆沙、金带沙等不知还能不能被长兴岛人,或凤凰镇人依稀分辨,但凤凰镇已然成为我们心中的骄傲。

坐上长途车申崇4线或5线，仅需半小时车程，我们就可以到达长兴岛的凤凰镇。长兴岛素有“橘乡”“净岛”“长寿岛”之美称，其得天独厚的自然条件和丰富的自然资源使其旅游业、造船业得到了充分发展，大量的非崇明、非宝山人士的移居，人群的熙熙攘攘，俨然成就了凤凰镇的今天兴盛。

原来的长兴岛上的凤凰镇、潘石镇、圆沙镇，被现在的长兴岛上24个行政村，260个村民小组所替代。当年的凤凰镇为乡政府所在地，位于岛的中部，现在只有一条同名的道路，让这只“凤凰”很迷茫。

著名作家郭树清先生对他的家乡情有独钟。他写道：此镇位于该岛中部南沿马家港的两边，架设在河面上的那座双木桥便称为“凤凰桥”。起先镇上仅有两爿店主叫顾卿凤和黄朝相开的小杂货店，以后随着渔户密集，港口渔舟驳岸增多，于是街市也不断繁荣起来形成集镇。当地人为纪念他们，就在二人的姓名中各取一字“凤”和“黄(凰)”，称此镇为凤凰镇，意谓此镇人杰地灵，连凤凰也肯来落脚。

郭树清先生见证了凤凰镇日渐成为新型集镇的历史。他还写道：20世纪60年代先后开通了吴淞至马家港航线，有了客运码头和通行公共汽车。20世纪70年代街面改造拓宽，那座双木凤凰桥也翻建成跨度达26米的钢筋混凝土拱桥，仍称凤凰桥。1974年成立凤凰水站，向居民供应自来水，结束了自古以来用河水和井水做饭的历史。1985年马家港用石料、混凝土加固堤岸，筑砌护坡加重立式墙工程。

我不是长兴岛人，也不知道凤凰镇在长兴岛人心中的分量。我认识了长兴岛上凤凰小区的黄元章，才知道这位耄耋老人是凤凰镇的“一宝”。他写长兴岛的民俗、民风、民情，让我们同为上海人感到汗颜。在他老人家的引荐下，我结识了许多长兴岛的“凤凰人”，但愿在未来的日子，期待着这700岁的“凤凰”的涅槃！

2009年10月，上海市政府批准设立长兴镇(建制镇)。于是，这个东西长约31公里，南北宽2—4公里的长兴岛，真正扎根于上海人的心中。长兴岛上的景点，如上海橘园、蒙古村跑马场、垂珠园、上海特技城、先丰度假村、石沙野生动物园、绿岛芦荡迷宫、星岛度假乡村俱乐部等，都是以凤凰镇为中心而展开。2009年10月31日，长江隧桥建成通车，长兴岛一跃成为上海联系崇明三岛和苏中、苏北地区的“桥头堡”，长兴岛距上海市中心仅30分钟车程。

长兴岛的长寿现状值得我们重视。据2018年12月统计资料显示，60岁以上老人有8 000多人，95岁以上的高龄老人20多人，百岁老人6名。根据规划，到2020年，长兴岛上的潘圆公路的中心点为凤凰镇，既是东西向贯穿全岛的交通干道，也是南部城镇和产业区与北部生态区的主要分隔界面。

据统计，环绕凤凰镇，有许多水禽的重要繁殖地和越冬地，东海滩涂和长江滩涂已记录到 115 种水禽。其中，有 15 种鹭(主要是夏候鸟)，2 种天鹅，5 种雁和 20 种鸭(主要是冬候鸟)。长江口及其附近的滩涂是迁徙鹬极其重要的驿站。到了春天，专家已记录到 54 种野生飞禽，包括大多数东亚珍稀或地方种类，如长嘴鹬、红胸鹬、红腰勺鹬、小青脚鹬、孤沙隹、半蹼鹬、细嘴滨鹬和勺嘴鹬。5 种鸥在此越冬，包括珍稀的黑嘴鸥。

先丰村凤西路 802 号的缘觉寺，是凤凰镇的一绝。缘觉寺是个狭长的院落，一尊巨大、洁白的大慈大悲救苦救难观世音菩萨像，高高地立在寺院中间的亭台楼阁，假山水榭间，显得出尘脱俗，清净庄严，与众不同。

缘觉寺有天心阁、观音殿、天王殿和山门。寺院外的广场特别宽大，寺内，除了一本《净除一切恶道佛顶尊胜陀罗尼经》外，意外得到《大方广佛华严经》卷 2 到卷 12 共 11 本经书。《大方广佛华严经》共 12 册，据说，上海大场镇永福庵、月浦镇的甘露寺都有，但现在都不全。

最后，还是用郭树清先生的话结尾："徜徉在凤凰桥头，那穿街而过的马家港碧水盈盈，波光粼粼，河面倒映着蓝天彩云，河水如一条银色的飘带自南向北蜿蜒流淌，呈现着无限的画境和诗情。环顾四周，那南岸边船厂高大的塔吊伸出长长的臂膀在缓缓转动着。两岸那一排排姿态优美的水杉、楝树、榆树、合欢，夹杂着樟树、玉兰、桂花树和杜鹃、茶梅、月季等开花植物，在冬阳的照耀下，多姿多彩，交织辉映，形成了花叶共享、色香俱佳的绝妙美景。那一幢幢沿河而居、造型迥异的农家小楼，街贯巷连，巧妙组合，相映成趣，宛如一幅和谐优雅的风情画卷。"

人们对自己的长辈，尊敬、拥护、爱戴、敬畏之情，来自凤凰的引领；人们赞誉母亲的聪颖、智慧、美丽、崇高的思想和优良的品质羡慕于凤凰的初心。凤凰，在中国民间文化中扮演着一个集德、义、礼、仁、信于一体的圣物角色，承载了相当深厚的文化寄托，是天下太平、百姓幸福的标志，是纯洁爱情、美满姻缘的象征，是世间美好的吉祥物。但愿，我们的长兴岛再一次地"涅槃"！

第二章　往事逸闻

流逝的岁月中刻在我们记忆深处的一些往事，总是那样清晰，时时引起回忆和思考，从中或获得教益，或得到感悟，从而懂得人生的真谛和追求真善美的意义。

本篇章中作者叙述的一些往事，给人以许多启示和教育。夏城的《八旬老人圆了作家梦》，我们不得不为黄元章先生的那种精神所感动；金孝祥写的《我参加了对越自卫反击战》一文，让我们重温了历史，展现了一个中国人民解放军战士的爱国情怀和捍卫正义、英勇斗争的崇高精神；李时珍写的《两岸情深》，展现了一位台湾老人殷殷的思念家乡之情和看到祖国巨大变化后的喜悦之情以及盼望祖国早日统一的强烈愿望。还有《一场仙水的闹剧》《保险箱失窃的故事》等，回放了当时的历史事件，从中可以告诉我们许多道理。

八旬老人圆了作家梦

夏 城

近日，年过八旬、只读过小学的崇明长兴岛农民黄元章，成为上海市作家协会的一名新会员。消息传来，在长兴岛上引起了一阵小小的轰动，不少人盛赞他是长兴岛上的“仗朝”秀才。黄元章先生是土生土长的崇明长兴岛人，农民世家。他走上写作之路，纯属偶然。

那是在五年前，有位在宝山区委组织部工作的老朋友，得知他平时喜欢读书看报，于是便送给他一份《上海老年报》订单。黄元章如获至宝爱不释手。常常悉心研读并为该报《往事》《文史》版上的回忆文章所吸引。久而久之便心生遐想：在我们长兴岛170多年的历史长河中，不也有许多类似的故事吗？自己何不也写下来寄给报社去试试？于是他凭着在20世纪50年代末在部队当报务员的文字功底，写下了几篇回忆长兴岛的文章送到报社。报社编辑被眼前这位朴实憨厚、农民模样的老人手中泛黄的手写稿所感动，便从中挑选出一篇题为《“长兴”两字的由来》稿子予以编发。于是黄元章的处女作就出现在2013年4月6日的《上海老年报》上。

黄元章见了自己的文章，竟然变成铅字并登在公开发行的报纸上，顿时激动不已，喜出望外。他立时购买几十份报纸送给亲朋好友让大家分享喜悦。从此他的写作激情一发而不可收。他一方面搜肠刮肚回忆往事，写下初稿不断修改润色；一方面找专家，访老师，查档案，阅资料，并采访岛上的老人写成文稿源源不断向报社投送。他的两个女儿看到父亲的热情也纷纷伸出援助之手，帮助他一起整理和打印文稿。就这样在短短的4年多时间里，黄元章的文章不断见诸报纸和杂志，他的散文集《长兴沙往事》第三集也出版了。

细细品味《长兴沙往事》每一篇文章，或是叙事，或是状物，或是抒情，内容都涉及长兴岛的历史和民俗民情民风，以及祖辈们口口相传留下来的逸闻趣事和历史典故，林林总总达 130 多篇。在这些带有浓厚乡土气息的文字里，渗透着的是作者对家乡的挚爱和深情，燃烧着作者热情的火焰，既接地气又耐品读。正如著名作家叶辛在给《长兴沙往事》的第 3 集序言中所写的："黄元章先生作为一名祖祖辈辈没有离开过海岛土生土长的农民，他始终不渝地热爱文学，坚持业余写作，退而不休，笔耕不辍，以此来充实自己的人生，丰富自己的生活。""以写作的方式来健脑、健身和滋养心灵，实为一种高雅的生活情操，也表明了他从写作中找到了精神慰藉，找到了晚年生活的乐趣。"

黄元章先生作为一名年过八旬的老人，而且耳聋眼花，身体也不怎么好，但他那坚强的意志、勤于笔耕的精神却令人动容。不仅如此，他还以惊人的毅力，学会了用电脑写作。他的第三集《长兴沙往事》所有文字都是由他自己用键盘敲打而成，实属难能可贵。所有这些，正如老黄的两个女儿黄琴、黄懿所说："自从父亲爱上写作之后，不但身体比以前更硬朗、更有精神了，而且连以前那急躁的脾气、寡言的性格也变得温和爽朗乐观，为此，我们全家都支持他。"

如今，成为作家之后的黄元章先生，写作的热情更加高涨。用他自己的话说："写作将成为我生活中不可或缺的部分，写作不仅使我的晚年生活丰富充实，更使我有了精神寄托，我将始终不渝地在写作这条道路上执着追求，继续为家乡的文化繁荣尽一份绵薄之力。"

（作者系上海市作家协会会员）

我参加了对越自卫反击战

金孝祥

1979 年 3 月,我和我的部队参加了对越自卫反击战。这场战争的起因是越南人自抗美战争结束后,头脑开始发热。一是主要被苏联挑动,掀起反华高潮;二是在抗美战争时美国人和西贡反动政府军队战败后,留下了大量的武器装备及其他战争物资,他们认为足够打一场战争。于是越军不断地在边界上向我方一再挑衅,开始做战争准备。

这场战争是越南人挑起的,他们从 1974 年首先开始排华,反华的理由是领土问题。他们大造反华舆论、攻击中国政府,同时开始排挤在越华人。1978 年起,在越华人一批批被赶出越南。开始时几十人、几百人,到 1978 年下半年,越南政府就开始大批赶走在越华人。成千上万的在越华人,从广西的友谊关边境回国,也有的在两国的边界山区间或山沟里涉水过河回国。华人被赶时拖儿带女、肩挑手提,一副狼狈不堪的场景。当初这种情况被拍成纪录片,在开打前各部队都轮番进行了宣传放映,让我们战士们都看清越南这张丑恶嘴脸和险恶用心。据了解,被越南赶回来的华人有 20 多万。后来我国政府安排在云南某地,组织华侨农场,主要从事橡胶种植业。

越南这种不自量力的反华和挑衅活动,激起了中国人民的无比愤怒。真是吃饭忘记烧火人,越南逼迫中国自卫反击。1979 年春节过后,从云南到广西的上千公里的中越边界线上,越南派出大量的特工人员到中国边境进行破坏和侦察,扬言要占领中国的云南、广西、广东。越南人气焰十分嚣张,其实,我们已有准备。

1979 年春节前,部队就进行了战前训练和动员。训练的科目是山地战斗、进攻和防御。1979 年 3 月,各部队都按照上级的指挥到达预定地点。我们部队从四川成都坐火车出发到达广西,再乘汽车到达作战一线,路上共走了三夜四天。我部在宁明县板兰地区,担任助攻,整个部队主要攻击越南的谅山和老山,这是越军的保障基地。

为了保证攻打谅山和老山战争顺利进行，各团、各营领受作战任务后，利用夜色，接近战斗阵地。我所在连是重机枪分队，我担任指导员，按作战要求，重机枪配备到连队。

第二天黎明时分，部队发起了攻击，先是大炮轰，铺天盖地的炮弹飞向谅山和老山前沿阵地。大炮轰击过后，紧接着是火箭炮，山上山下一片火海，一阵轰击过后，部队发起了总攻。经过炮击后，越南军剩下没死的，拼命向山下逃命，山头被我军占领。从炮击开始到占领山头，打扫战场，用了两个小时左右。为了防止敌人反扑，占领山头后加固工事、清理弹药。因我们阵地正面有敌人的一个炮团，大多是女兵。我们部队转移阵地，同时向前推进，每到一地，我们首先总要挖好战壕——猫耳洞。这种猫耳洞一来防止敌人炮击，二来可以防雨。我们在越南要教训这些贼无良心的坏东西时正值雨季，那里白天晴天，一到夜晚就下大雨，每天都是这样。但是我们部队战士都士气高昂，克服各种困难，不断向前推进。在离越南边境小城只有 30 公里距离时，部队全线反击，攻打谅山和老山的部队是十三军。经过三四天的进攻战斗，谅山和老山被攻破，然后全部被我军占领，缴获到不少战利品。谅山是敌人的后方基地，山里到处是坑道。坑道是抗美时期修建的，堆满了中国支援的大米，因为战士们看见麻袋上印有“中粮”两字，还有大量的被服，最让人看不懂的在这坑道里居然还藏着 500 多辆“黄河”牌卡车。看来，这些东西都是我国抗美援越时期支援的。对这些战利品，部队下令，能带走的带走，不能带走的全部炸掉。据说，后来上级领导从国内部队和地方抽调驾驶员，把这些卡车统统开回国内。

1979 年 3 月底左右，中国政府单方面宣布从越南撤军。从进攻到撤退约半个月时间。我们部队撤到国内板兰地区某公社进行休整，一边总结战斗经验教训、一边表彰作战勇敢将士，给立功人员授奖，表现突出的批准入党、入团。我所在的连队，在这次反击战中伤 3 人，入党 5 人，提干 2 人。在这次自卫反击战中，真正战场上的伤亡不多，我军的伤亡，大都是踩在敌人漫山遍野掩埋的地雷上。没有料到敌人如此狡猾，使我们无辜牺牲了很多战友，我们永远不会忘记这一血的教训。

这一仗到如今已有 40 年光景，我们一直铭记在这次自卫反击战中牺牲的战友，他们的英灵始终勉励着我们。祖国的强大，是我们军人永远的骄傲，敌人胆敢动我中华一根汗毛，定叫他们有来无回。

（先丰村对越自卫反击战老兵金孝祥口述，孙关明整理，2019 年 4 月 18 日）

两岸情深

李时珍

我的叔叔李国强,1950 年 10 月抗美援朝出国后,多少年一直音讯全无。他家里人都以为他在朝鲜战场上牺牲了,他的父母还选择了一个日子,作为儿子的忌日,每年那天烧香、点烛、烧纸钱纪念他。

可是万万没有想到,时隔将近 40 年后的 1989 年 10 月的一天,李叔叔突然从台湾回到长兴岛探亲。他哥哥得到通知后,特地到上海的虹桥机场迎接他。叔叔回到海岛后,还受到当地政府的热情接待,并组织一批从台湾回岛探亲的人士进行座谈和岛上的参观活动。

李叔叔回故乡后没几天,带信说一定要见见我的奶奶(因他自小认我奶奶为寄娘的)。我听到了这个消息后,非常高兴,执意要跟奶奶一起去,一是想见见阔别多年的叔叔,二是想听听他的人生经历和祖国宝岛台湾的情况。

我们去的那天,秋高气爽,阳光灿烂。我们到了李叔叔哥哥的家里,焦急地盼望着能早点见到分别了近 40 年的亲人。没多少时间,李叔叔在他哥哥、嫂嫂的陪同下从外面走来了,我和奶奶连忙迎上前去。奶奶对他说:“国强啊,你寄娘双眼快要望穿了,今天总算把你盼回来了。你爷娘也天天盼日日盼,盼你回来呀。不知盼了多少年月,还以为你已经不在人世了,特为你搞了一个忌日(死者死亡的日子)。”奶奶一边说,一边老泪纵横。

这时候,李叔叔紧紧地抱住我的奶奶,哽咽着说:“寄娘呀,我也是天天盼日日望,多想回到故乡来看看你们啊,但没有办法啊。自祖国改革开放后,两岸的关系发生了变化,可以通商、通航、探亲、旅游了,才实现我回故乡的梦想。”李叔叔说到这里,泪水不断地从脸庞上流下来。

接着,他又继续讲下去:“我是多么思念家乡啊,也多么想念父母!我常常抱住妈妈当年为我缝制的那件小棉袄发呆。这件小棉袄虽已千补百纳了，我仍一直把它留着，这次探亲回来，特地把它带在身边，让妈妈看看。我睹物思亲啊，平时看到这小棉袄，就好像看见妈妈了。”李叔叔呜咽着，声音颤抖地说，“可是万万没有想到，父母都早已不在人世间了。后来我抱着小棉袄到爸爸妈妈的坟墓上号啕痛哭了一场。”闻讯赶来的许多邻居听了他的讲述，都感动得流下眼泪。

李叔叔继续说下去：“寄娘啊，我见不到父母，今天见到从小疼我爱我的寄娘，就好像见到了亲娘。你虽年岁很高，身体仍非常健康，我多高兴啊！”

正在这时，我便问起李叔叔：“叔叔，你认识我吗？当时你走的时候我刚 6 岁，现在我已 46 岁了。”我还未把话说完，他连声说：“认识！认识！你是寄娘的小孙女，叫‘小时’，对吗？”

接着，李叔叔对大家说：“40 年过去了，一切都变了。近年来，大陆改革开放后，我们台湾人也可回大陆探亲了。于是我急忙办理回大陆探亲的手续，我 40 年的梦想终于实现了。当我乘着飞机飞到大陆上空的时候，从机舱里朝外俯视大地，祖国的河山是那样锦绣，高大的建筑物隐约可见，展现在眼前的是一派欣欣向荣的景象。此时此刻，我突然想起在 1950 年 10 月奔赴朝鲜战场的一幕，我们经过鸭绿江大桥时，唱的那首悲壮的歌曲：‘雄赳赳、气昂昂，跨过鸭绿江，保和平、为祖国，就是保家乡……’仿佛还在耳边回响。我上了朝鲜战场后也英勇杀敌，不怕死，小伤大伤不知有多少次。我多次看见自己的战友倒在血泊中，有的牺牲了。后来我们部队因没有给养供应，再加上敌我力量过分悬殊，成了敌人的俘虏。停战之后，在互换俘虏不够的情况下，我们一批人被押送到人生地不熟的台湾岛。我到了台湾以后，还在部队里当兵。后来我岁数大了，在别人的介绍下结了婚，成了家，还生了五个女孩子。在台湾那儿，小姑娘倒蛮喜欢当兵人的，不知什么原因，大概在她们眼里当兵人有一种特殊的气质吧。当飞机降落到上海虹桥机场时，打断了我的思绪。我一走出机舱，就四处寻找来机场接我的亲哥哥，找到后就跟着哥哥一起回到了长兴。”

此时，我好奇地问李叔叔：“叔叔，你回到长兴岛后，它是不是还是记忆中的那个长兴岛？”

他连忙摇摇头说：“哪里呀，长兴岛完全变了，全是一派新的面貌。农民住上楼房，交通也发达，人民生活也很好。不瞒你说，当我跟着哥哥乘车到吴淞时，心里想：这次到家乡又要赤着脚、卷起裤脚管、手里提着皮鞋，然后爬上有桅杆的扯着篷的小船，才能回到我的家乡瑞丰沙。”

接着，他感叹地说：“一切都变了！”

他继续说着:“我们到了吴淞码头,就看到了要乘的是一艘豪华的双体客轮。当我登上双体客轮后根本不想找自己的座位,而是靠在船舷边上,观看来往的各种船舶,瞭望我40年前居住的地方——瑞丰沙。双体客轮一驶出黄浦江后,就朦朦胧胧地望得见长兴岛的影子了。但不管你怎样望,也看不到瑞丰沙在哪儿。大概在旁的哥哥看出了我的心事,便对我说,瑞丰沙在1962年全坍到海里去了,瑞丰沙上的居民都搬到潘家沙去了。在党和政府的领导下,海塘建设搞得非常好,再也不会发生海坍的情况了。哥哥还告诉我,原来的石头沙、潘家沙、鸭窝沙、金带沙、圆圆沙,已经连成一体了,公路全岛贯通。你上岛后,一切都会看到的。

“回家那天,天气晴朗、万里无云,一阵阵秋风吹来,我感到心旷神怡。双体客轮航行了一个多小时,就到长兴马家港了。当我踏上家乡这片热土时,我直想哭,不知是远方游子归来的激动,还是看到家乡发生的巨变而感动?

“当我看到海塘的雄伟建筑,再也不担心海坍潮没了;看到公路上来来往往的车辆,展现出一派兴旺发达的景象;看到的一切,都是感到美好的,新鲜的……

“我正在环视四周时,说乡政府的轿车正在等我上车,把我当作贵客接到我哥哥家中,我是多么幸福啊!我从车窗向外望去,故乡的一草一木亲切可爱、令人陶醉、迷恋,根本看不到先前弯弯曲曲的圩岸、高高低低的路面、洼洼坑坑的道路和那时家家都住的茅草屋,40年前的贫穷落后、交通不便,在长兴都成往事。出现在我眼前的是轿车、出租车、满载货物的厂车、各线各路的公交车、旅游车、摩托车,拔地而起的厂房、民房、卫生院、文化娱乐中心、政府大楼……

“我还听哥哥、嫂嫂讲,现在通了电后,农民家里都有家用电器,如电视机、电风扇、电冰箱、电话等。当轿车停下,说到了,我站在哥哥家门口,真觉得展现在我眼前与一路上所见到的一切,都是新鲜的,过去的都不见了,是一个崭新的长兴岛。”

李叔叔讲了自己的人生经历,讲了许多看到家乡变化后的感悟,大家听得很入神。这时,我拉着李叔叔的手,叫他去看看秋野的橘园风光,沉甸甸、黄澄澄的柑橘挂满了枝头,简直让人馋涎欲滴。我对李叔叔说:“我们长兴岛要建设成为鱼米之乡、花果胜地、旅游景点。我们长江口这颗明珠一定会闪闪发光!”李国强叔叔听后无比深情地说:“这都是共产党领导得好啊!我一定不忘家乡情,一定多回家乡看看。我回到台湾后,一定要为祖国的统一多做点贡献!”

这次探亲之后,李国强先生一直想着要回归老家,甚至死也要死在家乡。在他77岁的时候,他已是第8次回长兴岛了。2009年那年,他从台湾回长兴过春节。在年三十那天,他还很愉快地到左邻右舍去串门,与邻居谈笑风生、快乐无比,笑着说,明天年初一了,我又在家乡过新年了!谁知第二天即是年初一的早上,不见他起床。他的侄子夫妻俩喊他吃早饭:“小叔!小叔!起来吃早饭啦。”他没有动静。走到房间里,推推他的身体,也没有一点反应……其实,他已走了。全家人悲痛欲绝。

台湾的几个女儿、女婿都赶来长兴为父亲办理后事。女儿们哭丧着脸说:“爸爸来到台湾,一直为老板开车,养活我们五个女儿,真不容易,费了多少力,吃了多少苦。我们要把爸爸骨灰带回台湾,举办隆重的追悼仪式,报答爸爸对我们的养育之恩。爸爸的魂也许永远在他的家乡——长兴岛,但是他的情还在养育我们五个女儿的台湾岛。爸爸一直教育我们要为祖国统一做出应有的贡献!我们为有这样一个爸爸感到自豪!爸爸呀,你已经实现了你生前的愿望,放心地跟我们一起回台湾吧!”

远去的农家

张涛渔

每天从凤凰公路凤滨路口经过，每天在这里驻足沉思……

2005年5月7日，对于长兴岛而言，是一个具有里程碑意义的日子——凤凰公路凤滨路口，赫然竖起了岛上第一个红绿灯。红绿灯，是繁华的象征、进步的标志，但在欣喜长兴岛日渐繁华的同时，不免怅然。毕竟，昔日的田园风光在不知不觉中已悄然隐退，静谧的环境、恬然的农家生活，只能成为追忆。

遥想80年代初期，笔者刚踏上这块土地，全然不是今天的景象。

24个自然村慵懒地散布在72平方公里的海岛上，一户户农家犹如播种时随手撒下的种子，疏密有致，点缀其间。宅沟、竹园，依势而筑，自然、古朴，没有些许斧凿的痕迹。

清晨，不知谁家的公鸡一声啼鸣，唤醒了沉睡中的小岛。立马，隔壁的雄鸡亦不甘示弱，急吼吼地收腹、蹬腿、展翅，一下高高跃起，骄傲地挺立在窝棚上，引吭高歌。这下可好，从东沙到西沙，抑扬顿挫的啼鸣，恰似田间涌动的麦浪，此起彼伏，遥相呼应。

吱呀，农家那缺少润滑的院门推开了，农妇睁着惺忪的眼睛，撒出两把谷子。鸡鸭们犹如饿狼扑食，迅速包抄过去。大公鸡可是这里的王者，大步流星，无所顾忌，直奔目标，我是老大，其我奈何？母鸡们比较知趣，清楚胳膊拗不过大腿的真理，察言观色，夫吃妇随，捡点残羹冷炙作罢；鸭子脑容量不大，却挺识时务。在这弱肉强食的圈子里，自己要力量没力量、要速度没速度，谁也惹不起，但面子还是要的，绅士风度不能丢。你看，边迅疾地踱着方步，边嘎、嘎地叫唤：哥们儿，悠着点，给俺也留一口，俺可是弱势群体，大家都要为构建和谐社会做贡献哟……

炊烟升起来了，袅袅地，先是一缕，继而散发开来，慢慢地融进薄薄的晨雾，悄无声息。农家的灶头热了，打一点汤罐水，胡乱地洗漱一下。捧个大海碗，屁股坐上门槛，边扒几口饭填肚子，边盘算着一天的活计。

大人们下田了，娃们也该上学了。栅门推开了，三五个结伴而行，走在田埂上，走在乡间小路上，向着那高高的旗杆方向会集。大人们不时地停下来，眯起眼睛，挥挥手，然后一抹唾沫，又抡圆了膀子……

经年的沉寂终究被打破。

不知哪天起，原始的农家宅院没了，宅沟填了，青翠的竹园也毁了，取而代之的是一幢幢钢筋水泥的小楼。走进堂屋里，长条凳子退居二线，八仙台不见踪影；这厢那厢，再也闻不到散发着浓浓咸菜味的“腌齑缸”，看不到盛着谷子的缸甏，以及缸甏草盖头，许多家具裹挟着浓浓的农家味，终于尘封于历史。

振华港机来了，粤海船厂落户了，江南船厂扩建了；

市场拥挤了，超市更大了，长江隧桥开通了；

交通繁忙了，马路拓宽了，红绿灯亮起来了。

一切不再沉寂，一切开始躁动，满世界散发着工业革命的气息。看着红绿灯诡谲地眨着，一缕莫名的失落夹杂着淡淡的思愁，弥漫于胸，挥之不去。

（作者现任长兴镇工商所所长）

一宗惨不忍睹的凶杀案

王玉芳

1993 年 8 月 24 日，对凤凰镇人来说，是一个黑色的日子。那天上午，在凤凰镇北面的解放圩一带发生了一宗惨无人道的凶杀案，犯罪者心肠之恶毒、手段之残忍，实为令人发指。

犯罪者黄某，系北兴村人，平时好吃懒做，惹是生非，恶贯满盈，是个令人厌恶的地痞流氓。23 日傍晚，他来到北兴村党支部书记张金祥家里，借口自己活不下去了，要向党支部书记借点钱用用。党支部书记开导他说："你年纪轻轻的，也有两只手，为什么不好好劳动，日子过得这样糟糕？你要是有特殊困难，别说向我借钱，我们村委也会主动关心你的。"黄某听他这么一说，觉得借钱无望，顿时火冒三丈，脸上青筋暴起，大声喧嚷："别啰唆，少废话，你借也得借，不借也得借，你不给我活路，你也休想有生路。"书记见他蛮横无理，同他讲理也等于白笔画在白墙上——无用，为暂时摆脱这个僵局，以后再研究如何帮助他摆脱不良习气，于是，他从口袋里掏出了 300 元钱，借给了他。黄某收起了钱，临走时还放野火说："以后我还有得麻烦你嘞，你一条命，我也一条命，大家走着瞧吧！"

那天晚上，张金祥睡在床上翻来覆去怎么也睡不着，反复思考着：究竟怎样解决他的恶习。过去也曾思考过，给他安排一个合适的工作，让他自食其力，不再东游西荡，惹是生非。再联想起近日里有不少村民告黄某的状，我们村党支部有责任做好这方面的工作，为创建一个和谐的村居环境而努力。据光荣村小店的汤士良反映，黄某经常去他们小店拿香烟抽，好像小店是他自己开的一样。一到小店，就喊道："喂，拿两包大前门！"汤向他收钱，他说"明天"！天天有明天，从来没见他付过钱。书记张金祥联想起夜晚黄的那种威胁性语言和放野火的腔调，如处置不好非引发事端不可。他前思后想，突然想起了长兴派出所，想借助他们的力量，好好教育教育他。于是，第二天一早，便拨通了长兴派出所的电话。

接电话的是副所长沙新康同志，他二话没说，一口答应八点钟到解放圩找黄某谈话。他本来安排好早晨要去接爱人黄德芳老师从前卫农场到长兴中心小学上班的，但考虑到公务在身，想到搞好社会治安也是公安机关应尽的责任，于是顾不得这些了，只得让妻子自己乘公交车去学校上班。

沙新康草草吃好早饭，就和他的同事急匆匆驾车来到解放圩，因为黄某常在这一带活动，准能找到他。这时候，时间还不到八点。

果然不出所料，黄某正在正云酒家那儿游荡。他看到警车停了下来，顿时心中怒火中烧，因为他过去因寻衅闹事和斗殴，派出所找过他几次，心想，这次警察来，又要找自己麻烦了。沙新康从警车里走出来，正好看见黄某，便对他说："黄某，你跟我们到派出所去一次，有事情要找你谈！"他却理也不理，径直向正云酒家门里走去。他心里想，一定是那个汤士良家伙向派出所报告的。因为早晨他和汤发生过争吵，黄还逼他跪砖头向自己求饶，心里想：你好坏，一点小事还向派出所报告。今后我非给你点颜色看看不可。

沙新康见黄某走进了酒家，便也跟了进去。说时迟那时快，黄某已经蹿进厨房，从砧板上拿起一把锋利的大菜刀，像疯狗一样扑向沙新康。这时，黄某心态完全扭曲，良心早已泯灭，根本不考虑什么后果了。沙新康临危不惧，义正辞严地警告他说："快放下菜刀，你这是在犯罪！"并一个箭步冲上去，用手紧紧握住他那只握菜刀的右手，同时设法用左手夺下他手中的那把凶器。此时的黄某完全丧失理智，用菜刀疯狂地朝沙新康头部、颈部猛斩猛砍，沙新康血流如注，倒在了血泊里。

此时的黄某已经杀红了眼睛，手里拿着菜刀，从正云酒家冲出来，看到旁边肉台上有一把斩肉刀，连忙把它拿在手里，手举两把刀子，杀气腾腾地在公路上向北走去，手臂上、汗衫上也沾满了血，大摇大摆地走着，分明是一个杀人不眨眼的刽子手。他的目标很明确，要对汤士良去下毒手。当时，公路上南来北往的行人不少，但都想不出什么好办法来制止他的暴行。有的吓得朝后退，有的从横路里走开了，有的还喊着："杀人了！杀人了！"一位设摊修摩托车的师傅听见喊声，站起来准备跑过去看个究竟，他一边走一边高声说："在光天化日之下会有人杀人，难道共产党没办法治他？"可哪里知道，他说的话正好被走过来的杀人犯黄某听见，黄嘴里喊着："我就是要杀人！"并举起刀向这位师傅走去。修车师傅朝后一退，碰到了一辆自行车，车翻人倒，黄就乘势在他头上身上乱砍几十刀。这位年轻的修车师傅再也没站起来，场景惨不忍睹。

凶手一连杀死了两个人之后，他还要去报复汤士良。他走到解放圩代销点，看到长兴供销社职工施连昌正躺在躺椅上休息，便厉声对他说："快起来，开摩托车送我到光荣小店去。我不会杀你的！"施连昌看他杀气腾腾，手臂上和短袖汗衫上都是血，心里吓得瑟瑟发抖。他想，好汉不吃眼前亏，只得听他的，便发动了摩托车。杀人犯坐在车上，两把刀架在施连昌后面的颈脖上。此一去，厄运不知要落到谁身上。

副所长沙新康被害，长兴派出所获悉后一边组织力量送沙新康到医院抢救，一边去追捕凶犯。沙新康送到医院一检查，因为伤势过重，流血过多，已经完全没有生命迹象了。一位优秀的、年轻的人民警员，就这样永远地定格在38岁的年龄。再说所长陈士新，那时正患重感冒，得知情况后连忙拿起手枪，飞也似的向案发现场奔去。

凶犯黄某坐在摩托车上，正在马家港河东向北驶去的时候，看见了梁下春。梁下春是经常在集市上卖鱼的，黄某几次想占他点便宜都没有占着，心里一直想报复他。这时的梁下春看见黄某这般模样，早已吓得魂不附体了，连忙侧身向南狂奔而去。杀人犯黄某恶狠狠地对他说："好呀，你逃吧，今天我没时间来收拾你！以后再说。"不知过了多少时日，梁下春回忆起当时的情景，还心惊肉跳。

施连昌把这个杀人犯载到光荣小店门口时，凶犯问他们："你们看见汤士良了吗？"大家都说没有看见。凶犯便从摩托车上跳下来，对施连昌说："你走吧！"小店里有汤士良的父亲和11岁的儿子汤惠飞。凶犯见汤士良不在，顿生斩草除根之恶念，要杀死汤的孩子。这时候，孩子的爷爷汤和尚求饶说："你就杀了我吧，放过我的孙子。"他的孙子用两手捧着头哭喊着："爸爸来呀，妈妈来呀，快救救我呀！"正在此时，长兴派出所的所长陈士新赶到了，威严地对他说："放下屠刀，不然我要开枪了！"杀红眼睛的凶手黄某狗急跳墙，穷凶极恶地用菜刀朝双手捧着头的小惠飞劈下去，顿时小惠飞的后脑勺和手指落在地上。凶犯多次杀人后，已知只有死路一条，拔腿向河边的茭白丛逃去。陈所长立马朝他腿部打了两枪，他中弹后跌在河里的茭白丛中。后来，人们用绳子牵住他的腿，一头系在茭白丛上。这个凶犯浮在河里有好几个小时，活像一具氽江浮尸。直到下午三时宝山区公安局来人后才把他押走。不久，血债累累、罪孽深重的黄某，终究受到法律的严惩，被执行枪决。

在这次执法中英勇牺牲的沙新康同志，被上海市公安局党委追认为革命烈士，公安部授予其"二级英雄"称号。长兴岛的土地上掀起了一场学习英雄沙新康的热潮。

这个惨案的发生，留给我们的思考是很多的：作为家庭，如何切实搞好家庭教育，对孩子从小进行优良传统教育、道德教育、生命教育，从而培养孩子学会做人，具备健全的人格；各基层单位要加强对群众的思想教育和疏导工作，要经常研究分析突出问题和矛盾，要未雨绸缪，力求做到防患于未然；学校要加强对学生的德育工作，让他们学会做人，学会思考，学会交际，有正确的人生观和价值观；对广大群众来说，如遇到此类恶性案件时，应该如何采取正确有效的措施和手段给予制止，不让事态不断扩大；公安部门从中引起反思，获得教训，不断改进工作，切实搞好社会治安，最有效地打击坏人。

一场“仙水”的闹剧

高学成

约在1953年的夏天，在长兴岛上发生了一场“仙水”的闹剧，闹得沸沸扬扬，而且持续时间长。传说在凤凰镇凤东桥边的福字圩里出现了一个“仙水洞”。“仙水”不停地从地底下冒出来，喷出水柱有十几厘米高，人们好生奇怪。常言道，人往高处走、水往低处流，这里的水为什么偏偏往上冒呢？有人说，这是神在显灵，老天爷给长兴送来福祉；有人说，这水真灵，病猪一喝，就好了；有人说，孩子身上有痱子瘙痒，用仙水一擦瘙痒就好了；还有人说得更玄，说某某地方一个老人，已病得快死了，喝了这仙水，病就好了，没几天能下地劳动。于是，民间到处传说在长兴岛福字圩里出现“仙水”，能包治百病，传言者又添油加醋，神乎其神地说得活灵活现。这消息像长了翅膀似的迅速传向长兴各个角落，也传到崇明、海门、启东、川沙、南汇、宝山等地，不少人闻讯后提着罐子、拿着瓶子，纷纷赶来取“仙水”。路上的人川流不息，其热闹的景象不亚于赶庙会，有时候，在半夜三更里还有人来取“仙水”。在取仙水时还有一套规矩和程序：点香，跪拜，祷告，最后取水。他们表现出来的那种专注的神情和虔诚的态度，真令人叹服。这样的闹剧整整持续了三个月。

那么，这一“仙水”的闹剧是怎样开场的呢？话说那年夏天的一个中午，骄阳如火，酷热无比。住在福字圩（现先进村六队）里的农民汤二郎领着他的孩子在田间锄草。突然，天空中响起了隆隆的雷声。他抬头往西北天一望，只见乌云滚滚、漆黑一片，还有火蛇般闪电在乌云中闪亮，眼看一场雷阵雨即将来临。汤二郎急忙丢下手中的农活，领着孩子向家中奔去。当走到福字圩一条泯沟沿边小路上时，看到路当中的一个蛸蜞洞里不断冒出水来，喷出的水柱有十多厘米高。他7岁的儿子看到后好生奇怪，便问他爸爸：“这是什么呀，怎么喷出水来呢？”他爸不以为然地回答：“这是江鳅洞。”（江鳅洞，是江鳅打的一种洞。）江鳅是一种水生鱼类，形状像跳鱼，褐红色、身体瘦长，有十几厘米长，特喜欢在板结的沙地里打洞，深的可达几米，有时可穿过一条堤岸的底部。在海边沙滩上，或是沟、河边沿的沙地里常会见到江鳅洞。由于江鳅在里边搅动、挤压，洞口就会冒出水来。所以，岛上的农民习以为常，不足为奇。汤二郎对他儿子说的那句话，可见一斑了。

一天，住在附近的陆茂根正好也路过那里，看到喷水的洞，还下意识地用脚踩了一下冒出来的水，感到水是透骨的冰凉，但也没有多想什么。当他回到家里后，又为他家那头已病了好几天的猪犯起愁来。这头猪在发高烧，浑身滚烫滚烫的，不断地喘着粗气，已经几天没吃食了，急得陆茂根团团转。当他回到家后，想起泯沟沿上那个江鳅洞里冒出的水那样冰凉，不妨弄点给猪喝喝，让它降降温，也许这头猪有救。他主意打定后，立刻找了一个空瓶子，向那个地方飞奔而去，满满地灌了一瓶急忙奔回家。说也奇怪，这猪把水喝下去后没多久，站起来了，慢慢地走到食槽边，吃起食来了。这下子可把陆茂根乐坏了，这不是“仙水”吗！病猪一喝就灵。就这样，“仙水”一传十、十传百地传开了。

无独有偶。汤二郎听到陆茂根用“仙水”治好一头病猪的消息后，首先责怪自己那么不识货，并怨恨自己是第一个发现“仙水”的却无动于衷。此时他的孩子正患一身热痱，瘙痒得难过，不妨也弄点仙水给他擦擦身，或许也能治好瘙痒。汤二郎给儿子用“仙水”擦了几次身，没几天热痱和瘙痒消失得无影无踪。就这样，又加快了福字圩里出“仙水”的传播速度。

再说那个陆茂根。“仙水”救了他家的那头猪，有一种报恩上帝的思想，自觉自愿地从家中拿出了柴草、芦苇、毛竹等物品，还带去了斧头、铁锹、铁搭等工具，在出“仙水”的地方，搭起了一间草屋，供人们取水时休息和朝拜用。屋里摆上桌子，桌子上放着烛台和一个小菩萨。还有一个绰号叫牛皮阿三的，几乎每天出没在那里，吸引着众多取水的人。他自小练就一身气功。功夫不凡，他表演的蛤蟆功一下子能起蹲 100 多次，人们赞不绝口。这样渲染着气氛，衬托出一种“仙界”的韵味。

科学和迷信的斗争、愿望和事实的距离、现象和本质的差异，在这里表现得轰轰烈烈。尽管当地政府多次加以劝说和阻止，也无济于事，没能制止这场闹剧的蔓延。这倒使我想起了不知哪位革命家说过的一句话：菩萨是劳动人民创造出来的，到头来还是劳动人民亲手把它捣毁。在那刚刚解放的年代，劳动人民贫穷落后，缺医少药，科学知识没有得到广泛的普及，出现这种情况是可以理解的。当遇上重大灾难和严重疾病时，人们总希望有一种巨大的神力——上帝、神仙、菩萨来帮忙，免除苦难，保佑平安。要是这件事发生在今天，我看很少有人会这样做的。要说陆家的病猪治好了、汤家的孩子热痱治好了，也是事实，它完全符合中医学的平衡理论——热用冷解。

这场闹剧，对迷信起着推波助澜的作用，对社会安定带来危害，甚至有些坏人也混在其间，煽风点火，挑拨离间，惹是生非。据说原家住横沙的黄龙生，解放前在土匪部队里当副官，抢劫杀人、无恶不作。新中国成立后，全家逃避到鸭窝沙。那时横沙人也到长兴取“仙水”，在凤东桥上碰到了黄龙生后，报告了人民政府，第二天黄龙生就被宝山县公安分局捉拿归案。

这场“仙水”闹剧总共演了三个月，终于偃旗息鼓了。因为取“仙水”的人越来越多，原来像老蛸蜞洞的那个洞，根本没有那么多的“仙水”好供应给那么多的人。特别那些为了弄到“仙水”，长途跋涉来到长兴的人，结果空手而归，那回家不好交代了。所以这个江鳅洞口越挖越大、越挖越深，最后挖到与泯沟底平，这时已分不清是泯沟水还是江鳅洞水？总之弄得一片狼藉。从九月下旬起，再也没有人来取什么“仙水”了。

我把这旧闻写出来，意在引起我们的回忆和思考，从中获得一些有益的启示。我们一定要相信科学，不能人云亦云，要通过事物的现象抓住它的本质，对自然界的各种现象要给予科学的解释。尽管世界上还有不少未解之谜，如埃及的金字塔是怎样建起来的？飞碟究竟为何物？但随着科学的进步，总会有一天揭开它的谜底。

保险箱失窃的故事

徐惠忠

1976年6月5日。春夏之交，气温回暖。长兴地区一年一度的“三夏”大忙已经来临。俗话说在农业生产上“季节不让人”，所以各大队、各生产队，到处都在抢时间不误农事，各队都在排田、莳稻。

那天傍晚，长兴航运社在本岛港内的职工，在处理好船上的杂务后，走上跳板，各自抓紧回家处理自家的田块“排田、莳稻”事务……本单位行政管理人员，包括领导干部均把门、窗关好。因为干部家庭同样在农村，也是农民，必然与其他职工一样要奔回家中投入“三夏”大忙。长兴航运社是在1956年，根据“农业合作化”精神，上级指示把分散的个体农船(沙船)组织起来成立的，归属宝山县交通运输局领导。因货运船只业务近的在本市，远的在江苏、浙江等地，船只分散，各处都有，所以20年来单位没有设立值班、门卫制度，夜夜太平无事。那夜与往日一样，周边一片寂静，只有马家港里的河水在哗哗地流动。

失窃

第二天一大早，党支部书记吴阿六同志习惯性地第一个来单位上班。当他跨进办公室，就发现财务室大门被人撬开，再仔细一看，一只保险箱没有了！老吴感到情况不妙，顿时全身冒出一股冷汗。于是他本能地拿起电话机，向公社领导和派出所报了案。正在这时，航运社出纳员、家住长明大队的姚雪元同志也起了个早身，急匆匆地踏着自行车向西赶路，准备分发从外海回来的职工本月工资。他在解放圩朝南的路上就听见一个朝北走的妇女边走边说：“航运社保险箱偷脱嘞！”这个妇女的惊呼，打破了凤凰镇的一片寂静，也加速了姚雪元同志的车轮向前滚动。他一到大门口，一眼看到吴阿六同志一副从未有过的严肃又焦急的表情，他对着姚雪元急切地问："老姚，昨晚保险箱被人偷走了，我已经向派出所报了案。我问你，保险箱里有多少现金？"其实老姚在路上听到失窃的消息后，就已估计、盘算着有多少金额被盗窃。所以不假思索地回答自己的支部书记吴阿六："在保险箱内还未发完的工资，票面都是 10 块的，有 4 800 多元（按现时计价在 37 万元左右）。"姚雪元同志的回答，充满着担心和不安。

立案

公社领导和长兴派出所，他们接到报案后，都在第一时间奔赴案发现场。宝山公安局、宝山交通运输局的领导同志也同时前来指导开展破案工作。在听完汇报后，立即开会商量破案大计，一致决定成立一个由各方人员参加的联合专案组，展开排摸、调查，争取在短时间内尽早破案，还凤凰镇一方平安。在研究专案组人员时，遵照我党历来相信群众、依靠群众的工作方法，所以大体由三方人员组成，以派出所为主，航运社领导，还有群众代表。这就是三结合的专案组。派出所参加人员由他们局里指定的，航运社领导不外乎支部书记或社长，关键是群众代表，一般总要反复分析才能统一。但是在航运社不管谁，提到这个红人，很快会一致同意。他头脑活络，对新事物吸收能力强，特别是修船、造船、机器、设备都能无师自通。本单位职工都是从本岛农民家中走出来的中青年农民，根本没有一个受过机电或设计学院的培训，可是这个年轻人是无师自通的知识分子——朱某某。

本单位职工有 180 人，运输船只有 25 只，最大的吨位有 85 吨，马力有 120 匹；小的船有十七八吨，那是原来航风船改装的机动船。也有淘汰原木壳子船改铁壳子船。在修船、造船的行业上，这个红人算是一个"内行"。所以在推荐群众代表时，决不会出现有不同意见的。朱某某非常顺利地成为失窃保险箱的"专案组"成员。他经历了这次"破案"的全过程。

调查

一向平静的凤凰镇，突然发生了"失窃保险箱"的案情，本单位职工都感到惊讶，近邻凤凰镇的居民也感到惊奇，整个长兴岛的群众都在茶前饭后议论。但不管怎么议论或分析，都离不开不是内贼就是外贼。只有内部职工人人都知道昨天单位发工资，外人也有可能个别知道发工资。

从1976年6月6日开始,专案组首先对“一向生活不检点的、有小偷小摸行为的、与航运社某人来往密切的、懂电焊技术的以及身强力壮的”作为可疑人员,从内部职工到近邻居民进行排摸,一共排出七八个人,成为盗窃保险箱的可疑对象。经过反复比较分析,逐步缩小范围,最后可疑对象锁定在两个人身上。尽管经过为时半年的调查,案情仍是一头雾水,真相始终是一个谜。

株连

失窃保险箱的案情虽然不大,但已经惊动了凤凰镇、震动了长兴岛。广大群众十分关切,要求专案组尽快破案的呼声异常高涨。在强大的社会舆论压力下,专案组成员加大了破案力度和进度。他们采取措施对已锁定的两个可疑人员加码进行询问核实。

这两名可疑对象都姓“陆”。其中一名是先丰大队的陆某。他的疑点是有人发现他们夫妻俩在6月5日半夜里拖着劳动车在航运社旁边凤西公路上向北而去。夜深人静有何物可拖?疑问点重重。于是专案组把陆某请到了派出所,进行反复盘问。在盘问过程中,陆某情绪正常,他说:“这天夜里拖着劳动车到先进大队一朋友家讨要秧苗,准备明天莳稻,并未做坏事。”经过核实确有其事。没有任何证据,专案组只好放他回家。

还有一名怀疑对象是水利站的陆友才。6月5日这一夜去处何方?经与他爱人核实,他确实“一夜未归”,找他本人询问,竟然“语无伦次,说不出一夜未归缘由”。于是专案组把他送进了宝山公安局,关了半年之久。一个案件多人受株连,这就是这个故事的看点。

破案

1977年年初二那天,长兴岛发电厂在马家港河里要做工程,要求凤凰水闸放水。闸管员李才甫同志奉命开闸,整条马家港把水放得河底朝天。这时,正在航运社春节值班的船老大龚生祥,看到河水将要放干时,突然发现在修船的船坞的位置,水下有一莫明其妙的硬物,如果船坞上的船下水碰上它,船不是要受到损坏了吗!于是这位老大急急忙忙想弄清楚这深水潭中是什么东西,所以穿上套鞋走近一看,谁知,原来就是失窃半年多的保险箱。他马上报告领导和专案组成员。于是这只藏在深水潭里的保险箱被拖了出来。

因为在春节，除了本单位职工得知后，怀着对月月存放工资、突然“久违”了的保险箱的感情赶来看个究竟外，还有大量附近先丰村、先进村、凤凰镇的邻居们赶来观看日夜挂在心头的航运社保险箱的踪迹。现在电厂帮忙找到了答案。由于保险箱上伤迹累累，其实它已告诉了前来围观的所有人——这个窃贼就是航运社造船组组长、“无师自通”的造船师傅、电焊操作工、会笼络人心的红人、“专案组”成员的朱某某。朱某某身上就是有那么多身份和伪装，才欺骗了一大批人，其中包括单位领导。保险箱的突然出现，令隐蔽半年多的“红人”自感末日来临、难逃法网。他故作镇静地调整了一下自己情绪、理了一个发，独自一人到派出所投案自首，然后政法机关把他送到黑龙江劳改农场服刑改造。受冤枉的陆友才同志得到无罪释放，还了他一身清白！

婚礼变奏曲

军　文

暮春的一天，我应老友阿康的邀请，去参加他宝贝孙子的婚礼。阿康的家位于长兴岛的边远地区。在印象中，该是幢两层砖木结构的小楼，屋后有果树，屋前有菜畦，还有农家都喂养的鸡、鸭、犬、猫绕屋而行。可当我来到那座造型别致、气派非凡的别墅时，却愣住了：这是阿康的家吗？

阿康是我的至交。50年前，我俩一起参军，在部队朝夕相处。“文革”前夕，阿康退伍先回了长兴，我转业后一直在电厂工作。由于各自忙，相互走动不多。虽然这些年岛上别墅、洋楼如雨后春笋般冒出来，但我对眼前的景象还是难以置信，疑心自己走错了路。

“愣着干啥？”我的肩膀突然结结实实挨了一下，同时听到一串爽朗的笑声。抬眼一看，正是老友阿康。

我有点不好意思地说：“正在这儿犹疑呢，怕走错了人家。”

“你脚头重，不常来，自然就陌生了。”阿康笑道，“就这个，今晚罚你三大碗。”

我的兴致被激发出来了，学着北方腔调说：“中啊，冲你家大喜，俺也该喝个醉趴地。”

“好，这才够朋友。”

阿康比我大两岁，虽年逾古稀，但精神矍铄，步履矫健。我俩携手步入院内，此时播音器放起了《迎宾曲》，里外灯火齐明，庭前霓虹灯闪烁。愈向里走，喜庆气氛愈浓。我在气派的客厅里流连了一会儿，即由老友引着沿紫檀木楼梯向上。二楼有小客厅、卧室、书房、电脑房，都布置得非常雅致，特别是新房极其华丽。依我看，这种华丽不仅因为新颖家具的摆设，更主要是由形态别致的各式灯具吐出的五光十色烘托出来的。

从新房出来，阿康把我让进小客厅。刚落座，有人端来了两杯绿茶，我俩边品茗边闲聊起来，话题自然离不开婚庆。我是电业出身，有着职业的执着，什么事总牵连到电。我拍了拍阿康的手抢先说："老战友，你家的别墅够气派，室内装潢也很精致，但光明是现代化住宅的灵魂，如果没有电……""是、是，"阿康没等我说下去便接住了话头，"尤其像婚庆这样的事，没有电简直不可想象。"他啜了一口茶，沉重地叹了一口气，说起了往事。"想起我的新婚之夜，心里至今酸叽叽的。记得那是个大冬天，傍晚北风尖厉起来，还飘着雪花。我的婚礼在草屋里举行。那时没电，要好的哥们儿给搞了一盏汽油灯，挂在屋中间，倒也亮堂。草屋里挤满了亲戚朋友和左右邻居，说说笑笑的，也挺有婚庆气氛。那时虽然穷，但找乐子的心思大家还是有的，特别是年轻人，每逢哪家有婚事，必定去闹新房。正当大家起哄着把我推向新娘，要我跟新娘接吻时，忽然嗤地一下，汽油灯灭火了，顿时屋里一片漆黑。大家七手八脚想再把汽油灯点亮，可忙活了许久也没用。后来点了两支蜡烛，也被风吹熄了。大家折腾了好久还是无法让新房恢复光明，于是都无趣地陆续走了……"

老友的故事把我带到遥远的过去，心情不免沉重起来。这段往事与其说是阿康的，倒不如说是属于我们这代人的——我的新婚之夜也是用汽油灯照明的，而且连一件体面的衣服都没有，还是穿着军装结的婚。

"那晚糟心的事还不止这些，"阿康接着说，"闹新房客人散尽后，新娘忽然在黑暗中啜泣起来。我慌了，赶紧摸索着挨她坐下，问她为啥哭。可她非但不答话，反而哭得更凶了。我搓着手，不知该怎么办，只是一个劲地问她为啥委屈成这样？后来，她终于开口说：'哪有婚礼灭灯的，老辈人说这不吉利。原指望结了婚转好运，可偏就碰上这晦气事。'说完又哭。我知道这是迷信，但没有心情去解释。黑暗的新房，新娘的哭泣，搞得我情绪一团糟。那晚我跟新娘和衣躺在床上，一言不发，直到天亮……"

"这一页早该翻过去了，还提它干啥？"我劝慰阿康，"讲这些陈芝麻烂谷子的事，多煞今晚的风景。你们的灭灯婚礼终究没给你们带来什么不幸嘛，反而小日子过得红红火火，瞧你孙子的婚庆多体面，多风光啊！"

我说到这里，阿康老友的脸上闪现出一种莫名的神色，他点燃了一支烟，猛吸了一口，问我："你见过老子妒忌儿子的事吗？"

我笑笑没接茬，不知他葫芦里卖的啥药。

不等我插话，阿康接着就说开了："我说的是我儿子妒忌我的孙子呢。这听起来有点滑稽，但却是事实。大前天晚上，我们祖孙三个都在新房里，孙子在调试灯光。在我老古董看来，这新房简直就是宫殿，没话说了。可我那宝贝孙子还是嫌这不行、那不好，嘴里嘀嘀咕咕说个不停。起初我儿子没吭声，但脸色越来越难看。我几次向孙子使眼色让他别再说了，可是他既没有在意老子的脸色，也没理会我的眼色。突然间儿子爆发了，一拳砸在桌上，把花瓶震掉在地上，摔得粉碎，吼道：‘兔崽子，一家子把你抬到皇位上，还不知足？你爷爷结婚在草屋里，连灯都没有；我结婚虽然盖了楼房，可那是预制板架成的，连三级地震都扛不住，而且……’这时孙子回过神来了，冲着他老子冷笑道：‘我想你为啥突然爆炸了，原来是妒忌我，见不得我好。’我了解这对父子脾气，这样犟下去，非弄出事来不可，便又劝又哄，把孙子拉走了。”

“怎么，你儿子真的妒忌你孙子，难道你儿子的婚礼也跟你一样不如意？”我忙问。“他比我好多了，但跟他儿子无法比。”阿康又啜了口茶回忆说，“我儿子结婚时岛上刚有电，但像我们这些偏远地方还没有通上。当时电厂表示为了向国庆献礼，争取在国庆节前让岛上所有角落都通上电。那时儿子在部队当兵，听到家乡通电的消息兴奋得不得了，写信回来说，跟女方敲定了，国庆节回家结婚，要办个亮亮堂堂的婚礼。没想到电厂由于设备材料供应跟不上，原先的计划落空了。婚期已定，国庆将至，新郎正在返回途中，他是冲着有电才将婚期提前的，真急死人啊！没辙了，只有恳求电厂帮忙。电厂闻知部队同志回家结婚，决定特事特办。当然正规架线不可能了，只有拉临时线。电厂施工队说干就干，经过一天的奋战，终于将临时电线从2公里外拉到我家里。只听啪的一声，顿时院内外一片光明。”

“你儿子终于圆了光明梦，亮亮堂堂办婚礼，他应该高兴才是。”然而阿康又叹了口气说：“你有所不知。当晚的婚礼是亮亮堂堂了，可第二天下午临时电线就被撤了，电厂施工队同志解释说，临时线不安全，不能长时间使用。结果儿子度蜜月还是没有电。”

“你儿子是为电厂撤线这件事想不通吗？”我接着问。

“电厂同志已经帮了大忙，他们辛苦了一整天又不收我家一分钱，感激不尽呢，哪有想不通的！我儿子妒忌我孙子才想不通呢。”阿康摇了摇头，又撇了撇嘴说，“我那儿子心思可复杂哩，觉得这些年他拼命打工挣钱，忙里忙外，人都变黑变瘦了，辛辛苦苦把别墅盖好，又把新房装修得像个宫殿，结果我孙子还不满意，想想真是吃力不讨好，于是心里的酸劲就上来了。”

我憋不住笑出声来：“这世界真有趣，老子妒忌儿子，而且妒忌得七里八拐。”

阿康老友也跟着笑了起来：“我儿子就是这臭脾气，不过心还是好的。”

此时，院里忽然热闹起来，同时院外鞭炮齐鸣，只听许多人欢呼：“新娘接来了！新娘接来了！”

按照民间习俗，新娘在伴娘扶持下走下喜车，跨过三灯旺火，进客堂，拜见公婆，吃汤团和喜蛋，接着进入洞房。随后婚宴正式开始。乡下的酒水不像城里大酒店的宴席，讲排场，搞噱头，而是实实惠惠、丰丰盛盛，大家畅怀痛饮。席间，新郎新娘来敬酒，大家各自送上“见面钿”（红包），同时互赠祝贺词，场面热烈而喜悦。

那晚在阿康老友的陪伴和劝饮下，我喝得不少，席终人已微醺，告辞出来脚步有些蹒跚，老友要叫人送我回家，被我拒绝了。回家时，月正明，风很轻，夜露初降。也许夜色太美，也许酒劲渐发，整个人飘然起来。回到家里，浓兴未减，一个人走上阳台，凭栏远眺，长兴岛的夜景美得豪气，美得动人，特别沿江一带璀璨的灯光，宛如珍珠项链，同时还有蓝色的电焊弧光间或闪烁着，把海岛的夜空点缀得光怪陆离、格外迷人。

老友孙儿幸福的婚礼，弧光闪烁的海洋装备基地，这是风马牛不相及的两个概念，但我的思绪固执地把它们联系在一起。因为江南船厂、振华港机这些世界级知名企业落户长兴，岛上普通百姓翻天覆地的生活变化，都是新长兴赞歌中不可或缺的乐章。眺望着家乡迷人的夜景，又回味起老友阿康祖孙三代人演绎的“婚礼变奏曲”，我的心潮久久难以平静……

一个“镇浪荡”的故事

樊敏章

听老人讲,在1947年时,凤凰镇上来了一个人。据说他无亲无眷,无房无业。此人长得身材高大、熊腰虎背、力大无比,且面目清秀,算得上一表人才。按理说这个人在社会上生存是没有问题的。可他却是一个出了名的“懒儿”,是个地地道道的“镇浪荡”。

由于没有固定住宿、固定职业,因此整天浪荡在凤凰镇的街上——以讨饭谋生。他与别的乞丐不同的是以讨钱为生,讨着后就上饭馆去消费,只要有酒喝他就满足了。用他自己的话讲:“我一尺老布挡只卵,一斤老酒全身暖。”起初镇上人对他十分反感,厌恶他好吃懒做,不务正业。到了晚上,他总是蜷缩在别人家的柴棚屋内过夜。如此,他饱一顿饿一顿,今天讨着了,明天又无着落,日子过得如此穷困潦倒。为了活命,他萌生了一个新的念头,想想我这个人身强力壮,何不帮人干点杂活,“一人吃饱全家饱啦”。于是第二天他来到镇上一家豆腐店,对店主讲:我给你磨豆腐,你只要给我饭吃酒喝就可以了。店主一看,此人认识,他曾几次向我讨豆腐吃。今天上门说帮我干活,比如他来讨饭,于是答应了他的要求。只见“镇浪荡”一人推、拉着磨,上磨片在他手里飞快地运转,呼呼作响,磨盘内豆浆飞快地流出来,不一会儿30来斤黄豆就磨完了。中饭时分,店主特意优待他。可是,由于“镇浪荡”肚皮饿,这一顿饭吃下四大碗,黄酒吃了好几瓶。几天下来粮食消费太大了,再说卖豆腐是薄利生意,算一算不划算,如果继续让他做下去反而成了我的累赘,哪能养得起这个酒鬼?这一天店主对他说,我要回崇明老家去一趟,估计有些时日,你还是到别处去吧!

“镇浪荡”过了几天“好日子”后,又在镇上浪荡了。当夜他宿在柴棚屋里,想想自己十分闷气,难道爷娘生我这个人,虽然是无地的苦人,真的没有什么用场吗?

但转念又一想，我虽然穷、虽然苦，但穷苦也要苦出一个人样来。他琢磨着，今后怎样在镇上立足而且能讨到饭吃？经过一番苦苦思索，终于想到一个办法，从今以后我要多做好事和善事！只要听到凤凰镇一带如有举办婚事、丧事的人家必定主动前去帮忙，哪怕人家小孩满月、做周岁、造房子、挑屋基都要去帮忙，不管用得着还是用不着、欢迎还是不欢迎，时间一长，人们对这“挨饭吃”的人也就习惯了。遇上没有人家需要帮忙时他也能吃上一口饭，当看到年长的老者路上推车、挑担时主动不计报酬地前去帮忙推车、挑担到镇上。从此，“镇浪荡”做好事做出了名：“讨饭讨饭身正不弯，讨饭讨饭惹人喜欢。”听老人讲，他从此上饭店也不欠钱。

据说，1947 年的阴历大寒那天，凤凰镇上粮户叫杨凤鸣，在马家港口西边的七圩内有个祖坟。那墓地很气派，四周树木高大、松柏常青，一看便知这是有财有势人家的坟墓。埋在坟里的死者是杨凤鸣的前辈。那天正是农历大寒，是冬天最冷的“接骨头”时节。按照当地风俗，人死后落葬三年后才能开棺将尸骨捡起来放入骨殖甏内。杨凤鸣请来的接骨头人打开棺材盖板忽然惊现在眼前的是一大堆从未见过的“白蛇”。那白蛇通体雪白，每条长达 1 米左右。蛇虽然在冬眠季节，但接骨头人见到那么多的白蛇还是吓得倒退三步不知所措。惊吓之下，谁也不敢去碰那么多的白蛇。于是有人就想到了“镇浪荡”。

粮户（地主）杨凤鸣差人去请他，把那堆白蛇取走。“镇浪荡”来后一看，先是一愣，想了想，对杨凤鸣说：给我一瓶老白酒，喝了后让我壮壮胆。那坟地处本来有做祭神的贡酒，杨凤鸣顺手提给了他。只见“镇浪荡”一口气咕咚咕咚地喝下去半瓶，余下的准备晚上喝。喝过酒后，他突然想起了说书里的《白蛇传》，心想这窝白蛇不能弄死，应该放生才是，让它们到大海去，于是口中念念有词：“我乃法海和尚下凡来，捉拿白蛇回东海。”坟边备有接骨头用的一对灰箕。再说由于寒冬腊月那白蛇仍在冬眠状态，一动不动地盘在棺材内，被他一条条装入灰箕内，分两次挑到马家港港口外，那时水面上结满了冰，他将那白蛇放在冰面上。

这一稀奇之事引来了很多镇上人前来围观，人们争先恐后地看那堆从未见过的白蛇。有人讲：长兴岛上的蛇或青或黄或赤色，可是这次看到的是“白蛇”。也许这白蛇给粮户杨凤鸣带来好运，这祖坟乃是杨家的福地。也有人预料：这白蛇离去，杨家从此衰败了。到了第二天，好奇的人们还是不放心来到港口外想看看白蛇是否还在，结果白蛇早已不见了踪影。人们都说“镇浪荡”为杨凤鸣做了这件好事后，杨为感谢“镇浪荡”连续招待他吃喝七天，以表达为自家取走一窝白蛇的谢意。事也有巧，自从取走白蛇后，杨家真的衰败了。也许这白蛇的离去带来了杨家心理上的恐惧与不安。解放前夕，杨凤鸣剩下自家能维持生活的土地外，索性将所有田块分送给贫穷人家，日子反而过得更安宁。解放后在评定成分时，杨凤鸣又有幸被评为“开明地主”。

1950 年后“镇浪荡”回到老家石头沙，结束了他多年的“镇浪荡”生活。土地改革中分到了土地，开始自耕自种，自食其力，后来结了婚成了家，多年后他的一个儿子还当上了大队干部。此文写到这里，肯定有人要问我：“你写的这个人究竟是谁?”现在我告诉你，他的真实名字叫黄小勇，假如在世的话已经 110 多岁了。

佛教寺庙落户先丰村

孙关明

2012年10月22日，长兴岛第一座佛教寺庙——缘觉寺在先丰村垂珠园顺利落成，终于改变了自新中国成立以来长兴岛没有佛教寺庙、信佛子弟无佛教活动场所的现状。缘觉寺离凤凰镇有一千多米，坐落在先丰村千亩橘园的门景区垂珠园内。垂珠园是一座按照苏州园林风格设计建造的亭阁式园林景观。

垂珠园，前有青云流水，后有千亩果园，视野开阔。园内楼台亭阁，长廊弯曲迷人，池水碧波荡漾，花木交相辉映，一派古色古香，仿佛置身于苏州园林。垂珠园是先丰村橘园文化的真实写照，它取名于唐朝诗人柳宗元的一首《柳州城西北隅种橘树》诗中，取其“垂珠”两字定名为“先丰垂珠园”。垂珠园于1993年开工建造，1994年10月在长兴柑橘节时对外开放，吸引了不少中外游客。党和国家领导人江泽民、朱镕基也亲临垂珠园视察。为此，垂珠园名声远扬，现在一跃变成了缘觉寺，大家感到十分好奇。我总想找个机会一探究竟。机会来了，这一次《崛起的长兴岛》编委会主编老徐准备出版《云帆沧海凤凰镇》一书，令我采写缘觉寺一稿，我欣然接受。

2019年4月29日下午2点，天上细雨蒙蒙，我穿上雨衣，骑上电瓶车，来到缘觉寺。缘觉寺住持静智法师接待了我，我向他说明来意后，他十分热情。然后他自我介绍：2003年毕业于苏州佛学院，分配到崇明寿安寺从事佛教工作。他又说：崇明寿安寺始建于宋朝淳祐年间，距今已有778年历史，是一座年代久远、享有盛誉的寺庙，是崇明岛有名的四大古刹之一。寿安寺的住持大师惟觉方丈是崇明佛教协会会长，长兴的缘觉寺就是由惟觉方丈提名成就。根据我的经验判断，缘觉寺选址在先丰村垂珠园，一定有它的缘由，所以我抱着这一想法，请教静智法师。他说根据长兴岛佛教群众的呼声和愿望，在长兴岛新建一座寺庙，惟觉会长和崇明民族宗教事务办公室研究后放到了议事日程上。他说：整个过程有点故事味道，你要听吗？我连忙说，洗耳恭听。他见我非常认真的样子，就把缘觉寺的来龙去脉全告诉了我。我采访结束后回家经过整理，感觉到缘觉寺的来由，归结为一个“缘”字。据说缘字在佛经里绝对是个妙词。

“缘”是一个梦。据法师讲，一个陈姓居士，请一尊观音佛像，寄放在崇明寿安寺。这位陈姓居士名叫陈冬香，今年90多岁高龄，她家住长兴岛。寿安寺在崇明，每逢佛事活动，她来回奔波两地、风雨无阻，几十年如一日。有一日她忽然做了一个梦，梦见观音菩萨向她指点，要她把佛像安置在长江之源、东海之滨的地方。陈居士把梦中的事对女儿说了，因她年事已高，委托女儿把梦中之事向寿安寺惟觉方丈汇报。方丈听了她女儿的汇报，感觉陈居士一生供奉佛像，生成了灵感。东海之滨就是长兴岛无疑。于是，方丈决定，要在长兴岛建一座寺庙。“缘于一个梦，于是建座庙。”静智法师说，整个寿安寺内部都知道这个缘梦小故事。应验了人们想象中的佛缘说法。

偶遇垂珠园，有缘垂珠园。静智法师说，有一天，我们随着县宗教办公室倪主任和会长惟觉方丈来长兴实地考察，为新建寺庙选址。我们一行人开着车，从东到西跑了整整一天，没有找到合适理想的地方。最后从长兴乡政府出来，准备打道回府。驾驶员突然发现说，汽车快没油了，意思是说要加油，否则回不了崇明。驾驶员第一次来长兴，不知道加油站在什么地方。后经人指点，从乡政府出来往西，过凤滨路桥在凤西公路上向北三分钟就到加油站。我们一行下车，等驾驶员加油。这时，我们在加油站往路西望去，眼前的景象突然吸引了我们，“垂珠园”三个字在高高的门楼横额上映入我们的眼帘。静智法师说，以前我们听说过长兴岛有个垂珠园，是千亩橘园的一角。因为没有来过，不知道垂珠园原来是个园林式景区。那天，垂珠园大门开着，我们经过门前的一座石砌拱桥进入园内，想不到里面的布局堪称十分精致到位。大家对垂珠园景观、布局赞不绝口，修缮成一座寺庙，是十分理想的宗教场所。想不到我们在加油站获得大收益，大家十分高兴地回到崇明。

静智法师说，后来崇明县民族宗教事务办公室和长兴镇人民政府协商同意后，在先丰人杰地灵的垂珠园与崇明寿安寺携手共建佛教活动场所，开展宗教活动，以满足信佛教群众的需求。因有缘于垂珠园、有缘于先丰人，崇明县佛教协会会长、寿安寺住持惟觉方丈亲自提笔书写“缘觉寺”寺名。看来一切随缘，不单是佛家的最高信念，我们世道主人都应该从随缘出发，随缘而安。

采访完成后，我在静智法师的指引下，观赏了陈冬香居士捐献的观音菩萨彩装像，以及有10米高的白身观音菩萨像。据说这是一个东北辽宁省人士捐献的，这座高大的佛像安放在垂珠园内一座假山和水池旁，佛像面朝东、背朝西，更显寺庙风采。

我走的时候，静智法师告诉我说，寺里正在修建禅堂，到时让更多的宗教群众前来听经讲法、弘扬佛法。我相信，一个人活在世上，应该需要信仰。信仰是一种方向，信仰是一种力量，有了信仰，才能到达彼岸。

（2019 年 5 月 8 日）

“凤凰桥头”话人生

徐光明

凤凰桥是马家港中“三条桥”的元老，是长兴岛凤凰镇的地标。100 多年来它像是一个历史的老人，刻记着海岛历史的发展和凤凰古镇日新月异的变化。尽管几代人在它那宽阔的脊梁上擦肩而过，但它始终立在原地不动，鞠躬尽瘁地为过往行人服务，昂首挺胸地度过了百年华诞。这座原是用双木横在河中央作为行人极其简单的过往“便桥”，也不知不觉地成了长兴岛历史上少有的“记忆”。

今年，我已八十高龄。我虽然出生在瑞丰沙，离凤凰镇有几十里之遥，但我的大半生却和凤凰桥有着不解的情缘。从 11 岁起，已经记不清多少次从凤凰桥上过往。现在虽已“夕阳西下”，但就在凤凰桥东边小区里，欢度晚年，发挥余热。因此从人生意义上来讲，凤凰桥是我“人生起步的引路桥、大好年华的冲锋桥、夕阳西照的幸福桥”！

人生起步的引路桥

1951 年，我 11 岁，在宝山县(瑞丰沙)瑞丰小学读书。这时，抗美援朝运动席卷全国，也震动了学校。开明人士杨如英校长紧跟国内外形势，组织在校学生，赶紧排练一出话剧《杜鲁门狗强盗，你的算盘打错了》。排成节目后，不但在本校演出，还乘摆渡船离开瑞丰沙到石头沙小学堂里演出宣传，受到广大师生、家长们的热烈欢迎。

事后不久，学校又推荐我和高年级施学明同学，一起代表瑞丰小学，参加长兴区小学生首届演讲比赛。这是我从娘胎里生出来，第一次走出家门。我们乘摆渡船到潘家沙西沿再出发，连续走了 20 多里路程到凤凰镇，看到了当时用两根木头横在河中作为行人过往的“便桥”，也是最早的凤凰桥。这对我们小朋友来说，简直是见到新天地，见了新世面。就像《红楼梦》里的刘姥姥走进了大观园一样，东张西望，看到的事事、件件感到很兴奋和好奇，成为浑身的精神动力，使我在“三尺讲台”上，泰然自若、从容应对，既不紧张，又不漏词，滔滔不绝、一气呵成。后经老师们裁定，我得了低年级演讲第一名，施学明同学得了高年级演讲第二名，我校也被授予“演讲模范”锦旗。这是我人生“开局”第一讲。从此几十年来，不管我工作岗位多次变动，但在演讲领域里，简直有点不可收拾。小至田头、场头，大到各个等级的干部大会，甚至走进县、市级讲台，充分展示我的演讲特长。即使我已经退休，我还是退而不休，一直活跃在农村思想文化宣传阵地上，得心应手地“重操旧业”。为党的宣传事业奉献毕生精力！

大好年华的冲锋桥

1963 年，这是我人生的一个重要转折点。当时我在红星大队担任团支部书记兼生产队会计。公社党委组织部部长曹福根同志点名要我去公社机关工作。这一走就是 20 多年。在这 20 多年中，正是我大好年华的青春时期，也是我向人生追梦的黄金时期。到了公社机关，简直是换了环境、换了天地。自我要求不断提升，不管刮大风下大雨，总是风雨无阻，踏着一部“二手脚踏车”勇往直前，早去夜归，天天要走 20 多里路程，而凤凰桥是我的必过之桥，凤凰镇是我的必经之镇。在这 20 多年时间里，我担任过公社文化站站长、业余教育事业干部、政宣组组长、公社团委副书记。从 1971 年起，我又担任长兴公社党委副书记、公社革命委员会副主任等领导职务。在这一漫长的历史时期，我凭着对党、对人民的无比热爱，凭着年轻有为的优势，处处站在前头，时时冲锋陷阵，不但圆满完成组织上交给我的各项任务，还解决了社会上一系列难以解决的棘手问题。化解了矛盾，化解了纠纷，加强了团结，稳定了社会。

夕阳西照的幸福桥

2013 年，73 岁的我第二次“退休”。党的十八大胜利召开后，凭借这股强劲东风，我们六七位老党员、老干部不约而同地萌发了民间出书的念头。这个共同的梦想，在大家的努力下，很快变成了现实。我们虽然年龄偏大，文化程度又大多不高，没有写作经验，更没有出书底气，就凭我们一股热情和熟悉历史的优势，竟然在凤凰桥东边的凤卫路上挂牌开张。六年时间一晃过去了，在当地党和政府鼓励下，在市作家协会和崇明区档案局支持下，就在这不满20平方米的“斗室”里，出了五集长兴“史书”，不仅有民间的回忆，也有祖辈在围垦、建设长兴中的艰苦历史。一年一集，春天动笔，秋天收笔。把一万余册属于长兴人民的新书，分发到各村各企业。此书虽有许多不足，但社会反映良好，政府点头称赞。当今，我们带着这些微不足道的成就感，再走上“凤凰桥”回忆往昔，使我深深感到，这座桥就是我们夕阳西照的幸福桥！

军人的荣誉

——光荣之家

黄元章

今年3月22日,政府部门送来一块“光荣之家”的金属牌子。虽然是已经来迟了的“光荣之家”也使我乐开了花。因为我“服兵役”时间是在1957年1月1日至1963年9月26日。但是国防部规定,入伍头3个月属新兵连集训,不算军龄的,所以我的军龄6年半。这说明退伍至今已有62年之久,现年81周岁的老者还能领(见)到“国务院退役军人事务部”监制的、上海市人民政府发放的“光荣之家”牌子,你说乐不乐!

作者

作者(后左)

同班战友

十三届全国人大召开时,国务院增设“退役军人事务部”,专门主管从部队退下来的人员,这说明那些退役对象,上自将军、下至士兵,面广、人多、可能问题也多。中共中央总书记国家主席、军委主席习近平同志多次强调“加强军队建设”。作为一个国家必须有一个强大的军队,作为一个国民都有应征的义务,作为一个军人,都有保卫祖国的责任。因为事物有新陈代谢规律,随着年龄的增长,必须年年补充新鲜血液入伍、同样年年也有从部队退下来的任务,这就是国务院增设一个专管部门的必要性。

拿到这一“光荣之家”牌子,在“从军年代”日日夜夜里的情景、情怀、情趣、情义,又浮现在我眼前。记得 1957 年 1 月 1 日上午离开家乡长兴沙凤凰镇马家港时,乘的不是原来进出长兴凤凰镇都是乘扯篷靠风力推动的沙船。也就是说,我那次参军入伍,使我第一次乘上烧树柴靠蒸汽推动的机动船,这是“上海市市轮渡公司”1954 年成立后才有的那种蒸汽机动船,当时属现代化的国家交通工具,也是“市轮渡公司”从吴淞开到马家港(凤凰镇)的蒸汽机动船——早期的“市轮渡”。到 1 月 14 日,离开宝山,在江湾乘的货(火)车。这列货(火)车装载着那时属江苏省松江专区各县新兵。那时福州市还没有铁路,货车只能到南平,然后改乘与长兴一样的烧树柴的蒸汽机动船,17 日下午大约 4 点钟到达目的地——福州市苍山区设在洋合里的新兵连。

三个月新兵集训结束,分配各人担任的工种。宝山、金山两个县的新兵分配在防空军的一个雷达团里,团下属是连(当时没有设营),连队工种有雷达操纵员、标图员、记录员、报务员(无线电)、电工(专职发动柴油机送电)、电话员、警卫员、炊事员。我被分配学习报务。报务员与无线电员,其实是两种叫法,一码事体,所以叫报务班或无线电班都可以。按我们农村通俗一点的说法,就是学习收、发电报。电报是用阿拉伯字 1 至 0,再用点、划代表阿拉伯字,然后用电键发报。它的电码分别是 1、 .— 2、 ..— 3、 ...— 4、 ....—5、 ..... 6、 —.... 7、 —... 8、 —.. 9、 —. 0、 — 凡民用电报每四个阿拉伯字为一组代表一个汉字,那时国内通用“电码本”在新华书店有供应。毕业考试时收、发电报速度每分钟达到各 120 个电码,发报时电码之间的间隔清晰、抄的字迹也清晰,还要达到收、发速度平均每秒钟各 2 个电码抄收或发出。新华社发出的电报每分钟 180 个电码,有时试抄(锻炼)新华社电报,提高自己的抄收能力。分到连队后经过跟班学习,才能独立工作。

我的连队在福建东北三都澳海军基地外口的西洋岛上。这个小岛,相当于我们长兴 2—3 个村的面积那么大,山顶最高有 200 米,那里有一个海军雷达连。西洋那真正是岛,都是石头,不像我们崇明三岛完全是泥沙沉积起来的,所以我们历史上都叫“沙”,是外来人(农场)不断增加后,把我们“长兴沙”叫成“长兴岛”。据资料介绍,福建有人居住的沿海大大小小有 1 400 多个岛,大的像平潭县还有金门、马祖等也是几个小岛组成的。我们西洋岛老百姓很少的,主要集中在东山坡叫大澳。

我估计全岛老百姓不过千把人，比我们长兴一个村的人口还少，他们大都是大海里的渔民。有一次夜里被台湾蒋军袭击，抓走了一批青壮年；我们连队在西山坡，一天到晚不见一个老百姓的，我们营房离海面五六十米高。通到我们连队的路，只有我们连队人到东山坡大澳买东西或理发，还有看电影才踏出来一条高低不平的山路。吃、用水在离700米左右的远处，半山腰间将毛竹对劈两半，把山间的水引过来，如果碰上大旱天那只能保吃水、不保用水。我们的兵营是用铰链搭起来的木板房子，后来用当地特产——改建了石头房子。

我们这个小岛的东面是还被蒋军占领的东引。大概是1961年3月1日上午，东引的兵舰朝西接近我西洋岛，我们三都澳的海军基地出动炮艇四五艘，后来他们回去了没有打起来；南边就是马祖列岛，相互间距离，说远不远，说近也不近，相距80公里，因为双方都是高山，加上中间只有海平面，没有一草一木，所以相互望得见。更近的应该是连江县黄歧半岛，所谓半岛因向东伸出去的，所以离马祖比较近。那是在1961年，马祖的蒋军想对我方扰乱一下，抓几个兵回去报功。那次选择不是黄歧半岛上的海军观察哨（一个排），就是对我西洋岛空军（原属防空军）雷达连来一次摸岗哨，他们对两个地方都已在深夜来侦察过，最后决定还是黄歧半岛。理由离马祖近只有二三十公里，撤回来近、方便；如果西洋岛岗哨路程远又是在三都澳海军基地眼皮底下，万一抓不到几个舌头，因机帆船速度慢路程又远，肯定被三都澳的解放军炮艇（海军）追上，危险性大。两地差别主要西洋是空军雷达连、黄歧是海军一个排的观察哨，如果摸成西洋那名气大、报功的功劳也大。

确定黄歧半岛后，那天夜里从马祖一港口先后出动两艘机帆船，当先前一艘船靠着山脚下几个蒋军端着枪爬上（大约50米）山坡上的兵房边上时，在这黑黑的夜里被他们看到一个端枪的人影。那时深夜12点左右，正是岗哨换岗时间，刚上岗的那位同志也发觉不远处有动静，马上喊："口令！"没有回答。"谁？"又没有回答。这时暗处蒋军想抓一个活的回去报功希望没有了，先向我海军岗哨开枪，那位解放军战士倒下。但下岗的那位解放军战士因半夜肚子饿，正在伙房吃一个冷饭团而听到枪声，转身朝外，还没有走出门口，看到两个人影，马上向人影射击。正在这时睡梦中的全排战士被枪声惊醒，来不及穿衣翻身拿起枪各自进入战斗。当第二艘机帆船准备靠山脚听到山顶上枪响马上调头就逃。经过一场短暂的战斗，第一艘船上人除了被打死的以外都当了俘虏。

黄歧半岛上的战斗消息，第二天新华社发出电讯，全国各省、市报纸都有登载。如果那次蒋军选择我所在的雷达连，只要我不牺牲那我肯定写得更详细，现在我知道的一点点是内部"通报"（有战事或事故发生，在内部都会有通报）中知道的。但也有两个新战士吓得趴在床底下。

当我拿到“光荣之家”后，我的思绪、我的思潮久久不能平静。国家主席习近平同志在 2013 年 12 月 12 日曾说：“记住乡愁。”是啊！我还有一个“从军乡愁”，六年半的从军经历一幕幕在我脑海中时时回荡——在写第三集《长兴沙往事》中，我控制不住内心的激动，把从军往事也插进了《参军乘船过闽江》《福州抗洪保大桥》《冲！冲！冲出东冲口》的三篇散文。有从军才入了团、有从军才入了党，成为中国共产党党员。在短短的六年半军队生涯中，真正体会到：是每位军人学文化、学知识、学科学，学保卫祖国、建设祖国本领的大学校——中国人民解放军！

第三章 改革开放

改革开放的春风，吹到哪里，哪里就发生深刻的变化，哪里就会出现惊人的奇迹。

被喻为江口明珠的长兴岛，也不例外。短短40年时间，长兴岛发生了深刻的变化，长兴岛正在崛起！一个建立三个功能的“海洋装备岛、景观旅游岛、生态水源岛”的宏伟目标，已经展现出它迷人的风采。

你读读本篇章的一些文章，定会深刻领略到改革开放的无穷魅力，更体会到人民群众跟着共产党披荆斩棘、奋勇前进，建设社会主义祖国的那种热情和干劲……

长兴岛的崛起

沈飞龙

引言：长兴岛拥有深水岸线独特优势

长兴岛东西长31公里，南北宽2—4公里，恰如一叶风口浪尖上逆流而进的飞舟。其虽然只有150来年的人居历史，却赖江海之神力、国运之兴盛，自20世纪90年代至今短短的十数年间里，迎着风浪行，牵着日月走，犁出了千古之宏图，奏出了万世之凯歌！

长兴岛在20世纪八九十年代，还只是上海市宝山区的一个贫穷落后的扶贫小乡，仅仅以生产橘子让人有所耳闻。可它的深水岸线资源和区位优势被有识之士发现以后，马上让船业界和港口设备制造业界的精英们惊喜不已而趋之若鹜。

长兴岛的南部拥有深12米至16米、宽度1 000米左右、水深坡陡的岸线20多公里。由于这些水道属于潮沟，长江淤积的泥沙被每天早晚两次的涨退潮潮水带走，再加其上游受沪、崇、苏通道的保护，下游受长江口航道整治工程的保护，因而航道淤积甚微，足可保证20万吨船舶的进出。再加上其岸线背风、浪小，非常利于造船施工，属于大型造船基地非常理想的深水岸线。

在苦苦地等待了150多年后，当历史的巨轮即将驶入21世纪时，有识之士终于发现了长兴岛得天独厚的深水岸线资源和独一无二的区域位置优势！长兴岛也以“舍我其谁”的豪迈气概和日新月异的倩丽风采，展示出其举世瞩目的英雄本色。

雄鹰需要无垠的天空，蛟龙需要浩瀚的大海，长兴岛的自身条件再好、再优越，如果仍然处于原来宝山区的一个偏僻小乡的格局之下，其发展的空间和速度肯定没有今天这样巨大、迅猛。幸运的是，2005年5月31日，国务院批准了上海市委、市政府上报的《崇明、长兴、横沙三岛联动规划》，批准将长兴、横沙两岛从宝山区划归崇明实施三岛联动!

这一看似上海市人民政府一个行政区域的小小调整,其实是国家的一个极其重大的战略部署。明眼人稍一思考就能清晰地看出:中国将在21世纪重点发展海洋装备产业,做大做强海洋经济!

中国高层领导们的这个跨世纪的高瞻远瞩,给长兴岛的腾飞开拓了巨大的空间,使其从宝山区的发展棋盘上一下子摆到了国家重点建设的宏大棋局上,一跃而成为国家战略、上海重点!

2005年7月,上海市人民政府明确了长兴岛的功能定位:21世纪世界一流的海洋装备岛。

2006年8月,国务院下发的《船舶工业中长期发展规划(2006—2015)》进一步明确:上海长兴岛分两期规划建设8座大型船坞,年造船能力为800万载重吨。

2009年2月27日,上海市人民政府下发《上海市人民政府关于原则同意"上海市长兴岛岛域总体规划(2008—2020)"的批复》(沪府〔2009〕17号),又进一步明确:到2020年,把长兴岛建设成为上海重要的水源地之一,上海六大产业基地之一,国际一流的现代船舶制造业基地,上海社会和生态建设协调发展的示范地区,成为以"海洋装备制造"为核心的现代化综合型特色岛屿。

长兴岛真是三生有幸!仅仅在浮出水面150多个春秋后就遇上了如此高瞻远瞩的高层决策者!规划出那么宏伟的一本蓝图!成为全球瞩目的一个热点!

长兴岛的好运接踵而至。在其被提升到国家重点建设的大棋局上仅仅三年后,上海市委、市政府为了加大加快其建设力度和发展进程,于2008年5月29日成立了上海市长兴岛开发建设管理委员会及其办公室,作为市政府的派出机构,由分管副市长担任主任,全面实施对长兴岛的开发建设,履行对长兴岛的土地、规划、投资、建设等方面的综合管理,并且明确提出集全市之力建设好长兴岛。

这一举措令人欣喜,显示出上海市人民政府对长兴岛建设管理的破格升级、直接领导,这个管理模式强有力地保证了长兴岛的建设力度,极有效地推进了长兴岛的建设进程,使长兴岛的规划、建设、发展从战略、战术上都得到了根本性的保证。

然而战略、战术的实施离不开资金,船底下没水航船就无法起航远行。同样在2009年5月,上海市人民政府及时确定了长兴岛的建设资金投入机制:

长兴的土地出让金,扣除上交中央的部分外,全部用于长兴岛的开发建设。

这一融资机制确保了长兴岛的供血功能和建设速度,使其充满了活力,充满了后劲!

长兴岛的建设发展，除了受到上海、中央的高度重视，被摆到全国重点发展的大棋盘上，列为国家战略、上海重点之外，长兴岛人的不辱使命、通力奋斗的精神，也令人感佩。

一、“金鹰”“粤海”上岛

上海金鹰船务工程有限公司和上海粤海长兴船务工程有限公司在长兴岛的横空出世，充分凸显了长兴岛的深水岸线资源和区域位置优势，迅速产生了风向标的效应，拉开了长兴“海洋装备制造岛”建设的绛色帷幕。

长兴岛自清道光以来，石头沙、潘家沙、瑞丰沙、鸭窝沙、金带沙、圆圆沙等自西向东相继成陆，却在江水海潮的冲击下一直涨坍无定桑田变迁。自 20 世纪 60 年代始，市、县(宝山)两级政府投入巨资建筑石质防坍大堤，终于解决了坍塌问题。又经过 10 来年长江泥沙的自然淤积，加上长兴岛人不懈的人工堵汊，终于使 6 个沙洲在 1972 年连成一体。

当历史的巨轮运转到 20 世纪 80 年代中期至 90 年代初期时，终于有人在长兴岛的南部滩涂上先后办起了“长海”“新港”“江城”三个拆船厂，令寂寞了多年的深水岸线资源不禁为之精神一振。

然而由于当时废钢价格的不断下跌，导致了整个拆船行业的普遍亏损。“长海”“新港”两个拆船厂都自认倒霉偃旗息鼓调头转向，令深水岸线资源大失所望。正当其长吁短叹之际，不料出现了一丝转机：“江城”拆船厂的投资者——以倪选荣为首的长兴乡商业公司不甘失败，把奋斗的目标定向了修船行业！他们群策群力、夜以继日，积极协商上海进出口公司和东海船厂合资创办修船厂。

深水岸线资源不禁抖擞精神拭目以待。

中国的先哲早就说过：凡事、凡人的起兴发展，全都离不开贵人相助，遇上贵人则顺、则快。

倪选荣与“长海”“新港”拆船厂的领导们一样，都是长兴岛上土生土长的土著居民。所不同的是，他拥有一双敏锐的慧眼，死死认准了长兴岛南部的深水岸线资源优势，同时具有一颗认准了目标不屈不挠的倔强之心，更有一股为了实现心中的目标甘愿吃苦受罪、呕心沥血的奋斗精神！

终于，长兴乡商业公司积极努力，到 1993 年 5 月，由上海进出口公司占股 40%、东海船厂修船分厂占股 30%、长兴乡商业公司占股 30%的“江城船务工程有限公司”挂牌开业了。

然而，由于当时的亚洲金融危机严重影响了全球的修造船产业，江城船务工程有限公司很快陷入了举步维艰的困境。可是以倪选荣为首的长兴乡商业公司认定了长兴岛南部深水岸线资源的巨大的经济价值空间，咬定青山想方设法，于1995年开始通过高志明积极争取外资企业——香港金鹰世界船运有限公司领衔筹建“上海金鹰船务工程有限公司”。

高志明是原中国交通部的厅级离休老干部，时任香港中国远洋公司董事长，倪选荣通过东海船厂总厂的张建国厂长与其相识。

这是两位同样钟情于长兴岛的深水岸线资源，为之奔走呼号、做出奉献者的相识、合力！长兴岛因为他们的相识、合力而进入了“海洋装备岛建设”的拐点。

我于2013年8月29日下午2点整，在宝山区的一个小茶室里如约拨通了高志明老先生的电话号码，这是我第二次对他进行电话采访，在座的有时任上海亚通轮船公司总经理张永康先生和辅助我采访的长兴镇退休老干部张达明先生。事情过去了18年，高志明老先生仍然十分激动地向我陈述：

我到长兴是偶然的机会。我的船在上海东海船厂修理，东海船厂总厂的张建国厂长告诉我，他们在长兴岛有个修船基地，建议我去看一看。我一看这个地方太了不起了，完全是个大宝地！我连忙请来一批水利专家开会了解航道、水深情况，开了一天。专家们都说，那里的航道属于潮沟，长江下沉的泥沙能被每天早晚两次的涨退潮水带走，所以不容易造成淤积，江水深度基本能够得到保证，非常适合大船的修造。由于国家没有投资，我就动员“金鹰”作为大股东投资长兴岛，所以有了“(上海)金鹰船务工程有限公司”。

上海金鹰船务工程有限公司由香港金鹰世界船运有限公司出资650万美元，上海东海船厂修船分厂出资150万美元，江苏江都船厂出资150万美元，长兴乡商业公司出资50万美元，于1996年底挂牌开业。

随着修船业务的迅速拓展，原来1 000万美元的注册资金远远适应不了经营的需要，可是各个股东都无力继续增加投资，“金鹰”陷入了令人心碎的无奈困境。

然而长兴岛是幸运的，在危急关头又遇上了一个大贵人！高志明老先生的夫人李媛大姐经过多方奔走，费了九牛二虎之力成功引进了深圳粤海企业(集团)有限公司承接香港金鹰世界船运有限公司的所有股份，并增加2 000万美元(总投资2 650万美元)投资长兴岛，以适应企业的经营需要！于是，1997年12月24日，“上海金鹰船务工程有限公司”更名为“上海粤海长兴船务工程有限公司”。

20 多年后的今天，我们都能一目了然地看清：

上海金鹰船务工程有限公司和上海粤海长兴船务工程有限公司的上岛，恰如种子入土、胚胎受孕，为其后"上海振华港机长兴岛生产基地"的上岛、发展，迅速形成海洋装备产业基地的格局，打下了坚实的基础。

二、开拓者的付出

战略的实现离不开一个个战术的具体实施，光是办理上述两个公司(尤其是"金鹰")的各种注册审批手续，其艰辛程度是常人无法想象的。这些很难用文字表述清楚的甜酸苦辣，足够我另写一部几十万字的纪实文学！时隔 18 年以后，当年的主要申办者倪选荣在 2013 年 8 月 22 日上午接受采访中仍然极为感慨地向我倾吐：

"金鹰"的注册主体是长兴乡商业公司，所有的手续都是我们办的，大部分是我亲手办的。从 1995 年底开始，我们从乡、区、市各级职能部门一直办到国家的各个相关职能部门，总共盖了 100 多个公章。整个过程中只要有一点不符合要求，马上就会被枪毙。就像开河一样，一寸不通万丈无功。可是我们咬紧牙关只管朝前，坚持把所有的手续都办齐了。如果人能倒过来活的话，我恐怕不会再有这股勇气了。

我听得比倪选荣还要感慨，心中蓦地闪出下面这句话来：

大凡要成就非凡之业，必须有非凡之人的非凡之举。

我浑身汹涌着敬佩之情，向读者介绍几件非凡之人的非凡之举。

倪选荣在 2013 年 8 月 22 日上午接受采访时还对我说：

在办理"金鹰"上岛的各种各样的审批手续中，我们先后遇到了上海海监局的瞭望塔、部队的军事电缆线、长江隧桥的登陆点、青草沙水源地水质四大难题，好几个部门都是侯尚斌书记(时任中共长兴乡党委书记)出马搞定的。

倪选荣脸露激动之色向我回忆：

由于"金鹰"公司附近的水面有一个上海海监局的瞭望塔，所以必须得到上海海监局的同意，可是上海海监局的职能科室十分明确地打了回票。我就请侯(尚斌)书记出场，直接找海监局的张局长请求支持帮忙解决，没想到张局长回绝得斩钉截铁：

我们花了几千万美元刚刚在你们船厂南面的主航道上建造了一个瞭望灯塔，绝对不允许在它附近建造船厂的，你们想都不要去想。

侯书记一听急了，一拍桌子对张局长说：我们都是共产党员，都要对党负责。

我作为长兴岛的党委书记，还要对长兴人民负责。

我看张局长听得待在那里没有了声音，心里连喊完了完了，嘴巴却急忙插进去说：你们造瞭望灯塔时，我们的船厂已经在那里好几年了，肯定没有影响才造的。没想到这句话说出了转机，张局长马上说，那我明天就开党委会讨论。

我听得感慨万千：

这侯书记和张局长可都是非凡之人！前者是专程上门请求后者支持的求助之人，竟然会对后者横拍桌子发脾气！后者大权在握，官衔又比前者高出几级，竟然在前者如此大不敬面前不感情用事！细究下来，原来两个人都是对事业、人民负责的非凡之人！又都做出了令人钦佩的非凡之举！

还有军事电缆这一大难关。“金鹰”定址在新开港东侧，会影响部队的一条军用电缆线。大凡涉及军事设施的事情那可都是大事、难事。原长兴乡商业公司老财务施步高在2013年5月22日上午的座谈会上向我叙述：

为解决军用电缆问题，我们跟倪总(倪选荣)去上海警备区、海军司令部交涉，再难再苦都不放弃。部队最后同意搬迁军用电缆，可是涉及350万元的搬迁费用。这在当时不是一笔小数目，我们从350万元谈到120万元，可就是这120万元也根本拿不出来。最后还是侯(尚斌)书记出面，和金鹰公司商量先让他们垫支一下，然后拿金鹰每年落地的税收逐步归还。

再有上海长江隧道登陆点这个大难关。“金鹰”刚刚选定好厂址，上海长江隧桥工程的前期筹备工作就启动了。本来隧道的走向是从浦东5号沟笔直朝长兴岛的“金鹰”而来，这就意味着“金鹰”必须无条件地让道。原长兴乡商业公司老财务施步高在2013年5月22日上午的座谈会上向我回忆：

倪总(倪选荣)得到消息后，想方设法去找市规划局的隧道总设计师张副院长。那天我们一早就守在张副院长单位的大门口，看见他骑自行车上班就盯牢那辆自行车不离开了。候到下班，我们就两条腿追他两个轮子，幸亏市区红灯多，否则好几里路根本追不上他。我们追得一身汗，衣裳一件一件脱下来，终于晓得了他的住处。第二天夜里，我们到他家里一直谈了两个多钟头，终于感动上帝答应改动设计图纸，在浦东5号沟拐了个小弯再往北，使“金鹰”不用搬迁了，否则又是100多个公章。

那天我听得极为感动，直到现在仍感动不已：

长兴岛的今天，实在离不开这些非凡之人的非凡之举啊！

这样的事例足够另写一部长篇纪实。自1993年项目设想开始至20世纪末，为解决选址论证、海底军事电缆线搬迁、隧道登岛规划位置的修改、国家禁锚区的重新划分、海监局雷达站天线的升高、浮船坞项目对青草沙水库影响程度的论证等问题，以及相关手续的申办，非凡之人的非凡之事举不胜举。在申办"金鹰"上岛的100多个公章背后，几乎都有一个或者几个故事，有的生动，有的平淡，可是细细体会就觉得不平淡了。正如商业公司的老同志说，为了办理"金鹰"的上岛手续，商业公司那辆桑塔纳轿车一年换了六个轮胎，最后车底都穿孔透光了！我想读者不难从中清晰地看出，这个过程有多艰辛！

三、奠定基业

接下来再看上海粤海长兴船务工程有限公司的发展历程：

1997年12月24日，上海金鹰船务工程有限公司变更为上海粤海长兴船务工程有限公司，增加投资至3 000万美元。2004年9月21日，中国海运收购"粤海"全部股权，更名为"中海长兴国际船务工程有限公司"，至2009年更名为"中海工业(上海长兴)有限公司"。

目前，中海公司资产总额30.67亿元，占地50万平方米，拥有水深10～16米(不含潮水)岸线3 500米，F形码头4 242米，可容340米长的超级油轮就地调头，已建成13个泊位(其中一个为重件码头)，可同时靠泊VLCC等各类船舶近30艘，拥有3个浮船坞，坞容量58万吨。公司按照GB/T19001-2000、GB/T24001-2004和GB/T28001-2001的标准建立、实施"质量、环境和职业健康安全"一体化管理体系，成为国内第一家获得挪威船级社(DNV)"三合一"体系认证的修船企业。

截至2013年7月，公司完成修船1 640艘，实现产值455 531万元，加上粤海船务工程有限公司的产值39 203万元，共计494 735万元。

按照中海工业的战略分工，上海长兴有限公司定位为国际航运中心保障基地，超级巨轮和高附加值船舶修理与改装基地，海工产品修理、改装及海工模块研发制造基地，江苏基地大船总装基地，海外项目总部基地和中海陆岸人才基地。

现在，我们完全可以做出如下的结论：

上海金鹰船务工程有限公司和上海粤海长兴船务工程有限公司在长兴岛的横空出世，充分凸显了长兴岛的深水岸线资源和区位优势，迅速产生了风向标效应，拉开了长兴"海洋装备制造岛"建设的绛色帷幕。

四、振华港机上岛

上海振华港机(集团)股份有限公司〔2009 年更名为上海振华重工(集团)股份有限公司〕2000 年迁往长兴岛,一举奠定了国务院、上海市人民政府对该岛作出“海洋装备岛”功能定位的基础。

今天了解长兴岛的人们全都明白:上海振华港机的上岛,奠定了国务院、上海市人民政府对长兴岛做出“海洋装备岛”功能定位的基础。然而根据我在长兴岛 11 个月采访中所了解到的真相,振华港机的上岛其实是由几个偶然因素促成的。

高志明老先生在 2013 年 8 月 22 日下午接受电话采访时告诉我:

振华港机的老管(管彤贤)是我在交通部时的老同事、好朋友,有次(大约在 20 世纪 90 年代中期)他叫我去参观他的江阴基地。我去了发现基地的上游是大桥(江阴大桥),下游是兵营,背后是大山,没有发展的余地,就劝他尽快物色地方搬出来。老管当时听进去了,但过后没有听见他的动静。(此为第一个偶然)

管彤贤在 2013 年 9 月 3 日晚上接受电话采访时向我叙述:

那次时任副市长蒋以任听我讲起江阴的发展前景不理想,就说搬到上海来吧,上海在申办世博会,好多企业要搬出来,我就动心了。(此为第二个偶然)

高志明在 2013 年 8 月 22 日下午接受电话采访时又对我说:

2000 年夏天,我借住在宝山区的一个出租房里,老管来看我。那时他已经和浦东外高桥 5 号沟做过洽谈,有了意向,准备把公司从江阴搬到上海来,因为我以前劝过他,所以来告诉一声。我却叫他搬到长兴去,长兴是最佳的宝地。他知道我这些日子一直在上海搞岸线搞船厂,了解情况,表示去看看。(此为第三个偶然)

8 月 22 日下午高志明在电话里还告诉我:

那天很巧,倪选荣也在我那里,他先来看望我,本来准备走了,看见老管来了出于礼貌再坐一会儿。我就向老管推荐了他,说有这个人帮忙不但一定办得成,而且省力多了,当年金鹰上岛的 100 多个公章主要是他负责办下来的,老管马上和倪选荣约定好日子上岛看看。(此为第四个偶然)

此事在我 9 月 3 日晚上电话采访管彤贤中得到了证实,老管对我说:

交通部老领导高志明和长兴的老倪(倪选荣)推荐我去长兴岛。那时我们准备去浦东 5 号沟的,但那里的条件不太理想,所以我决定去长兴看看,那时上海的滩涂政策是谁开发谁利用。

2000 年 8 月 14 日，上海振华港机(集团)股份有限公司总裁管彤贤如约来到长兴岛，在长兴乡商业公司经理倪选荣的陪同下实地考察了长兴岛南部的岸线状况，他在仔细查阅了南部岸线的水深资料后，不禁惊喜万分：没想到长兴岛这个不起眼的弹丸之岛竟然会有这么好的深水岸线资源！他当即决定不去浦东外高桥港区而搬往长兴岛。

2000 年 9 月 13 日，管彤贤为了统一公司高层领导的意见，不顾 14 号台风来临，向吴淞港监租了一条管理船劈风破浪前往长兴岛进行实地考察。高层领导们考察后觉得交通是个大问题，好多人纷纷摇头。偏偏那天 14 号台风越刮越紧无法返回，加上夜里全岛停电，高层领导们更加一片反对之声，管彤贤事与愿违，面临着极大的压力。

然而管彤贤这个非凡之人自有他的过人之处。2013 年 9 月 3 日晚上 9 点我如约对他进行电话采访时，他对我说：

2000 年 9 月 13 日我带了 7 个公司领导去长兴岛考察，遇上 14 号台风，一片反对声，他们不知道长兴岛还是个避风港。我却通过那天的台风看到了这一点，所以更加坚定了把基地搬到长兴岛的决心。那天接待我的人是倪选荣，我还保留了一些在滩涂边拍的照片。(这次 14 号台风为第五个偶然)

管彤贤力排众议，排除一切干扰(包括更换公司的高层领导)，坚定不移地实施把江阴基地迁往长兴岛的计划，毅然决然地于 2000 年 10 月和长兴乡人民政府签署了企业上岛的框架协议，拿到了 3 500 米优质岸线，促成了长兴岛于 2009 年 2 月被国务院定位为以“海洋装备制造”为核心的现代化综合型特色岛屿。

这又是一例生动的非凡之人所做出的非凡之举！

长兴岛的深水岸线资源和区位优势连续不断地遇上了一个又一个的大贵人，这些大贵人一个个的帮助让其脱颖而出！

五、围圩吹沙和征地动迁

振华港机 2000 年 10 月落户长兴岛时，上海市人民政府对辖区内的滩涂实行“谁开发谁利用”的政策，这也是振华港机不去浦东外高桥港区而到长兴来的一大原因(大大降低投资成本)。所以其在和长兴乡人民政府签署框架协议以后，第一个举措就是在签署的岸线范围内实施围圩吹沙，而对大堤内的土地，只为建造生活、办公区所需仅征用先丰村的 300 余亩土地，动迁 32 户村民。

这是长兴岛历史上第一次有点规模的项目征地。1995年金鹰船务工程有限公司上岛之时，为了节省投资成本，用足用好上海市的滩涂政策，全部通过围圩吹沙取得土地，大堤内农民的土地一尺也没有征用。

2005年，振华港机长兴岛生产基地第一生活区项目又征用先丰村50亩土地，动迁18户村民，这样其一共征用先丰村350多亩土地、动迁50户村民。由于当时乡政府对50户动迁村民采取另外划拨宅基地建造新房，同时补偿财产、新建住房费用等易地动迁的政策，所以征地动迁非常顺利，不但100%予以签约，而且签约的速度非常迅速。然而根据当时的征地动迁政策，50户动迁村民只解决了户口，没有享受到土地换保障的镇保政策(因为仍然留有土地)。

2013年5月6日上午，接受采访的先丰村党支部书记黄关根告诉我：

现在这批人因为村里有钱，每个月都给他们一笔钱，年终又能给老年人每人7 000元左右，年轻人4 000元左右，这样村里每年都要拿出1 000万元左右。

六、回报长兴

管彤贤在2013年9月3日晚上接受电话采访时向我陈述：

我们上岛后，抱着“回报长兴”的宗旨，首先把废钢生意都给了长兴，这应该是一笔不小的数字。我们大企业赚外国人的钱，要回报长兴老百姓。

管老总的这个宗旨，我在2013年8月29日下午采访时任长兴乡抓工业副乡长张永康时就已听说过，张永康告诉我：

振华上岛后我们召集税务人员商量税收落地的措施，管老总明确表态，我来长兴肯定要为长兴做贡献的。他叫部下和我们办了一个项目配套办公室，采取为振华配套做生意的各个老板到我们办公室开发票，我们负责给他们退税，收取1%的管理费。

振华港机长兴岛生产基地不但把废钢的生意全都给长兴乡政府经营，而且以市场价每吨下浮300元的优惠价格扶持长兴乡经济的起飞、发展。长兴乡经营其让利废钢生意的“上海凤西废钢处理有限公司”(集体企业)受益于此，2005年净利润达到652万元人民币。截至2013年7月，累计净利润6 979万元。

除此之外，振华港机还于2000年12月爽快地和长兴乡人民政府签订了一个协议：以岸线使用费的名义每年支持长兴乡300万元人民币，期限50年(5年后因财务方面的限制而中止)。

振华港机不但直接回报长兴岛的父老乡亲，而且积极设法、配合长兴乡人民政府将其经营产生的税收落在长兴。他们上岛后，积极支持、通力配合长兴乡人民政府先后合资成立了上海兴港机械制作有限公司、上海振华港机长兴配套件制造有限公司、上海振华长兴精密铸造有限公司，分别专事税收落地、加强对振华港机各配套施工队的管理、将原振华港机工业园区这块税收落在长兴的操作；又先后配合长兴乡人民政府成立了其他 10 个配套公司。截至 2013 年 7 月，这 13 个配套公司实现地税收入总计 69 805 万元。

振华港机的上岛，还使附近先丰、先进等村的村民直接得益。由于振华采取边建设基地边投入生产的经营方式，初创时来不及建造职工生活区，所以其大量聘用的外地工人大多涌向社会就近租借生活住房。离振华港机最近的先丰村的党支部书记黄关根在 2013 年 5 月 6 日上午接受采访时向我介绍：

振华港机上岛以后，(先丰村)村民看见他们的工人没有宿舍住，都向附近的老百姓借房子，于是全都大造房屋(违法建筑)，甚至把浜沟填平了造房子，出租给振华港机的工人收房租钱，总面积要在 10 万平方米以上。我们村最多的时候租房住的外来人口有 3 万多人，现在仍有 1.5 万多人。好几户人家家里住了 40 多户近百个人。我们村的村民每年的房屋出租收入粗略统计都在千万元以上，最高的 2009 年总计有 2 500 万元以上，2011 年外地租房人口在 1.6 万至 1.8 万之间，统计到的房屋租金仍然有 1 654.2 万元，实际数目肯定更多，可能接近 2 000 万元。

所以，长兴人一致认为：振华港机的上岛对长兴岛所产生的经济上的影响和做出的贡献在已经上岛的几个大企业中是最大、最明显的。而且，其发展速度、规模也是令全世界震惊的！

七、振华港机重大核心技术领先世界

对于任何一个企业来说，时间就是效益，就是生命，容不得丝毫的拖延浪费。对于振华港机这样大企业的整体搬迁而言，要同时解决好落实搬迁资金、启动长兴岛基地建设、办理搬迁中的众多手续绝非一件容易之事。

然而非凡之人自有他的非凡之举。

管彤贤频出高招。他首先将振华港机在上海证券交易所上市，第一天就集到了 10 亿元巨资，轻而易举地解决了江阴基地搬往长兴岛的资金压力。然后他任命爱将吴小明为振华港机长兴岛生产基地工程建设现场总指挥，于 2000 年 11 月 13 日上岛赴任。

下面请看振华港机长兴岛生产基地跨越式发展的巨人步伐：

2000 年 11 月 28 日，振华港机长兴岛生产基地(下称振华基地)开工投建。

2001 年 3 月，振华基地的 200 米桥吊车拔地而起，以地标物的姿态屹立在长兴岛的南岸畔。

2001 年 4 月 26 日，振华基地建设的 400 米长的 1 号码头和 300 米长的 2 号码头经过 5 个多月夜以继日的紧张施工竣工投运。

2001 年 6 月，振华基地生产的第一船产品送往客户。

2002 年 5 月 1 日，振华基地的整机运输船承载 4 台全球最大的集装箱起重机途经美国金门大桥时，旧金山市政府下令封闭大桥禁止所有车辆上桥，以免车辆经过使桥面下降影响运输船通过，许多华侨深感国威激动得热泪盈眶。是年开始，振华基地连续 6 年年产值同比增长 50%。

2003 年 6 月 20 日，振华基地为美国弗吉尼亚港诺福克码头制造的 4 台全球最大的超巴拿马岸桥起重机提前一个月运往美国交付使用。

2004 年 10 月 17 日，振华基地向 70 多位国内外来宾演示双 40 英尺集装箱起重机 8 种不同的装卸作业方式，引起轰动。该起重机的设计浓缩了 10 项发明专利，获得国家科技进步一等奖。

2006 年 8 月 28 日，振华港机荣获中国港口机械产品免检证书。

2007 年 12 月 11 日、12 日，全球 100 多个码头公司、船运公司的代表在振华基地参观振华首创的环保型自动化码头。使用该系统可以至少提高 50%的装卸率和 25%的堆场率，节省 90%的劳动力。

至 2007 年底，振华基地的产品已经走进 67 个国家和地区，雄踞全球市场占有率的首位。是年，实现营业收入 210 亿元，同比增长 22.86%；实现净利润 20 亿元，同比增长 24.81%。

2008 年 5 月 7 日，振华港机经过两年半的艰苦研制，7 500 吨全回转浮吊“蓝鲸”号在长兴岛生产基地码头一举试吊成功。“蓝鲸”至少有 10 项独创技术，创造了单吊起重的世界之最(可以吊起巴黎的埃菲尔铁塔)，宣告了振华港机高起点地亮丽进入海洋工程的领域，将在海洋油、气田开采中大显身手。

2009 年 7 月 20 日，振华港机长兴分公司与西班牙 ADHK 公司签订了总价值 22 亿美元的海洋工程产品供销合同，该订单成为上海装备制造业历史上的第一大单。

是年 10 月 30 日，振华港机长兴分公司被认定为中国海上起重铺管核心装备工程技术研究中心。

2010 年 7 月 20 日，振华港机长兴分公司为卢森堡 MCS 公司制造的总吨位 40 589 吨的海洋石油浅水铺管船举行交船命名仪式，这是中国向国际用户交付的第一艘铺管船。

2011 年 1 月 14 日，振华长兴分公司“海上重型起重装备全回转浮吊关键技术及应用”荣获 2010 年度国家科技进步二等奖。

是年 7 月 6 日，振华港机长兴分公司自主设计、制造的第一座 300 英尺海上自升式钻井平台“振华振海 1 号”投入运营，开创了振华高端海洋工程设备制造的新纪元。

2012 年 8 月 1 日，振华港机长兴分公司建造的世界第九长的悬索桥——挪威哈登角钢桥主体钢结构件竣工发运。

至 2013 年 7 月，振华港机长兴分公司拥有 333 万平方米(5 000 亩)土地，5 000 米岸线，4 000 米码头，总产值 252.85 亿元。

10 余年来，振华港机在全力抓好企业管理和市场开拓的同时，坚持“以自主创新为核心”的发展思路，每年以上亿元的资金用以科技开发和人才培养。2009 年 3 月，其在 2007—2008 年度自主创新表彰会上拿出 1 800 万元的巨款重奖科技创新的领军者们，这是上海的企业奖励科技创新最大的一笔奖金。管彤贤总裁说：“重奖是为了将来继续领先。”

在这样的指导思想和措施之下，振华港机拥有了 2 400 多名设计研发技术人才、20 多项世界领先的重大核心技术、28 项国家重点新产品、16 项上海重点新产品；申请国内专利 223 项(其中发明专利 103 项)、有效国际专利 24 项、国际授权有效专利 10 项。

振华港机以如此的速度和成就向全世界展示了它的非凡业绩！其不但自身的发展令人震惊，而且对长兴岛经济的拉动和对长兴岛功能定位所产生的巨大影响令人惊喜。原长兴乡抓工业的副乡长陈裕明在 2013 年 5 月 22 日上午接受采访中向我评价：

振华港机的上岛对长兴是里程碑式的。

八、长兴岛的贵人、功臣

我在长兴岛安营扎寨 11 个月的采访中，听到了众多有识之士众口一词的如下见解：

上海振华港机(集团)股份有限公司〔2009年更名为“上海振华重工(集团)股份有限公司”〕的迁往长兴岛，奠定了国务院对长兴岛做出“以海洋装备制造为核心的现代化综合型特色岛屿”的功能定位之基础，对长兴岛、长兴人及其子孙后代具有巨大而深远的历史意义。

与此同时，我还听到了众多的知情者众口一词的如下评价：

高志明和管彤贤是长兴岛的大贵人！

他们如此说，是因为不了解高志明夫人李媛女士在“金鹰”生死存亡的危急关头经过四处奔走、竭力呼号而成功引进深圳粤海企业(集团)有限公司投资长兴岛，使长兴岛上唯一的修造船企业得以继续生存、发展，因而彰显出长兴岛优质的深水岸线资源和极佳的区位优势的功绩。我想大家知道了实情以后都会赞同这样的修正：

高志明夫妇和管彤贤是长兴岛的大贵人！

除此之外，我还听到众多的知情者众口一词的如下评价：

倪选荣是长兴岛的有功之臣！

这话出自长兴岛内外从上到下的知情者的口中，包括20世纪90年代中期到2013年10月间长兴乡(镇)的几任党委书记，侯尚斌(1993年2月—1998年4月)、施永根(2004年2月—2010年12月)、洪德邻(2011年1月—2013年10月)，他们都在接受采访中如此评价。徐荣森书记(1999年1月—2004年2月)虽然没有向我做过这样的评价，但在他主政长兴的2000年8月30日下发的“宝长委〔2000〕19号、宝长府〔2000〕58号”文件中也做出如下的表彰：

在倪选荣同志及有关人员的艰苦的努力下，克服了重重困难，引进了上海粤海长兴船务有限公司，为长兴经济发展做出了贡献……

上海振华港口机械(集团)股份有限公司则在2005年5月30日，专门向长兴乡人民政府发出《关于奖励倪选荣同志引进上海振华港口机械(集团)股份有限公司落户长兴岛决定的函》中写道：

在1999—2000年期间，经倪选荣介绍(注：应该首先是高志明介绍)，我公司知悉长兴岛岸线和滩涂也可以开发利用建厂。之后市领导批准上海振华港机公司在长兴岛建设大型出口港机基地，为解决诸多审批和咨询工作，倪选荣同志事实上参加了我公司筹备工作，每日操劳奔走，不遗余力而且没有收取任何工资报酬。为了表彰他的努力，经研究，我公司决定对倪选荣同志做出的贡献给予20万元人民币的奖励(代工资)。

然而倪选荣却无论在什么场合，包括我对他进行的几次采访、核实中，都十分认真地强调说：

两大企业的上岛，是长兴各届党委、政府的集体决策，我只是在党委、政府的领导下做了一些力所能及的工作，一切归功于各届党委、政府的决策和领导。

沈飞龙，上海市崇明岛人，中国作家协会会员，上海签约作家，中国艺术家协会会员，上海史志学会会员，上海摄影家协会会员，崇明作家协会副主席。1980 年始发表小说，出版长篇小说《东京圆梦》《金钱似水》《书远堂六年记》《书远堂六年记》方言版、《回到永安》，中短篇小说集《数阶苔》以及发表其他文学作品共 350 余万字。《金钱似水》列入《中国名家名作・经典小说》，参加中国赴美国书展。《书远堂六年记》讨论会获上海三大报和《文学报》的深度报道，全国各大网站转载。作品多次在《新民晚报》《苏州晚报》等连载，入选《上海作家作品双年选》《留学生文学》《城市的呼吸》等选集，《外婆小记》获全国纪实散文征文二等奖。2013 年在长兴海洋装备岛安营扎寨实地采访 11 个月，完成 35 万余字的长篇纪实文学《史海之涛》。

关于长兴电网

金欣如　徐忠如

长兴供电公司承担长兴、横沙两岛人民生活和生产任务。解放前无发电设备，解放后党和政府大力发展电力事业，由几台小发电机组到可靠供电21万千瓦。实现2条220千伏上海电网与江苏电网“双电源”供电。

经过几代长电人的努力，长兴、横沙两岛电力从无到有，实现了大跨越，2条220 kV上海电网与江苏电网“双电源”供电。长兴岛作为“十一五”时期国家战略重点建设的海洋装备基地，长兴电网紧紧围绕国家电网公司“一强三优”的战略目标和“三抓一创”的工作思路，以“全面、协调、可持续”的科学发展观为指导，为海岛经济的高速发展提供可靠的电力保障，是长兴供电公司扎实推进全面接轨上海电力的步伐，促进又好又快可持续发展的关键。

一、长兴电网的历史

长兴、横沙两岛位于长江口，现有面积约212.34平方公里，其中，长兴岛面积160.6平方公里。南距上海浦东约7公里，北与崇明相隔约10公里，东临东海。两岛是由长江入海水流中泥沙淤积而成，形成160年左右，入住居民约130年。1949年解放后，岛上居民从政治上翻了身，但是由于特定的地理条件，交通不便，经济发展相当滞后。“要想富，先修路；要想甜，先有电。”党和政府为了帮助海岛人民脱贫致富，1962年，经上海市第二商业局规划，选址于红星港南岸民生村，建成了横沙发电厂；1965年，经上海市计划委员会批准，以华东电管局在长兴岛长凤圩所办的上电农场发电车间为基础，成立了长兴岛电厂。

至1974年末,横沙发电厂拥有发电设备总容量2 974千瓦(其中燃煤发电设备2台/2 750千瓦,柴油发电机组2台/224千瓦),年发电7 760万千瓦时。6.3千伏输配电线路73.1公里,用电量670万千瓦时;长兴岛电厂拥有发电设备4 730万千瓦(包括柴油发电机组3台/730千瓦),10千伏"二线一地制"输配电线路55.2公里,年发电量900万千瓦时,用电量800万千瓦时。

为了贯彻"精兵简政"方针、提高管理水平,1974年,经上海市经济委员会批准,长兴、横沙电厂两厂合并,定名为上海市长兴岛发电厂。实现厂网一体化管理,合并后两岛共有发电设备容量7 704千瓦,6.3~10千伏输配电线路128.3公里,挂接用户变压器152台共14 510千伏安,发电量1 350万千瓦时,由华东电管局直管,经济上独立核算。

1985年,长兴、横沙4台老式发电机组相继报废,改由崇明通过35 KV海底电缆向两岛供电。由于海缆容量限制及单电源供电可靠性差,长兴、横沙电力供需矛盾十分突出。1997年1月,上海市政府决定由上海市电力公司出资建设长兴岛第二发电厂,并将该项目列为1998年市府重要实事工程,同年12月建成投运。2002年12月长兴岛实行厂网分开,上海市长兴岛发电厂更名为上海长兴供电公司,并于2003年1月1日起独立运作。

2002年前的长兴电网,只有3座35千伏变电站、4条35千伏线路、20条10千伏线路,电网是最简单的辐射型供电网络,最高负荷不到1.5万千瓦。电网管理依靠当时的马家港变电站值班人员,进行简单的发令操作,没有调度机构管理。此时的长兴电网属纯农村电网,用户为纯农村用户,年售电量5 000万千瓦时并且连续10年零增长。2002年9月,电网调度所正式成立,下设调度组、操作班、远程通信班,调度所全面负责长兴、横沙两岛35千伏、10千伏和380伏电网的安全、经济运行,到2002年底长兴地区马家港站、先进站、创建站实行无人值班站,横沙地区新民站为有人值班站。2005年以前,长兴电网的电源点仅有长兴岛第二发电厂(2×1.2万千瓦)和崇明—长兴35千伏崇兴351线(1万千瓦),整个电网的供电能力只有3.4万千瓦。

二、促进海岛经济发展,提高人民生活质量,加大电网改造力度

经过老一辈长电人艰苦奋斗,到90年代中期两岛电网已初具规模。但由于受发展过程中各种条件限制,网架结构薄弱,10千伏线路半数是"二线一地",供电可靠性差;低压电网变压器布点少,线路供电半径大多在1公里以上,电压质量达不到标准,部分地区居民用电电压仅150~160伏;加上线路陈旧和管理原因,低电压

线损高达30%以上,农村居民电价一般在1元/度,部分高达2~3元/度。

为了适应海岛经济发展,改善地区投资环境,提高人民生活质量,在上海市电力公司的关心和支持下,长兴供电公司发扬长电人艰苦奋斗、勤俭办企的优良传统,为长兴电网的建设辛勤耕耘,取得了较好的成效。

城乡电网改造。为适应海岛的发展对电力的需求,1998年,两岛开始了近40年来第一次有计划、有步骤的电网改造。经过两轮农村电网改造,设立5个基建项目:新民站输变电、红星站改造、创建站输变电、先进站输变电和长兴电网调度等工程,共立项82个,总投资1.55亿元,新建35千伏变电站3座,主变从原来的3台共1.5万千伏安增加到7台共4.02千伏安;35千伏安线路从原来的2路增加到8路共45公里;新增和改造10千伏线路共152公里;10千伏出线由原来的12路增加到30路共281公里;配电变压器由原来的278台增加到424台,共5.5万千伏安。

大跨越工程。自1971年7月长兴—横沙敷设投运第一条10千伏水底电缆起,使两岛电力联网取得了互补的好处。但是由于"小港"潮汛水流湍急、"鸿槽"既深,又容易变迁,使沉放在水底的电缆无法埋深或覆盖,甚至在鸿槽上处于"搁空"状态。每当台风季节,小港优势是唯一避风的天然良港,许多在长江口捕捞的渔船和过境船只纷纷进港避风。尽管在两岸设置"禁止抛锚"警示标志,有瞭望哨所专人值班,以及护缆船在"缆区"游动宣传巡视,但仍防不胜防,经常使海缆遭受外力损失。最厉害的一次导致横沙地区失电4天,对横沙岛的工农业生产和居民生活用电造成相当严重的影响。在上海市政府的高度重视下,由上海市电力公司出资规划设计"长兴—横沙输变电大跨越"工程,在长兴、横沙两岸竖起2座158.8米高的铁塔,在距离1.519公里宽的江面上架设双回路35千伏线路2.413公里。从根本上解决了横沙岛因海缆故障造成的供电不可靠问题。

通过大规模农网改造,使两岛电网规模容量比原先翻了三番。海岛的投资环境得到改善,网架得到加强,结构更为合理,大大减少了检修停电范围,提高了安全可靠性和供电质量,全网供电可靠率达99.6%,电压合格率达98%以上。同时两岛共48个村2.5万户居民全面实行一户一表同网同价,仅此一项,每年减轻农民负担360万元。

三、以科学发展观为指导,确立科学规划和建设发展的思路,共谋可持续发展道路

2000年,随着振华港机落户长兴岛,长兴岛迎来了第一轮经济发展;同时江南

船厂因上海举办2010年世博会搬迁长兴，又给长兴地区社会经济的发展带来了新的契机。为满足长兴地区作为“国家战略，上海重点，崇明关键”的电力需求，长兴供电公司立足海岛实际，坚持在新的历史起点上追求科学发展，围绕以履行“三个责任”(政治责任、经济责任、社会责任)，构建“两个和谐”(构建和谐企业、构建电力行业与社会的和谐)的战略要求，以全面接轨上海电力为目标，认真吸收上海电力的先进经验，在上海市电力公司党政领导的关心支持下，在上级公司各部门的帮助指导下，通过与市区供电公司结对共建人才援助，长兴供电公司经历了“两个转变”(一是服务对象为纯农村用户服务向农村用户和世界一流大型企业用户并举服务的转变，二是发展速度从连续10年售电量零增长转变为连续8年以百分之三四十的高增长率增长)，经过几年的努力，长兴供电公司以优质的服务在海岛创国网品牌、树上海电力的好形象。

随着社会经济的持续发展，加快电网建设，基本满足海岛客户的需求是长兴供电公司近几年的主旋律。

坚强的电网是确保电网发展的可靠保证。加强配电网建设一直是电网建设的主要工作。2003年由于地区负荷的增长，对于网架可靠性等要求越来越高。当时配电网的规模较简单，供电可靠性较差，只有35千伏变电站5座、10千伏及以上线路35条，10千伏及以上架空线及电缆长度只有340公里左右。整个电网的供电能力仅3.4万千瓦，根本无法满足电网发展和长兴地区经济发展的需要。2003年以来，上海市电力公司下达给长兴供电公司用于电网建设的项目总共36项，累计完成投资10 794万元，电网规模和网架结构大大增强，特别是2005年崇明—长兴110千伏联网供电后，电网电源由崇明陈家镇站—长兴站110千伏海底电缆18万千瓦和上海长兴岛第二发电厂2台1.2万千瓦发电机组及崇明—长兴岛35千伏海底电缆1万千瓦，合计电源21万千瓦，供电可靠性得到了很大的提高。2008年底长兴电网规模已增加到220千伏(110千伏)变电站1座、35千伏变电站6座、10千伏及以上线路74条，10千伏及以上架空线及电缆长度546公里，新增各类配电站23座。同时经过几年来的技术改造，电网主设备情况得到很大改善，站内开关无油化达到100%，绝大部分主变压器改为S9型低损耗变压器，主保护大都升级为微机型保护，设备可靠性大大增强。

在建设坚强电网、为世界一流企业用电提供可靠保证的同时，近几年长兴供电公司仍坚持做好低压电网建设和改造工作。根据长兴地区供电服务对象的性质，除了近几年进驻长兴岛的世界一流企业，还有原先广大的农村用户。同时做好这两方面用户的供电服务工作，是长兴供电公司科学、可持续发展的重要体现。为此在一期农网改造结束以后，长兴供电公司相继又进行了二期农网改造和新农村电气化村建设工作，花大力气对低压电网进行改造。2003 年以来上海市电力公司总共投入资金 5 457 万元。经过改造，农村低电压情况得到了明显的控制和改善。

通过 2003 年以来的电网建设，长兴电网供电能力和供电可靠性等指标大大提高，长兴供电公司的售电量从连续 10 年零增长转变为连续 8 年的高速增长，由 2003 年 1.131 亿千瓦时增加到 2008 年 7.493 亿千瓦时，售电量每年呈 40%左右速度增长。同时供电可靠率由 99.708%上升到 99.883%，电压合格率由 98.22%上升到 99.778%，综合线损率由 5.95%下降到 5.27%。高速发展是长兴供电公司最近几年的主旋律。2009 年 6 月长兴电网已实现与崇明 220 千伏联网，2009 年 10 月实现与上海浦东 220 千伏联网，长兴电网的用电将向由上海电网和江苏电网组成“双电源”同时供应，安全可靠性大大增强。长兴岛已定位为海洋装备岛，是上海六大产业基地之一，同时随着长江桥隧工程的建设，长兴岛将融入上海大格局之中，这是长兴供电公司千载难逢的好机遇。预计长兴电网 2010 年负荷将达 25 万～30 万千瓦时，售电量 12.5 亿～15 亿千瓦，人均年售电量超过 1 000 万千瓦时。长兴电网的发展，是用科学发展观指导电网建设的结果，是走可持续发展道路的结果，是全面贯彻落实科学发展观的结果。

随着两岛社会经济的发展，客户群体发生转变，对供电企业的要求显著提高。

随着两岛社会经济快速发展，很多大型企业纷纷落户长兴岛，具有代表性的世界一流企业有：振华港机，年产值 25 亿美元，世界市场占有率 78%；中船集团长兴基地，规划年造船能力 800 万载重吨；还有中海、青草沙原水库等。

长兴供电公司紧紧抓住海岛经济跨越式发展的好机遇，自我加压，既遵循循序渐进，又追求快速进步，提出了“十一五”末全面接轨上海电力的目标。在市区供电公司专家组的指导帮助下，长兴供电公司全体干部职工团结一致，努力奋斗，在原纯农村电网管理模式的基础上较好地完成了向入驻长兴岛的世界一流大企业按照上海电力要求提供一流服务的转变，近几年来，长兴供电公司先后获得了国家电网公司一流县供电企业，国家电网公司电能损耗管理先进单位荣誉称号，连续四届评为上海市文明单位。

同时，长兴供电公司依托长兴海洋装备岛的快速发展，结合社会主义新农村的建设，以市场需求为导向，加强电力市场预测与分析，规范优化营销流程管理，加快业扩接电时间，为业扩客户尽量早送电，增加售电量。坚持以优质服务为宗旨，夯实营销服务基础，树立“大营销，大服务”理念，实现管理模式的更新，通过推进服务流程优化，更新服务手段，推行营销体制改革，规范作业流程，加强营销安全风险意识，强化营销安全风险管理，完善抄表队伍管理，持续改进服务，为不断实现客户和公司价值共赢的发展局面打好扎实基础。

长兴供电公司以提高运用科学发展观分析和解决实际问题的能力为抓手，着力创新营销服务及市场开拓的方法和手段，不断加深对国网公司“四个服务”和“三个责任”理念的理解，提高了对国家电网公司“三个十条”、上海电力“双十条”的执行力，不断深化“服务观念全员化、服务内容规范化、服务方式多样化、服务手段信息化”，不断提升优质服务的水平。针对两岛的特殊情况，长兴供电公司突出个性化服务，对落户的世界一流企业按照上海电力一流的标准做好服务，对广大农村地区按照“新农村、新电力、新服务”的要求去做好，95598 服务热线正常运转。同时选择对政府和居民有影响的工程作为亮点工程，强化了后台支撑保证作用，提升了接待服务水平。注重行风建设，针对海洋装备岛快速发展的需要，及时走访重要客户征询意见和建议，掌握第一手资料，为服务好大客户打好基础。在上海市零点调查公司近几年的测评中得到了好评，在两岛体现了国网品牌和上海电力的好形象。

长兴电网的发展是可喜的，它的未来是可预见的，这是在上级党委的正确领导下，在地方政府的关心支持下，以其强大的凝聚力和动员力，以其科学的领导和战略决策，沿着改革开放的轨迹壮大起来的成果。长兴供电公司面临跨越式发展的大好机遇，以科学发展观为指导，抓住 2010 年上海世博会的契机，以加快“两个转变”、建设“一强三优”现代公司为导向，以国家电网公司“诚信、责任、创新、奉献”的优秀企业文化核心价值观为引导，把“努力超越，追求卓越”落实到行动上，以“发展、人才、和谐”为主线，以“管理是永无止境的追求，奉献是人生最大的乐趣”的理念，号召全体员工内心深处“安心海岛，爱公司胜似爱家”，以“一分耕耘，一分收获”的心态对待工作，营造“在工作中学习、在学习中工作”的氛围，让公司全体干部、员工自觉地在发扬长电人艰苦奋斗、勤俭办企的优良传统中携起手，在地方政府和长兴岛开发建设管理委员会的领导下，推动“政府主导、各方参与、企业实施”的电网建设联网推进机制建设，加快电网建设，使长兴电网在安全稳定运行中更好地服务于海洋装备岛社会经济的发展，扎实推进全面接轨上海电力的步伐，促进长兴供电公司又好又快可持续发展。

（2013 年 4 月 18 日）

崛起的黄金水道

陆正国

自清朝道光二十三年(1843)起,从石头沙围垦第一道老圩开始,标志着长江口中各小沙有人居住了,距今已有170多年历史。在这段历史进程中,长江口中最多时十几个小沙在潮汐急流的冲刷下涨塌变迁几经沉浮,最后剩下石头沙、瑞丰沙、潘家沙、鸭窝沙、金带沙、圆圆沙6只小沙。由于受长江水急流的冲击,6只小沙也很不稳定,南塌北涨,直到20世纪60年代,国家投入巨资,修筑海塘、护坡、拦水丁坝挡住急流冲击,使南沿海塌态势减缓,6只小沙得以稳定。当时从浙江开山买石头,然后运回来才把6只小沙联成一体,形成现在人们看到的一个完整的长兴岛。从此,鸭窝沙上的凤凰镇成了长兴政治、经济、文化中心,也是长兴乡政府的所在地。

长江南水槽也就是南航道,因祖国地形西高东低,长江水流必然浩浩荡荡,永不停息,向东海奔腾。这条长江南航道越靠近长兴,越成为长兴的深水岸线,也是上海不可多得的稀缺资源。只不过没有被人们认识而已。在贫穷的旧中国,它默默地沉睡了100多年。这条深水岸线,西起潘石港上游约600米(现在危险码头)处,东至圆圆沙出海口,全长25公里左右,落潮时,水深12至16米,涨潮时20米以上,宽度在1 000米左右,是天然的深水良港,它蕴藏着无限的发展生机。特别是凤凰镇南岸的深水岸线,更是皇冠上的明珠。

当历史的巨轮即将驶入21世纪时,有识之士终于发现了这条得天独厚、独一无二的深水岸线,在20世纪80年代中期和90年代初,长兴乡利用独有的凤凰镇南边深水岸线招商引资,先后招来了“长海”“新港”“江城”三个拆船厂。由于受东南亚金融危机的冲击,废钢大幅度跌价,三家拆船厂相继倒闭。然而,深水岸线的资源优势依然还在。古语说得好,“留得青山在,不怕没柴烧”。长兴人不气馁,拆船不行，招商改作修船。于是，长兴商业公司与上海东海船厂合资，创办了上海粤海长兴船务工程有限公司，专门经营修船业务。“粤海公司”的横空出世，又给深水岸线注入了新的活力，同时产生了巨大的连锁效应。

到了 2000 年，上海振华港机厂原在江苏省江阴市，因造江阴至靖江的长江大桥受到影响必须搬迁，然后捷足先登，入驻长兴。振华港机的落地，在长兴的发展史上具有划时代的意义，更是一座功德无量的里程碑，它标志着长兴的深水岸线，拉开了大开发的序幕。沉睡了 100 多年的深水岸线开始沸腾了，黄金水道的价值开始体现了。继振华港机落户长兴后，在短短的三年内，江南船厂、沪东船厂两家央企也相继落户长兴，中海集团收购粤海以后，扩大了经营范围，修船业从国内走向世界。

整个长兴南岸，码头遍地，吊机林立，各种型号的龙门吊、塔吊、浮吊等重型设备遍及陆地、海面，整个南岸布满了造船、修船、港口机械、海工装备制造业。从此国务院同上海市人民政府把长兴岛作为国家“海洋装备岛”的功能定位，奠定了坚实基础。最终把长兴岛推向“全国战略、上海重点、崇明关键”的重要地位，把一个弹丸小岛摆在全国战略中统筹布局，这是长兴人民做梦也没有想到的。这个伟大的转折和变化，得益于大自然恩赐给我们长兴人的这条深水岸线——黄金水道。同时也印证了一句俗语“好爷娘，弗及好落场”。我们感谢大自然恩赐的同时更要感谢大企业的入驻，国家的关心和大力支持。以振华港机厂落户长兴为标志，是长兴岛资源优势、区位优势转变为经济增长优势的开始。这条黄金水道的崛起，拉开了长兴大开发、史无前例大建设、波澜壮阔的大幕，我们可以从以下诸多方面来证实：

一、这条黄金水道的崛起，彻底改变了长兴产业结构的布局。原来的一、二、三产业结构，转变为二、三产业结构，把一个以农业为主的海岛改变成以海洋装备为主的“海洋装备岛”，而且定格在全国战略、上海重点的重要格局中。随着江南船厂、沪东船厂的军用、民用船舶制造业不断提升，海洋装备岛的功能越发明显。产业结构发生翻天覆地的变化，也决定了长兴产业和经济发展的导向，从此走上了以工业和服务业为主的发展模式。

二、这条黄金水道的崛起，加快了长兴小城镇发展步伐，有力地推动了长兴社会和经济的发展。自从大企业落户长兴以来，大规模的征地、动迁，在长兴历史上史无前例，以道路建设为主的基础设施，也达到了空前规模。全乡有 13 个村涉及征地动迁，被征地面积占全乡总面积的三分之一左右，特别是圆圆沙地区，基本上全部征完。以大华小区为起点的动迁安置房，遍布长兴岛东部的大华等 6 个小区。

广大动迁户告别了分散居住的生活方式，搬进了集中居住的城镇化小区。人们的生活方式得到了彻底改变，生活质量也得到大幅度提升。村委会管理也转向了居委会以城镇化管理模式进行，在各个小区得到了有效的体现。广大动迁户养老金足额到位，医疗保险分文不缺、住房宽敞舒适、多余房子出租有收益、经济收入来源不断，生活无后顾之忧。这种城镇化的生活方式，在长兴发展史上是前所未有的。广大动迁户深有感触地讲：没想到这辈子能过上这样的好日子，这是优越的社会制度带来的福，归根结底是黄金水道带来的福。

三、这条黄金水道的崛起，为长兴经济发展，插上了腾飞的翅膀，为长兴摆脱贫困落后的面貌，打下了坚实的基础。在大企业未落户长兴之前，长兴的财政收入每年只有几千万元，还背了一屁股债。自从振华港机 2000 年下半年落户长兴后，全乡在依托港机、服务港机、发展经济的思想指导下，在振华港机全力配合和支持下，在为振华港机服务中寻找新的经济增长点。首先，长兴乡成立上海新港机械制作有限公司，为港机配套、为港机生产的工程队服务。

2001 年税收落地，经济效益达 1.2 亿元，乡财政经济形势顷刻好转。随即在港机的支持下，长兴乡又成立了凤西废钢公司和新凤翔公司两家集体企业，从事处理废钢和废旧物资，既解决就业又增加了两个经济增长点。到 2005 年，仅凤西废钢公司创造税收和利润达到 1 300 多万元。随着振华港机在国内外市场上业务量不断扩大，长兴乡和振华港机长兴基地，先后成立 13 家公司，为港机配套，每年为长兴创造经济效益达 2.2 亿～2.6 亿元，效益最好是 2008 年，13 个配套公司，为长兴创造 3.2 亿元经济效益。

与此同时，江南船厂和中海船厂的各项税收落地，也为长兴每年创造 1.2 亿元左右的经济效益(因江南船厂税收与国家实行分成制，所以比港机少)。就大企业而言，每年要为长兴注入 3.5 亿元左右的经济活力，再加上长兴招商引资这一块，长兴的经济每年都在以两位数增长。与 2008 年最好时对比，长兴的经济增长达 24%，可用资金达到 6.98 亿元。

振华港机从 2001 年为长兴创造经济效益开始，后来的江南、沪东、中海都计算在内，到目前为止，各大企业为长兴创造经济收入总量达 50 亿元左右，这为长兴大建设、大开发、大动迁奠定了扎实的经济基础，为改善长兴的投资环境和后续发展，注入了强有力的活力。所以这条崛起的黄金水道，在长兴经济发展史上的作用是不可估量的，为长兴经济发展插上了腾飞的翅膀。

四、这条黄金水道，成就了振华港机厂的伟业，打造了我国东部沿海造船基地，给世人展现长兴岛的优势，使沉睡的海岛声名远扬。

振华港机2000年落户长兴，2001年投产至今将近20年时间。目前，振华港机在长兴拥有5 000米长深水岸线、5 000亩范围面积、150万平方米厂房和各类建筑物、400米长深水码头两座、300米长深水码头两座。有了这么多资源，为振华港机提供了大展宏图的平台；产品从原来单一的制造单箱桥吊，研制开发了双箱起吊的超巴拿马型桥吊，还研发了卫星定位的集装箱轮胎吊。工作效率提高50%，节省劳动力90%。科技创新拓展了市场，促进了跨越式发展。国内外客户从单一地只购桥吊，发展到桥吊轮胎吊配套采购，因此生意越做越大！产品出口67个国家和地区，桥吊轮胎吊占全球75%市场份额。

2008年长兴基地出口产品达364台套，相当一天出口一台套。这年长兴基地产值达368亿元，在港口机械制造业中首屈一指，前所未有。与此同时，振华港机利用长兴基地这个平台，以自主创新为核心，不断研制开发新的海工产品。7 500吨全回转式浮吊，创造了海上起吊世界之最，在海洋油、气田开发中大显身手，成了欧美市场上的抢手货。特别是西班牙，一举与振华港机长兴基地签订价值22亿美元的海工产品大订单。海洋石油浅水铺管船的研制成功，引起世界轰动。欧洲的卢森堡第一个与振华港机签订了一艘40 589吨海洋石油铺管船订单，随后订单接踵而来。振华港机长兴基地研制开发的海洋石油钻井平台大获成功，开创了海洋高端工程设备制造的新纪元，一次与挪威等欧洲国家签订了4台订单合同。振华港机长兴基地，钢结构件创作是强项，为美国、挪威、比利时等欧美国家制作的悬索武钢结构件大桥，保质保量地按时交货、安装运营，赢得用户的信赖。特别是我国港珠澳大桥的建设，振华港机更是全身心投入，研制开发了钢体沉管新技术，解决了大桥建设中的最大难题，创造了世界建桥史奇迹。在近20年的时间里，振华港机在长兴基地这块平台上，本着科学技术是第一生产力的宗旨投入巨资，吸纳和培养了2 400多名科研创新、自主设计的技术人才，在港口机械和海工产品制造中创造了20多项世界领先、重大核心技术。发明了28项国家重点新产品，16项上海重点新产品，申请了国家专利223项，其中发明专利103项、有效国家专利24项、国际授权有效专利10项。

同时，振华港机长兴基地被国家认定为“中国海上起重、铺管核心装备工程技术研究中心”。振华港机在长兴取得辉煌成就的同时，江南船厂、沪东船厂及中海船厂在长兴岛南岸巍然耸立、熠熠生辉。中海船厂为各国船东修理的巨轮足迹遍及五洲四海。江南船厂、沪东船厂生产的军用和民用船舶，极大地提升了我国造船能力，也提升了长兴岛的知名度。特别是两个船厂制造的军用舰艇，吨位越造越大、装备越来越先进，为人民海军的建设，为人民海军走向深蓝、走向远洋，提供了有效的保障，为人民海军保卫国家安全、捍卫国家主权、确保国家核心利益做出了重大贡献。这些大企业能落户长兴岛，关键是长兴南岸这条深水岸线是“黄金水道”，这一资源优势转变为长兴经济增长点，同时又变为建立强大海军的支撑点，最后成为国家战略要地，从而大大提升了长兴岛在世界范围内的知名度。

这真是：忆往昔小岛沉睡百年无人知晓

看今朝长兴崛起腾飞名扬四海

为了海洋装备岛的明天

——长兴动迁工作纪实

沈士兰

历史的车轮滚滚向前。在悠悠的岁月长河中,千万里路途奔来眼底,数不尽往事涌到心头。

百年机遇降临长兴

百余年来坐落在长江入海口默默无闻的长兴岛,在新世纪起步之年,犹如深埋在地底下的金子,终于发出了它的熠熠光彩,魅力四射,向世界展示了它的宏伟蓝图。

在世纪之交之时,粤海船务公司首先入驻长兴岛。随后,振华港机也成功落户。有了这两大企业做先锋,长兴岛独特的地理位置,尤其是 20 公里的深水岸线,一下子成了国内多家企业争抢的宠儿。2002 年 12 月 3 日,从摩洛哥传来使全国人民欣喜若狂的消息,中国赢得了 2010 年世博会的主办权,举办地上海顿时沉浸在一片欢乐的海洋之中。这激动人心的时刻,延伸出了长兴岛的大开发、大发展。坐落在黄浦江畔的百年老厂——江南造船厂因世博会的建设搬迁至长兴岛的南岸。从此,长兴岛同世博会建设密切地联系在了一起。大开发、大发展也牵引出了长兴百姓的大动迁。2004 年,长兴乡步入了大动迁的历程,进入了有史以来重要的转折时期,乡全体机关干部投入到了动迁工作之中。

全力以赴完成动迁

回想起 2004 年的动迁工作,机关干部直到现在还感慨万千。那时,因为从未经历过动迁工作,机关干部除了按上级的政策操办外,其余的只能是自己摸着石头过河,一切都要靠自己摸索并完善。为了使动迁工作开展得有条不紊,从大动迁启动前夕,乡党委、乡政府就制订了几套方案,把动迁程序分成了四个关,每个关都有一套相应的工作措施及时间节点,具体分为思想工作关、丈量关、签约关和安置关。2004 年 6 月 17 日,动迁工作全面启动。乡党委、乡政府给机关干部布置了蹲点包户任务,机关干部心中自然而然地形成了一种竞争的意识,他们把工作的重点放到了动迁农民身上,夜以继日地奔走在动迁的村落。在一条条的泥道上,留下了他们经常行走的足迹,在田间地头,有他们寻找动迁村民的身影;在聚集的村民群中他们讲解着动迁的各种政策;在一家家的村民家中,他们和村民亲切交谈;在星星点点的夜幕下,回响着他们轻轻的敲门声。

做老百姓动迁工作的难度是机关干部没有意料到的,在进入丈量阶段时,出现了一些村民起哄甚至阻挠的现象。面对这些现象,机关干部做到骂不还口、打不还手,始终面带微笑,一如既往地用满腔热情去感化村民。当村民的一些实际问题需要解决时,只要力所能及,机关干部就马上帮着解决。如:一个村民有一笔 2 000 元的钱款,一单位拖了 10 多年还没有支付给他,当他向上门做工作的机关干部提起此事后,负责他家的这组机关干部马上核实情况。在得知情况属实时,这组机关干部当天就联系该单位,第二天一早就把这笔钱送到了这一村民手中。这位村民惊讶地接过钱款,连连地感谢,后来用自己的实际行动在动迁中起了带头作用。还有一户村民因没有及时把西红花球茎销售掉,机关干部又千方百计地帮他联系相关单位,及时地帮他售掉了球茎。

在三个多月时间里,机关干部没有了休息,他们除了要做好动迁工作外,还要不耽误自己办公室的工作。有的办公室不能缺人,他们就早晨、白天、夜晚连轴转。为了把动迁户都纳入各个规定时间段内所要完成的各项程序,尽量不造成动迁户不该有的损失,机关干部费尽了心血。他们一次次走进村民家中,有的甚至在村民家中走上了 10 多次、20 多次,真是踏破脚皮、磨破嘴皮。

8 月 21 日进入到最关键的签约时期。机关干部不仅工作做得累,心里的急更让他们寝食难安。跃进村 360 户签约户,21 日第一天只来了 1 户签约,第二天 3 户,第三天 1 户,以后连着几天都是空白,到 9 月 4 日才总共只有 15 户。那时,正值希腊雅典奥运会期间。乡党委书记施永根感慨道:“我们国家的运动员每天都传来获得金牌的捷报,可我们的签约却连着几天都空白,难道比获金牌还难吗!”为此他深有感触地写下了两首诗:

江南驻岛动迁急，
百姓疑虑百样起，
离土恋家留牵记。
为奋起！
循循善诱炊烟里。

发展机遇能有几，
压力重重倾全力，
干群一心志无比。
秋将至！
万里扬帆总有时。

2004 年 8 月 16 日

丈量蹒跚结束，
签约屈指可数，
动迁景象万千种，
酸甜苦辣谁诉。

船厂海岛入驻，
发展机遇无数，
万众合力铺坦途，
百姓搬迁如荼。

2004 年 8 月 23 日

眼看着离规定期限只有三天时间，机关干部感受到了责任的重大和任务的严峻。他们把心都扑在了动迁户的身上，就连吃饭的时间都让乡食堂工作人员送到工作现场。机关干部既风趣又实在地说，我们真是好话说尽、道理讲尽，把动迁户看得比自己的亲人还要重要，简直把心都交给他们了。

真情实意感动百姓

终于，机关干部的一番真情实意打动了动迁户的心。5 日、6 日动迁户陆陆续续地赶到了签约地点。7日是签约的最后一天，乡党委、乡政府明确了所有机关干部一定要坚守到零点。晚上8点前又来了几户，23点，乡党委书记和乡长同机关干部商量决定再一次上门做工作，并且带好预约单，明确只要在时间期限内答应签约、登记预约单后，同样可以享受全额优惠待遇。

深夜里，当机关干部拿着预约单，不辞辛劳地摸黑走在乡间凹凸不平的泥道上，那种一心为动迁户着想的工作热情深深地打动了动迁村民的心。他们动情地说："我们服了！从一开始，我们认为你们机关干部来做工作只是走过场，走走形式而已，但没想到你们工作这么认真、坚忍不拔。在这期间你们受了多少委屈我们也知道，人心毕竟是肉长的，看着你们晒得越来越黑的皮肤，还听说一位女同志被狗咬伤了脚，我们有时想想真觉得难为情。我们也承认我们老百姓有些举动确实有点过分，其实我们大家都明白，在动迁中老百姓的确得到了不少的实惠。"

在最后两天的签约时间里，在机关干部中出现了让动迁户感动的有趣画面。就是3～5人一组的机关干部他们把工作做了分档，每组派一位同志在签约现场，其余的继续到还没签约的动迁户家中做说服工作。只要哪户动迁户同意签约，便马上派车接他们。因为最后两天是签约的高峰期，在签约现场的机关干部只要看到自己所负责的动迁户来签约，就像是见到了久别重逢的亲人一样马上快步相迎，出现机关干部之间抢着为自己蹲点包户的动迁户排队签约的镜头。

机关干部的满腔热情，终于换来了老百姓的真诚理解和配合。从一开始的冷脸相对，到后来主动和机关干部热情打招呼，这一转变过程凝聚着机关干部多少汗水。当动迁户办好签约手续，一个个笑着同机关干部告别时，从他们口中吐露出来的那一声声谢谢，使机关干部们心潮起伏、感慨万千。那是老百姓对机关干部的最大的安慰和赞扬，不少机关干部悄悄地擦掉了百感交集的泪水。

2004年的动迁在披荆斩棘中走了过来，也积累了不少的工作经验，为今后的动迁开了个好头。

迎刃而上再接再厉

2005年是大动迁的延续年，机关干部继续发扬了面对困难迎刃而上、越挫越勇的战斗精神。动迁工作展开后，机关干部几乎没有了休息日，就连每年举行的团拜会都取消了，工作直至大年三十晚上。但机关干部谁也没有怨言，看着在自己的努力下，困难被一个个地解决，他们的心里感到了无比欣慰。乡党委书记施永根为了解动迁百姓心中的想法，他多少次走进百姓家中，和他们亲切交谈，倾听意见。并根据长兴乡复杂的情况向上级领导和相关部门提出建议,为动迁百姓争取优惠政策,让动迁百姓得到更多的实惠。在两个签约高峰期,他连着几夜都亲临现场,向动迁百姓致意问好,感谢动迁百姓的大力配合。就连大年初一这一天,他也惦记着动迁百姓,冒雨特地从宝山家里赶到动迁百姓家中看上一看,了解动迁百姓暂住在过渡房中的生活情况,送上他的问候和祝福,和动迁百姓共度春节的欢乐祥和。那时宝山区的领导赞扬长兴乡的动迁之所以能取得难能可贵的成绩,主要是领导重视、方法得当、各相关部门全力以赴支持。

2006 年是长兴乡的第二轮大动迁。这年的动迁所涉及的有长江隧桥、凤丰东路、自来水厂、上海港机、振华港机长兴基地扩建等工程,涉及团结、红星、北兴、先进、丰产、新港、长明、同心 8 个村,动迁户数 816 户,特点是范围广、难度高、时间紧。

积累了第一轮大动迁的工作经验,长兴乡 2006 年的动迁工作开展得可谓是得心应手,虽然也难题不断,但参与动迁工作的同志发扬了不怕苦、不怕累的精神,发挥了他们的聪明才智,克服重重困难。无论是做动迁户的思想工作,还是在实际的操作中,每个村都有一套既让动迁户接受、又和政策相适应的方式方法。村与村之间也相互沟通、取经,大家目标一致,就是要打好 2006 年动迁这一仗。

齐心协力　顾全大局

连着几年的动迁,长兴乡的广大群众对动迁也有了充分的了解,更加明白大发展带来的大动迁,是国家发展建设的需要,是每位老百姓共同的责任。2006 年涉及动迁的农民对动迁呈现了高涨的热情,他们对政府的动迁工作配合默契,表现出了识大体、顾大局的思想境界。在 2006 年开展的动迁工作中展现了干部勤勤恳恳、踏踏实实、全心全意为民服务,老百姓欢欢喜喜、和和气气的动迁局面。乡党委书记施永根、乡长秦文新也经常走进动迁农民家,亲切随和地和动迁农民拉家常,倾听动迁农民的心声,征求动迁农民的意见,也强调村干部一定要如亲人般关心动迁农民,及时帮助解决他们的困难。

长兴乡顺利推进动迁工作,也非常感谢上海市房地产估价事务所有限公司和崇明征地事务所的干部和工作人员,在整个动迁过程中,他们兢兢业业、任劳任怨,夜以继日地工作。乡机关里参与动迁工作的同志也放弃了休息日,为的就是要早日完成动迁工作。

在长兴大建设、大发展的非常时期,有多少同志在平凡的岗位上做出了不平凡的业绩。

2007年又是长兴乡动迁工作忙碌年，动迁涉及的工程有上海港机、青草沙水库、商品房基地、配套房基地、新镇区项目、隧桥二期工程等，涉及动迁户800多户。

虽说现在的动迁工作有前面的经验可资借鉴，但矛盾难题还是层出不穷，主要难点是有一部分动迁户存在着签约越后得利越多的片面想法。这种现象严重地影响了动迁的进度。为此，乡党委、乡政府多次召开动迁工作协调会，要求动迁办及动迁村拿出相应的解决方法。但在解决问题过程中，一定要坚持原则，确保政策的统一，决不姑息一些动迁户软硬兼施以此获取抬价的行为，要为整个动迁的大局考虑。

按照乡党委、乡政府的指示，乡动迁办与相关村发动了多方力量出面做工作，如，动迁户相关单位的领导、动迁户的亲属等，把这些具有说服力度的人员调动起来，充当推进动迁工作的宣传员。在长兴大开发、大建设中成长起来的一批基层干部起到了至关重要的作用。

长兴乡动迁工作最大的收获就是让老百姓真实地看到了共产党干部时刻把"群众利益无小事"当作工作的座右铭，在老百姓的心中树立起了共产党干部刻苦耐劳、勤政爱民的形象。

动迁工作是长兴乡最近几年的重要工作之一。我们坚信在上级领导的重视和支持下，在干部群众的共同努力下，长兴乡的动迁工作一定会越来越完善，越来越顺畅，使长兴海洋装备岛建设迈上更宽广、更平坦的快速道。

一项特别耀眼的建设成就

徐光明

百里海塘坚如岩，　堤防道路高又宽。
芦竹杉木排成队，　芦青水杨满海滩。
江中丁坝挡水流，　圩内排灌一通天。
南有国企看大门，　北有水库担保险。
遥看今日新长兴，　新旧水利两重天。
饮水思源掘井人，　感谢党的好领导。

历经百年“水害”的沧桑长兴岛，经过建国 60 多年来水务建设的精心打造，昂然挺立在吴淞口外，以格外夺目的岛貌，镇守着祖国的东海门户。回顾长兴岛解放以来的巨大变化，使我们感受最深的当属海塘工程建设。没有 74 公里的坚固海塘当“水上卫士”，就没有长兴岛的今天，当今 13 万人民的生命财产安全就无从谈起，以江南造船厂、振华港机厂为标志的长兴“海洋装备岛”建设就无从谈起，一个海岛特色的社会主义新农村同样无从谈起。

水害，是岛民生存的最大威胁。

长兴岛，原来是由瑞丰沙、潘家沙、石头沙、鸭窝沙、金带沙、圆圆沙这 6 个小沙组成的，它原独立于长江口，各沙四面环海、互不相连，200 多年来历经沧桑仍像一艘打不沉的军舰，昂然挺立在吴淞口外。由于历史原因和潮汛变化难以想象，整个海岛一直处于“南塌北涨、夏缩春长、时小时大、变化无常、游移不定”的自然状态。地理特点决定了它“沙中有沙、岛中有岛、圩中有圩、大小不一、错落有致、弯弯绕绕、以江相依、以河相立”。这种独特的地理环境，又决定着自然灾害频繁发生。20 世纪 70 年代前，基本上“小灾年年有、大灾三六九”。海岛人民吃尽了“海塌、潮没”

苦头，同时也积累了抗灾斗争的宝贵经验。

“水害”，是海岛人民的头号敌人。广大村民深有体会地说：“不怕旱，不怕涝，就怕潮没一扫光。”解放前，历代政府不顾问长兴的海塘建设，围圩开荒时，挑泥成堤，圩岸低狭，标准很低，每逢风潮，岌岌可危。常是江河横溢，地塌人亡。历史上1905年农历八月初三，水位5.67米，一夜之间，一片汪洋，几乎“全军覆没”，岛民淹死三分之一。正如一首民歌所唱：“芦柴茭白海滩荡，七尺圩岸八尺浪，火烧一半海塌光，十年就有九年荒。”

解放以后，至1985年的30多年，海岛上一共出现台风、潮灾15次，其中最严重的灾害有4次。

1949年7月25日，风力12级，风速39米/秒，雨量161.2毫米，水位5.18米。全岛3万亩农田受淹，倒塌4 700多间房屋，淹死130多人，上级发放救灾大米157 734斤。

1962年8月1日夜，受7号10级台风和高潮5.29米水位侵袭，内外圩堤冲坏26.3公里，决口220多次，整个圩堤修复就需要70多万立方米土方。

1974年8月18日，受13号9级台风和高潮5.29米水位侵袭，海塘冲坏19.38公里，决口118处，总长度2 009米，淹没大小圩35个，受淹面积6 756亩。

1981年8月31日—9月3日，受14号11级强台风和水位5.74米特大潮水侵袭，全岛11个圩决口共有18处，总长430米。打坏混凝土护坡3 540米、干砌护坡696米，北沿外堤岸顶损坏约8公里。修复圩堤挑土93.5万立方米。受淹21个圩，计13 995亩，粮、棉损失各半(粮损失22.7万斤)，房屋倒塌58户，共150间，猪棚260间。刚刚筹建的东窑厂全部浸在水里，倒塌厂房1 000平方米，物资废弃。受灾后至9月3日，全公社出动13万人次，突击抢险挑土30万立方米，堵住了所有缺口，修复了被损圩堤，确保了安全度汛。

潮灾是如此的穷凶极恶，海塌更是惊心动魄。

长江口沙洲，是长江中、上游因地形高又是江面狭窄、水流急，它日日夜夜、浩浩荡荡、永不停息，带着亿万吨泥沙向长江口汹涌而下。由于长江口面宽、口大，地势又平坦，水流才缓慢下来。但长江口在水利上历来有南水槽、北水槽之分，在航海上叫南航道、北航道。在这两个航道中间，是缓冲地带，由于江水流速低于每秒20厘米，大量泥沙沉积才形成各小沙涨起来，供给我们移居、围垦、耕种。据说有人耕种，最早是崇宝沙，尔后1843年才有石头沙围垦第一个圩。但是航道永不固定、常有变动。比如南航道，当它在清朝乾隆五年(1740)间向南移动，宝山县城即将塌入海里时，时任县官胡仁济全力以赴组织沉丁坝、筑石护铺，这才保住了城厢镇，人们为了感谢他的壮举，这一海堤 280 年来至今都叫“胡塘”，不叫“海塘”。同时吴淞口外，当乘市轮渡年代，天天能看到的两侧伸入海里长长的石硬（东边石硬被外高桥当作圩堤岸围在底下，所以见不到了）也是在航道南移时建起来的；当南航道在 20 世纪 50 年代缓慢地向北移动时，到 1963 年瑞丰沙全部塌入海里。它是离吴淞口最近，相互间鸡犬之声相闻。1925 年围垦第一个圩到 1949 年，已发展到耕地面积 6 000 多亩，已有 4 个自然村。但从 1949 年起，塌势逐渐凶猛，持续 14 年整个瑞丰沙全部塌入海里，消失得无影无踪。幸亏在共产党领导下，大部分居民分别迁到光荣、长征、泮石、建兴等村安家落户。1960 年秋季从石头沙开始，政府拨款、规划在长兴岛四周海岸，先后花了 20 多年时间沉丁坝、建防洪墙，才顶住风浪对圩堤的冲击，稳住了塌势。使全岛人民安居乐业，也安心于各行各业、各条战线正常工作。

海塘，是一项特别耀眼的建设成就。

造成“水害”主要原因，解放前粮户组织佃农围垦挑岸堤时，根本没有防台风、防大潮的高标准要求，加上佃农自吃饭、无报酬给粮户挑岸，所以不愿意多挑、多做，而是相互间介绍如何少挑泥的经验。比如在掘泥、均泥时，把块块泥块竖直，竖直才能留空隙（岸窟窿）。小的 10 厘米空隙那是普遍的，大的空隙可放一只锅子，那是个别的。只要在汛期即使没有风浪照样会决堤。再加上岸堤低、矮、窄，那时只要遇上台风、大潮、大雨，圩堤决口潮没就此发生。为了解决旧社会存在问题的堤岸，解除人们在大灾面前提心吊胆的心理负担，保护人民生命财产，党和政府最理解百姓心情。在 1960 年长兴公社正式组建“长兴海塘工程队”，同时组建从浙江专职运石头船队，就是说用浙江石头把长兴包起来。政府发动群众、组织群众，大规模地开展以海塘工程为重点的水利建设运动。

早在 1949 年刚解放，首先成立专职管理机构——名叫“修圩委员会”，重点加固旧时代的低、窄、漏水洞多的危险圩堤。1959 年成立“石头沙海塘指挥部”，1960 年又成立“凤凰海塘指挥部”，1963 年把前两个指挥部合并为“长兴水利工程指挥部（简称水利部）”，1965 年更名为“长兴水利农机排灌站”，1973 年又更名为“长兴水利站”，1985 年更名为“长兴海塘管理所”。总之，有计划、有步骤地开展水利建设。

1964 年开始并港建闸，重点主攻方向——外堤海岸；1965 年开始“油篓口”和圆沙两地土方工程。1976 年，红星大队支部书记王文昌动脑筋、首创革新，试用“机械吹泥机”加固圩堤海塘、围垦新圩不用挨钎、泥络、扁担，获得成功。从此，农民千百年来依靠挨钎、泥络、扁担挑岸加岸成为历史（那副泥络据说被《长兴沙往事》作者黄元章先生赠给崇明博物馆收藏）。早从 1960 年起，个别堤岸有漏洞险段，用钢钎打洞灌浆，以减少土堤漏洞隐患，防止出现“千里长堤溃于一穴”。1973 年 5 月，在德龙圩至祥字圩南沿 4 187 米的海堤上，钻眼 3 000 米，灌浆 18 000 眼，效果比较显著。从 1977 年开始，推广机械化灌浆加固圩堤。到了 1985 年，环岛圩堤普遍达到“八·五”标准，即堤顶高 8 米、堤顶宽 5 米，同时做好石护坡。从 70 年代开始，海岛水利建设的项目逐步增加，在修建海塘的同时，兴建丁坝 74 道，总长 8.7 公里，护坎 37.51 公里；兴建水闸 6 座，涵洞 20 座，排涝泵站 24 座。至 1986 年，单海塘工程建设投资总共用去 3 421 万元。在 1985 年以后的 20 多年间，全岛海塘大堤以逐步渐进的速度，全部改用更科学的“翻浪墙”，防大汛、抗大灾的能力又有了大幅度的提升。

建塘很重要，护塘更要紧。全岛建立了 10 个养护段，护堤、护林、护滩。在近万亩的滩地上播种防浪作物，保护大堤安全。大堤加固了，水灾减少了，人民安居乐业了，新农村建设加快了。说成就，话成就，海塘工程建设是一项最耀眼的成就。做水务人，是我们最大的光荣。

新中国成立以后，长兴水利建设的巨大变化，无可辩驳地证明，没有中国共产党，就没有社会主义新中国；没有社会主义，就没有今天的高速发展；没有改革开放，就没有水利建设的历史性变化；没有环堤海塘做保护，人民生命财产安全就得不到保证。历经“水害”沧桑、沉睡百年的海岛，如今芙蓉出水、生机勃勃、风光无限。它的名声已经响彻上海、响彻全国、响彻世界。

抚今追昔，心情无比激动，展望未来，更加壮志满怀。长兴岛从“水害”变为“水利”的历史性变化，凝聚了几代共产党人和水利专业人员以及广大人民群众合力治水的心血和汗水，也从一个侧面反映了党领导下的水务建设事业所取得的光辉成就。

作为崇明水务人，随着长兴海洋装备岛和社会主义新农村建设的日益推进，它的担子更重，责任更大。近年来，各大企业相继驻岛落户，既为海岛建设带来了契机，注入了活力增添了气色，又对海塘水务管理提出了严峻挑战。当前，全县上下正在学习全国“两会”精神，我们一定要在党的正确领导下，积极贯彻落实中央一号文件精神，认真总结水务建设的历史经验，全面查找存在的问题和原因，进一步制定整改措施，修订和完善新一轮的水务发展规划，以“全岛一盘棋”的要求，在合力推进海岛建设的同时，同步推进水务事业的快速发展，党员干部和广大人民群众团结奋斗，决心用改革创新的实际行动和出色的工作成绩，向建党九十周年献上一份厚礼！

（此稿原写于改革开放 30 周年，并得奖于崇明县水利局，
本文数字资料取于《长兴乡志》）

长兴岛从粮棉岛蜕变为“三个功能岛”

徐忠如

自勤劳的长兴人民将分散的6个沙连成一体后，经历了由粮棉岛向柑橘岛、旅游岛、港口产业岛、海洋装备岛、生态水源岛、景观旅游岛发展历程，从而使长兴岛犹如镶嵌在长江口的明珠大放光彩。

长兴岛是长江南水道入海口一个岛屿。全境呈带状，面积160.6平方公里，2018年底户籍18 130户，户籍人口40 727人，已登记外来人口65 976人。功能定位：世界先进的海洋装备岛、上海的生态水源岛和独具特色的景观旅游岛。

“芦柴茭白海滩塘，七尺圩岸八尺浪，火烧一半海坍光，十年倒有九年荒。地主逼债如虎狼，土匪强盗逞凶狂，妻离子散泪汪汪，穷人生活如火炕。”是1949年前长兴人民生活真实写照。

回眸70年来，长兴人民在党的领导下取得的成就，是新中国成立70年的一个缩影。长兴岛由粮棉岛向柑橘岛、旅游岛、港口产业岛、海洋装备岛、生态水源岛、景观旅游岛发展，成为富有特色的现代化岛屿。2018年全年实现增加值78.7亿元，镇级财政收入14.7亿元，农村居民家庭人均可支配收入27 704元。

一、粮棉岛建设时期(1949—1984)

1949年6月1日，中国人民解放军33军某团，在陈绍龙团长率领下，奉命飞渡长江，解放了长兴岛诸岛。此后，长兴经过土地改革、大跃进、人民公社、“文化大革命”，改革开放诸历史阶段。长兴人民开展粮棉种植和连岛建设，围江固堤使分散孤立的石头沙、瑞丰沙、潘家沙、鸭窝沙、金带沙、圆圆沙6个沙洲联成一体，筑起59公里固若金汤的海塘。

连岛围垦。从新中国成立起,政府大量投入连岛海塘建设。鸭窝沙与潘家沙,是1946年以建木桥形式连起来的。鸭窝沙与金带沙连接,是1958至1960年担土筑堤建桥,后在桥西边建造水闸一座,名和平闸。金带沙与圆圆沙连接,是1965年10月建控洪大坝,长550米。潘家沙与石头沙连接,是1966至1972年建两条大坝,一条是1966年到1969年间,先筑一条大洪低坝,促其洪底淤浅;另一条是1971年12月14日动工,至1972年1月4日竣工。人工担土筑成632米潘石大坝,使有“西伯利亚”之称的孤岛投入大岛怀抱。石头沙与瑞丰沙连接,是1965至1968年筑小洪低坝,沉排抛石筑成。瑞丰沙与潘家沙之间低坝于1968年合龙。1973年3月14日,瑞潘大坝和瑞石大坝先后建成,堤坝总长1 776米。围垦荒滩1 200余亩。天然小洪变成大型养鱼塘。1979年围垦长征圩1 700亩、四化圩300亩,滩涂变粮田。

“四类”分子摘帽与联产承包责任制。1978年12月25日开始,各级干部学习十一届三中全会精神。长兴153名“四类”分子摘帽。在土地、大型农具集体所有基础上,实行按户联产承包责任制。1979年到1983年,先后对大田生产恢复“小段包工,定额计酬”,试行“包工到组,联产计酬”的家庭联产承包责任制。

基础建设。1979年5月,凤凰自来水厂建成。1983年10月,长兴改水站成立。为改善办公条件,长兴人民公社办公楼在1982年9月建成。

社会事业。1979年1月1日,社办企业职工试行养老金制度。1982年,社会保障工作委员会、福利基金会成立。为繁荣文化,文化管理站于1982年9月建成。1983年10月,在新港村原部队营房建设长兴敬老院。

社办企业发展与更名。80年代前,企业主要是粮、棉、油、服装、农机加工、修理。1980年到1983年先后建起毛纺织厂、保温瓶胆总厂、制罐厂。成立商业公司、工业公司、建筑劳务管理所、第三修建队、土石方修建队。联办修建队,更名第二修建队。水利站海塘工程队,更名市政工程队。

圆东大队成立与部分村更名。1980年圆东大队,由合心大队4、9、10队与鼎丰大队4、9、10生产队合并而成。为避免地名重复,胜利大队改为潘石大队,光明大队改为石沙大队,新兴大队改为新港大队,先锋大队改为先丰大队,海星大队改为长兴渔业大队。

学校建设。接管6所私立小学,1958年建公办小学7所,民办小学10所,建长兴中学。1966年设立长兴中学潘石分校。1967年农中圆沙分校成为长兴中学圆沙分校。1975年创办长兴中学长明分校。1978年5月三所分校脱离长兴中学成为潘石中学、圆沙中学、长明中学。1982年长明中学改为长兴职校。1984年幼儿教育大楼落成。

1984年4月2日到3日,乡第一届人代会第一次会议召开。3日下午,举行乡政府挂牌仪式。长兴人民公社改名为长兴乡人民政府。

二、柑橘岛建设时期(1985—1999)

农业结构调整与土地承包。1985年,三熟制改二熟制,减棉14 267亩,种植水果3 446亩,其中柑橘3 392亩,1987年全乡无棉花种植。1999年5月,召开延长土地承包期30年不变会议。全乡开展农村土地承包,与农户签订土地承包合同。

社会事业。1985年5月,成立颁发居民身份证办公室,对1969年12月31日前出生的公民身份登记。1987年6月下旬,火化场建成。1989年冥园获准与新港村合办。1993年重建合作医疗保健制度。

经济发展。1985年9月,水利工程队成立。1987年5月3日,成立经济联合社。撤销公社管理委员会。1997年5月24日,粤海金鹰船务公司围堰开工。5月28日,沪兴油脂厂股份合作产权制度改革。1997年泰和经济发展区成立,实现实体项目落地和招商引税"两条腿走路"发展经济。1998年9月21日,资产经营投资公司成立。

交通设施。1985年4月,运输装卸公司在长兴与横沙岛之间设过江摆渡。1988年6月30日,公交凤潘线延伸联席会议在石沙村召开后,该路段开通。1990年潘圆公路拓宽工程竣工。1994年10月16日,旅游公司引进高速船"飞翼"号试航成功。1995年4月6日,马家港码头改建。1998年12月30日,车客渡码头筹建工程启动。

电信建设。1986年11月,新增400门自动电话机,电话扩大到800门。局间中继线33根,实装电话机484只。1993年程控电话建成开通。

基础设施建设。1990年2月,台湾渔民接待站动工,1991年5月30日开张。文化馆于1991年7月落成开放。7月开工的仿古牌楼"凤凰楼"建成。1992年6月液化气站成立,首批200户用上液化气。1994年1月2日,税务所大楼竣工。8日,加油站开业。3月27日,经贸中心大楼、会议中心、凤滨路桥、上海特技城、敬老院开工。1995年7月28日,乡机关干部搬入经贸大楼。10月25日,乡政府将原办公大楼及辅助设施无偿移交中心小学。1995年3月25日,天主教达尼老堂开堂典礼。1996年7月11日,青草沙围垦工程竣工,新增土地240公顷。1997年4月20日,第一批农民住进凤凰镇区。8月8日,电厂扩建工程开工。1998年11月18日,两台 1.2 万千瓦燃煤发电机组相继建成发电。

学校建设。1998 年 9 月 1 日,潘石中学停办,学生并入长兴中学。2000 年 4 月 7 日,长兴中学、中心小学改建。教育设施实现标准化。

旅游业兴起(1989 年 10 月—1998 年 10 月)。人称长兴为旅游岛。从 1989 年到 1997 年,每年 10 月到 11 月举办柑橘节。由长兴柑橘节升为上海柑橘节,成为上海十大节庆之一。1994 年长兴柑橘节,接待 655 个单位,1 649 名来宾。11 月 10 日至 21 日,开展"长兴人民看长兴"半日游活动,120 多个单位 4 100 多人参加。1995 年上海柑橘节于 10 月 28 日在吴淞、长兴同日开幕。孟建柱等出席吴淞开幕式,与 500 名嘉宾一起乘船来长兴岛。29 日,美国、加拿大、法国、瑞典等 9 个国家 17 名专家和留学生,到先丰村高龙官等 4 户农家,当一天农民。

旅游规划。1990 年 11 月 7 日至 8 日,朱镕基在长兴,提出要把长兴建成"鱼米之乡、花果胜地、旅游景点"。1991 年 12 月,黄菊亲临长兴,提出把长兴发展纳入上海整体发展规划,指示长兴岛发展旅游业前途广阔,旅游业一定要规划好。1997 年初,凝聚着众多专家、领导与群众智慧的《长兴岛域旅游发展总体规划》确定。

乡党委、乡政府从 1995 年起,探索以港兴岛发展思路。1998 年,提出发展岛域经济"八大"规划,其中优先发展 3.5 公里深水岸线,实施"以港兴岛"经济发展设想。将旅游岛规划,向产业岛规划调整。1999 年 9 月振华港机领导来长兴考察,商谈建设港机生产基地事宜。

三、港机岛建设时期(2000 年 11 月—2005 年 7 月)

港机建设。2000 年 11 月 28 日,振华港机长兴基地开工,2001 年 3 月投产,利用岸线 3 500 米。凤凰工业园区配套生产基地建成。

基础设施。2001 年 8 月 8 日,长兴岛大酒店揭牌。2002 年 1 月 28 日,信用社大楼启用。2005 年 5 月 1 日,亮起交通"红绿灯"。4 月 20 日,供电公司 220 千伏长兴变电站投运。使长兴电力从原来 3 万千瓦升到 20 万千瓦,解决大企业入驻面临电力缺口。5 月 18 日上午,动迁房"江南清水苑"打下第一根桩。

深水岸线进一步开发与中船进入。2001 年 11 月 22 日,市长徐匡迪率有关领导来长兴,就深水岸线开发规划进行调研。2002 年 8 月 27 日,市委书记黄菊,副市长韩正等领导来长兴调研。2003 年 6 月 27 日,国家发展和改革委员会领导来长兴考察江南船厂选址地。11 月 18 日,中船长兴岛造船基地,8 公里岸线围堰吹填开工。2004 年 2 月 26 日,9.083 公里围堰大堤合龙。2005 年 6 月 3 日,5.6 平方公里,中船造船基地一期工程江南长兴造船基地开工典礼在长兴岛举行。

中海长兴修(造)船基地启动。2005 年 1 月 15 日,中海长兴修(造)船基地滩涂圈围工程启动,围堰吹填 729.7 亩。

动迁工作。2004 年 5 月 11 日,副市长周禹鹏,来长兴考察中船长兴造船基地建设和动迁。13 日,乡党委、乡政府在同济大厦召开中船造船基地动迁动员大会。2005 年 3 月 1 日下午,宝山区区长吕民元,副区长斯福民率区房地局、劳动保障局、规划局和罗泾镇等单位到长兴召开推进动迁专题会。

隧桥建设。2001 年 5 月 17 日,市隧道设计研究院设计所所长张毅等 6 人来长兴,对沪崇苏通道长兴段走向现场踏勘。2004 年 12 月 28 日,上海隧桥工程正式启动。

学校建设。2003 年 10 月,江南船厂技校与长兴职校联合办学。2005 年 4 月 12 日,长兴职校举行"江南造船集团职业技术学校长兴分部"揭牌仪式。

社会事业。2001 年 4 月 5 日,全乡开展平坟移墓。2003 年 2 月 15 日,向市第十二届人大第一次会议,提交《关于长兴、横沙两岛享受海岛政策的建议》提案。12 月实施"阳光工程",为 60 岁以上老人发放生活补助金 208 万元。

三岛联动。2005 年 3 月 18 日,崇明、长兴、横沙岛三岛联动被国务院批准。5 月,市委、市政府宣布三岛联动,长兴、横沙划入崇明。6 月 8 日上午,县长孙雷率接收组来长兴调研。7 月 11 日,县四套班子为长兴乡党委、人大、政府挂牌和授印。

四、海洋装备岛建设时期(2005 年 7 月—至今)

社会事业。2007 年起乡村医生全部纳保。2008 年 1 月 8 日召开创建全国优美乡动员会,进入 7 月,结合迎世博、百镇千村环境整治,兴起环境建设高潮。开展美丽乡村建设,全国文明城区、全国文明城市、上海市和全国卫生镇的创建。建成社区事务受理中心。2017 年 12 月 19 日上午,为满足长兴、横沙两岛人民和驻岛企业职工医疗需求,长兴人民医院开工奠基。同月 23 日,新的长兴镇社区文化活动中心建成顺利搬入。

动迁工作。2008 年 4 月 15 日,表彰 2004 年以来动迁先进集体和个人,向全乡发出动迁动员令。对乡村二级干部进行动迁政策培训。

长江隧桥工程建成通车。2008 年 5 月 28 日上午,上海长江隧道上行线盾构进入长兴岛接收井,下行线于 8 月份正式贯通。6 月 27 日上海长江大桥合龙。2009 年 10 月 31 日 18 时,全长 25.6 公里的长江隧桥正式通车。

港机建设。2006 年振华港机长兴基地二期扩建。2007 年 10 月 12 日,上海港机建成,2008 年 4 月 10 日,被振华港机收购。11 月 10 日振华港机 4、5、6 期征地 1 350 亩,动迁工作开始。

中海发展。2007 年 1 月 26 日,中海长兴修船基地码头开工,20 万吨级浮船坞"中海九华山号"投产。12 月码头使用。2008 年 11 月 29 日,30 万吨级浮船坞"中海峨眉山号"使用。

中船长兴造船基地一期工程建成。2006 年 9 月 26 日,江南长兴基地三号线开工,2007 年 10 月 20 日,3 条造船生产线建成。长兴造船基地一期工程于 2008 年 6 月 3 日建成,年造船能力 450 万载重吨。

2007 年 10 月 7 日,44 公顷的中船长兴造船基地二期启动工程开工建设。2007 年 12 月 3 日中船长兴造船基地二期工程获得国家发改委的批准,标志着各项筹备工作的开始。2010 年 10 月 12 日,中船长兴造船基地二期工程(第一阶段)一号、二号船坞和临时建材码头项目初步设计审查会在上海召开。长兴基地二期工程(第一阶段)初步设计通过审查,规划年造船能力为 350 万载重吨,分两个阶段建设,第一阶段将形成 200 万载重吨年产能。

2007 年 3 月 29 日,海洋装备产业基地开发公司成立。7.13 平方公里产业园区招商。先期 2 平方公里园区建设。上海海洋装备产业园区招商工作已启动。从 2009 年 12 月 16 日起,先后有上海联海实业有限公司、上海方舟实业有限公司、上海常鑫船舶设备有限公司、上海兴中船用设备制造有限公司和上海润稼科技有限公司等 10 多家企业进驻。2010 年 9 月 29 日,上海长兴海洋装备产业园区总占地 93 400 平方米的职工宿舍楼建设开工。上海润稼国际农产品交易中心经过一段时间的建设、招商与准备,于 2017 年 11 月 16 日至 19 日,与 200 多位嘉宾举行商铺租赁签约,投入使用。2018 年天安智谷上海长兴科创中心项目开始建设,规划面积 957 亩,一期开发运营约 115 亩。

6 600 亩长兴岛北沿滩涂促淤圈围工程已完工,2010 年 12 月 20 日,长兴岛北沿电厂圩土地开发整理项目正式开工,这是葛洲坝集体承建的上海市长兴岛农业复垦项目。一到秋天那里稻浪滚滚,巨型风力发电机组在风力的作用下并网发电。

凤凰新市镇建设。2006 年到现在,先后建设大华佳苑、凤辰乐苑、凤凰商城等住宅区和商场,包含法庭、边防派出所等政府机构的行政一条街,建成消防队办公楼、先丰菜场商业设施、凤凰花苑、市民公园、江南滨江苑、壹街区、基督教丰恩堂,重建凤凰镇老镇。大城小院也正在建设。

2009 年 2 月 18 日,长兴市民公园开工,投资 1 800 万元,绿地面积 28 462 平方米，绿地率83%，建筑面积604.57平方米，设车位50个。

长兴宝莲长兴山庄项目建设、长兴海洋装备产业基地委托动迁，江南职工医院迁建工程委托供地协议签约。农建村、长明村涉及产业园区动迁。危险品码头工程2010年4月28日正式投入启用。2010年4月29日长兴镇18万平方米配套商品房二期项目开工启动，建设1 500套住宅和商业用房。建成平安小学、丰产幼儿园、平安幼儿园。

2010年1月21日，国家一级渔港——横沙渔港开工，成为集渔人文化、渔品交易、餐饮娱乐、滨江景观于一体的特色旅游区域。届时，人们可以在横沙渔港看渔船穿梭进出，品刚上岸的时令海鲜，听渔歌唱晚，这里也将成为长兴岛上一处别致的渔风水岸。建设1个固定泊位和3个浮动码头，共有2个3 000吨级泊位和9个500吨级泊位。

横沙渔港在长兴岛。因在长兴和横沙两岛之间的长江江面水产学上叫作横沙门，所以起名叫横沙渔港。建成2.7万平方米的水产品交易大厅、5万吨的低温冷库和2 000吨的零下55摄氏度以下超低温冷库以及其他相关的配套设施。横沙渔港2014年10月开港。

基础设施。世博长兴岛市政配套项目“三厂一路”：污水处理厂、自来水厂、生活垃圾填埋场、长兴江南大道，于2005年12月26日开工，2007年建成。2009年12月26日，长兴岛十大工程启动，凤凰小镇76万平方米配套房开工。启动建设潘圆公路、南环路、丰福路与合作路等城市道路。总投资在80亿元左右。涉及17个村，动迁882户。

青草沙水库建设。青草沙水源地原水工程由青草沙水库及取输水泵闸工程、长江过江管工程、输水管线及增压泵站工程三部分组成，供水总规模为719万立方米。水库总面积约72平方公里，有效库容5.46亿立方米。青草沙水源地原水工程于2006年9月开工建设，2009年1月2日，青草沙水库大堤合龙。2010年2月4日，经过建设者22个月的艰苦奋斗，青草沙水源地原水工程“主动脉”原水过江管输水隧道全线贯通。12月1日，金海支线按计划率先通水，上海1 300多万市民率先喝上来自青草沙水库的优质长江水。

管委会成立。2008年5月29日上午，上海市长兴岛开发建设管理委员会、管委会办公室、开发建设有限公司成立。市长韩正出席在长兴岛举行的揭牌仪式。对产业发展、基础设施、城镇建设、社会配套、生态保护“五位一体”长兴岛开发建设提出要求。

建成上海长兴岛湿地公园。经过多年建设，2018年7月25日，长兴岛湿地公园建成开园，它东至月牙港路，南至金岸路，西至丰福路，北至三圩河。面积81 421.6平方米，造价4 487.011 6万元。工程由上海市政工程设计研究总院(集团)有限公司负责设计，上海市市政工程管理咨询有限公司负责监理，上海秦森园林绿化工程有限公司负责施工。工程主要由土方、水生植物和陆生植物种植、园路、木栈道、水体、水中小岛、观景平台和管理用房组成。对上海长兴岛来讲，产业是根本，水源是命脉，生态是关键。在环境建设中，湿地具有不可替代的生态学作用，故有“地球之肾”的美称。长兴岛湿地公园把水和林巧妙结合，林与水的结合，打造出“湖在林中，林在湖中”的水森林效果。大规模引种各类杉树，突出公园的大片水杉林特色。在绿化种植配置上，根据植物的季相变化、生态效果，结合地形改造，成片种植乔木和水生植物，乔木有落羽杉、池杉、水杉等；水生植物有荷花、睡莲、菖蒲、芋、再力花、香蒲等，达到四季有景、一步一景的效果。水中的小岛提供了栖息和繁殖的环境。

建成长兴岛郊野公园一期。2016年10月22日，经过一段时间的试开园，上海市首批七个郊野公园中面积最大的长兴岛郊野公园启动免门票试开园。公园位于长兴镇中部，北临生态水源地青草沙水库，总体规划面积近30平方公里，一期工程总面积5.58平方公里。2018年评为国家AAAA级景区。长兴岛郊野公园在设计理念上尊重自然，致力于彰显自然、生态和野趣，景观丰富多变。

建成长兴岛渔港老码头旅游休闲区。长兴岛“渔港老码头旅游休闲区”占地675亩，位于长兴岛横沙渔港渔家乐路渔翔路区域。东邻“长江第一滩”、北接“横沙国际渔港”，地理优势显著。作为上海第一个国家一级渔港的横沙渔港，得到了上海市政府的高度重视，投入运营。横沙国际渔港带来的巨大消费潜力也将惠及作为横沙国际渔港商业腹地的渔港老码头旅游休闲区，其市场价值也将日益凸显。另外，浪漫花海、湿地公园、水上乐园、露营烧烤、草地越野、有机农场、城市农夫等渔港老码头自身旅游配套项目持续完善，一个集休闲、娱乐、观光、美食等为一体的“一站式人文生态”旅游休闲区正在形成。

洗尽铅华呈素姿，返璞归真自生香。离田园很近、去都市不远，恣意生活尽在渔港老码头旅游休闲区。来渔港老码头：观繁花漫锦、水天一色；赏江海缠绵、落日余晖；听涛声涛语、汽笛轻吟；品江鲜海味、余味绵绵。

渔港小镇圆沙动迁配套商品房配套基地建成，2018年底启动分房。2016年1月13日上午，在长兴岛仁建路与渔傲路交会处，圆沙社区动迁安置房07－01、09－01 & 09－02地块项目，“长兴岛圆沙社区动迁安置房开工仪式”隆重举行，长兴岛迎来了圆沙社区动迁安置房的开工建设，这标志着圆沙区域的大开发、大建设、大繁荣的序幕已正式拉开。

圆沙社区动迁安置房07－01、09－01 & 09－02地块项目，位于上海市长兴岛圆沙区域，是上海信筑置业有限公司继“鹭岛华庭”项目之后在长兴岛上建设、开发的第二个动迁安置房项目，其位于仁建路以西，南圆沙路、北圆沙路以东，南圆沙路以北，北圆沙路以南，其中07－01地块项目规划用地面积98 500平方米，总建筑面积216 676平方米，拟建14栋高层住宅楼，楼层为18层，共计1 796户；09－01 & 09－02地块项目规划用地面积68 763平方米，总建筑面积139 817平方米，拟建10栋高层住宅楼，楼层为17层，共计1 156户。本项目居住区规模巨大，整体风貌围绕“西班牙风格”建造，在长兴岛大格局风貌的统一下，具有自身的建筑与环境特色，拥有较高的可识别性，使得本岛居民具有鲜明的归属感。

长兴岛圆沙社区07－01、09－01 & 09－02地块于2015年12月获得项目施工许可证，2016年1月正式动工，将于2017年7月竣工。

渔港小镇圆沙动迁配套商品房配套基地。

长兴岛圆沙社区动迁安置房01－04、02－01地块项目，是为配合中船长兴二期工程的动迁需要而开发建设，用地东至仁建路、南至渔翔路、西至跃进港、北至渔歌路，项目总用地面积16.33万平方米，总建筑面积36.5万平方米，总投资约17亿元。

项目新建18层住宅22幢、2 900多套，容积率1.75，绿地率30.1%。项目于2016年6月开工建设，于2016年11月出正负零，2017年5月封顶，2018年底交付使用。

配套的圆沙小学、圆沙幼儿园也已建成，2018年9月投入使用。另外，建成江山美宸，对圆沙社区文化分中心、社区事务受理服务分中心、为老服务中心及镇市民健身中心进行选址。

未来长兴岛，将开通轨道交通，形成“一核”“一轴”“三片区”功能布局结构，“四化”建设；以及“一个新市镇、三个居住社区、四个中心村”三级居住体系。“一核”：凤凰镇中心区是公共服务设施完善、景观环境良好的城镇公共活动功能核心区，将东西两个镇区联为整体。“一轴”：潘圆公路既是贯穿全岛交通干道，又是南部城镇和产业区与北部生态区主要分割界面，起到功能发展轴和生态景观轴双重作用。“三片区”：长兴岛南部为产业基地，中部为城镇区，北部为生态区。“一个新市镇”：为凤凰新市镇（包括镇东区、镇西区），是经济、文化和社会服务中心，将建成为现代化海岛城镇；“三个居住社区”：为圆沙居住社区、配套产业基地和振华港机基地生活区；“四个中心村”：为创建、长征、光荣和大兴村。“四化”建设：工业化承载海洋强国梦想、城市化引领城市和谐生活、生态化建设健康美丽家园、海洋文化塑造升华海派精神的建设。

城镇风貌将依托岛屿“蓝天碧水、橘林飘香”的自然风光，抓住“塔吊林立、巨轮远航”的现代产业景观特点，凸显岛屿小镇“白墙红瓦”的建筑风情。进行长兴岛郊野公园后续建设。

市委、市政府明确长兴岛开发建设应当贯彻落实科学发展观，按照构建社会主义和谐社会的要求，紧紧围绕产业发展、基础设施、城镇建设、社会配套和生态保护“五位一体”的目标任务，继续努力建设“长兴三个功能岛”即：世界先进的海洋装备岛、上海的生态水源岛和独具特色的景观旅游岛。

在市长兴岛管委会，崇明区委、区政府，长兴镇党委、镇政府的正确领导下，依托驻岛大企业，长兴的发展正面临千载难逢的历史性机遇，长兴人民正在为“热爱海岛、建设海岛、振兴海岛、繁荣海岛”而建功立业。长兴，这颗长江口的明珠将成为崇明、长兴、横沙三岛的“门户岛”“中枢岛”，海岛经济特色正在快速形成。

（2019年5月5日）

一份来自凤辰乐苑社区党支部的报告

龚宇峰

凤辰乐苑社区，位于长兴镇中部，居委会办事处设在长橘路461号3楼，距镇人民政府所在地1公里。社区占地总面积143 496.9平方米，以长橘路为界，划分南北两块区域，整个社区共有145个门栋，1 814套住房。凤辰乐苑社区始建于2006年6月。2009年3月安置10个动迁村的居民入住。2016年，凤辰乐苑社区居委会成立。社区共有居民小组20个，居民3 784人。凤辰乐苑社区境内有御岛大酒店、农工商超市等。2015年起，凤辰示范社区先后被评为崇明区文明小区、无群租居住小区，2017年被评为上海市级科普示范小区。

总结2018年度工作，凤辰乐苑社区党支部，在长兴镇党委、镇政府的正确领导下，深入贯彻落实党的十九大精神，以习近平新时代中国特色社会主义思想为指导，切实加强社区党的建设，充分发挥社区党支部的凝聚力、战斗力，努力开创社区党建工作新局面，现就一年来工作汇报如下：

一、班子基本概况

凤辰乐苑社区党支部现有在册党员61人，其中女党员9名、在职党员10名、退休党员51名。两委班子成员5名、后备干部2名，其中党支部书记1名、副书记1名、委员1名，居委主任1名、副主任2名、委员1名。社区坚持以党建为引领、以阵地为根本、以活动为载体、以服务为抓手，努力打造一个幸福温馨的美好家园。2018年，我们获得了崇明区文明小区、崇明区五星级假日学校、崇明区优秀志愿服务项目、长兴镇基层党组织服务群众优秀案例、长兴镇凤凰智慧女性优秀服务团队等荣誉称号。

二、主要做法及成效

(一) 围绕党建任务,夯实基层基础。充分发挥社区党支部教育管理党员的主体作用。一是组织党员上学习十九大精神专题党课4次,在支部党员中形成浓厚氛围;二是围绕“两学一做”学习教育,开展专题组织活动共16次,把学和做有机结合起来;三是认真开展“主题党日”活动12次,确保活动月月有、主题次次清、人人能收获;四是认真落实党风廉政建设责任制,开展反腐倡廉教育12次;五是及时对党费收缴、使用和管理工作开展自查,完成问题整改。

(二) 建立健全制度,推进规范管理。建立健全“四会一评两积分”制度,全面推进社区治理规范有序。一年来召集社区、业委会、物业公司三方联席会议4次,进一步明确党支部的领导,发挥“三驾马车”在社区管理中的积极作用。邀请驻区单位召开区域化党建联席会议3次,形成垃圾分类宣传、消防宣传等共建项目10项,开展“区域联盟·筑梦青春”等各类活动10余次,有效提升了社区居民的幸福感和获得感。组织社区党员、居民议事会4次,听取社区党员、居民代表的意见和建议。每周一例会总结上周工作及安排本周工作,并对重大问题进行商讨决策。通过民主测评接受党员、居民的评议。对党员、志愿者采取积分管理,使党员服务、志愿服务全面覆盖,推进居民自治常态化、规范化。

(三) 依托叶脉工程,突出党建引领。将党建服务与民生服务有机结合,通过网格党建规划布局,积极打造“‘为老+’服务”党建特色品牌:即开心站(老年活动室)、放心站(卫生服务站)、称心站(为老服务站)、舒心站(块区党建服务点)、爱心站(巧妇娘梦工坊)“五站式”为老服务品牌;培育符合居民需求的“夕阳歌会”“长者书法”“编织世界”“凤辰讲坛”“走进E时代”等五项目文化服务品牌;形成“常春藤生日会”“便民服务日”“相约健康”三个便民服务品牌。建立了“垃圾分类,我们在行动”“绿色之肺·我认养”“文明之家·我分类”“江河之岛·我参与”四支党员志愿服务队伍。每月15日开展服务群众专题日和“主题党日”活动,开展免费磨刀、义务理发、废旧电池换绿植、测量血压等志愿活动。打造了“百言堂姐妹议事会”“巧妇娘梦工坊”“小英关爱联盟”“萱草花爱心妈妈”四个特色志愿服务项目。共组织开展了“诵读经典,爱我中华”“垃圾细分类知识好趣味”“垃圾分类游戏”等各类公益活动30余次。今年支部与江南长兴造船厂有限责任公司、长兴文广站、长兴市政市容所、长兴消防中队、长兴幼儿园、上海汇虹物业公司结为区域化党建联建单位,通过双向服务机制,根据服务对象的不同需要,有针对性地开展了如“弘扬雷锋精神·同创文明城区”“生态环境我来护·美好家园我来建·区域联动助创城”等主题活动10余次,促进社区共治。

(四)传播道德风尚,推进文明建设。一年来,广泛开展了创全国文明城区、创全国卫生镇、移风易俗、五星级文明户等宣传,开展道德讲堂、我们的节日、评选瀛洲好人等活动,推进社区居民的文明素质不断提升。共组织开展我们的节日春节之“红红火火过大年”、重阳节之“爱在重阳情暖社区”、道德讲堂之“冲冲说创全、移风易俗宣传”等活动12次。关爱未成年人成长是文明建设的重要内容,支部利用假日学校,借助社区共建单位资源优势积极关心未成年人的成长。2018年我们社区以“做时代好学生,展暑期真风采”为主题,共开展了“艺术纸伞我先画　文明宣传我先做”“垃圾分类我先行”“少年文明先锋号吹响禁烟集结号”等活动15次。

(五)实行群防群治,共建平安社区。一是建好工作平台。社区居委会内设有社区警务室和调解室,设2名外来人口协管员,对外来人口实行登记办证。小区内平安志愿者定时巡逻,负责排查小区不稳定因素,并将观察到的社情反馈给社区居委会,为社区综合稳定工作提供最直接的信息。二是建好工作网络。支部详细划分了党员责任区、楼组长责任区、志愿者责任区、保安巡更点。通过细化网格设置,发挥网格的信息收集、矛盾调解、治安防控、医疗咨询、服务群众等各种作用,清除社区治理与服务的空白地带。三是建好工作队伍。坚持“专群结合、群防群治”的要求,成立了多支群防群治队伍:一支由8名老党员和群众组成的校园平安志愿者队;一支由40名党员、楼组长、居民组成的平安志愿者队分散在南、北二苑,按照划分的责任区,白天佩戴红袖章,进行不定期巡视;夜晚,则由物业公司保安按照南、北二苑进行巡逻,在重大会议、节日期间,社区会增派平安志愿者进行夜晚巡逻,确保小区一方平安。

(六)加强社区建设,办好民生实事。首先,社区已完成高层消防设施改造和无障碍设施改造工程,加强社区基础设施建设。其次,通过规范和完善临时救助、教育救助、医疗救助、法律援助等制度,严格低保低收入申报、审核、评议程序。目前,小区共有19户39人享受低保,8户10人享受适当补贴和照顾待遇。再次,及时、准确更新维护求职人员信息档案,做好相关就业资源、求职登记记录,今年已有5人成功就业。最后,社区现有老年人80周岁以上100人,90周岁以上14人。社区坚持做好老年人夏季防暑降温、重大节日慰问(年节、端午、中秋、重阳)及“敬老月”活动等工作。重阳节期间累计走访发放慰问金2万元。另外,社区为70名老伙伴服务对象配置14名志愿服务人员。

三、存在的不足

今年以来，在抓社区党建工作方面虽然取得了一定成效，但与上级要求和居民期盼相比较，仍有较大差距，主要体现在：一是党建工作重视程度有待进一步加强。二是党员的教育管理有待进一步提高。社区里的大多数党员来自农村，年纪偏大、文化程度不高，且有些退休党员常年居住在市区，集中学习时间难以保障，党员的教育管理没有做到常抓不懈。三是党建创新意识有待进一步增强。社区党建工作缺乏创新，很多工作局限于保稳定，担心出问题，尽管有很多建议设想，但是一直没有认真抓好实施，导致社区全面建设亮点不多。

四、2019 年工作打算

（一）继续深入贯彻落实党的十九大精神，持续深入开展“两学一做”活动，加强党组织建设，进一步规范落实“三会一课”制度和专题组织生活会。进一步创新教育形式，加强党员教育管理。

（二）进一步发挥区域化党建和精神文明单位共建优势。继续加强与区域化党建和精神文明单位的共联共建，联动推进学习教育、为民服务、社区治理等事务，积极发动共建单位党组织和党员到社区参与小区治理。

（三）深化党建“微网格”，引导基层治理。以民生微实事项目为抓手，积极探索以“党建服务＋民生服务＋自治服务”为理念的社区服务模式。在深入 4D 立体党建基础上，夯实党建服务站平台，通过深化党建“微网格”，在社区党建服务点上，整合社区议事、党群活动、为老服务等功能，进一步畅通民意渠道，提供便捷服务，创新党建工作新格局。

在今后的工作中，社区党支部将以党建为核心，以服务居民为重点，坚持“在基础工作中求扎实、在扎实工作中求创新、在创新工作中求实效”，勠力同心、真抓实干、撸起袖子，为提升小区居民的幸福感和满意度继续努力。

（作者系凤辰乐苑社区党支部书记）

奋发有为　与时俱进

——介绍北兴村党支部书记盛祖高的先进事迹

蔡德忠

三年,在历史的长河中,不过是短暂的一瞬。然而,这三年,对北兴村来说,却是记忆犹新的三年、极不寻常的三年。村里经历了巨大的变化,开始摆脱长期徘徊不前的困境,终于走出了低谷,跃上村级经济飞速发展的快车道。这里,我们不能不提起北兴村的带头人——年轻的党支部书记盛祖高同志。他凭着对老百姓的拳拳爱心,凭着一个共产党员的理想和追求,凭着坚忍不拔的毅力和一往无前的精神,带领全体党员和群众,在社会主义市场经济的大潮中拼搏,在困难中奋进。经过三年努力,取得了令人瞩目的成绩。这成绩,凝聚着他的心血和汗水,凝聚着他的智慧和力量。北兴村的老百姓将会永远记住他。

1999 年 4 月 4 日,是盛祖高同志永远难忘的日子。经乡党委研究决定,委派他去担任北兴村党支部书记。盛祖高同志深知这副担子的分量。北兴村是一个困难村,村里欠债近 500 万元。村里只有一个小企业和一个果园,平时正常的开销都无从着落,因拖欠电费和水费,该村常遭到停电、停水的惩罚,要想改善群众的生活根本无从谈起。不少干部知难而退,老百姓更是怨声载道:村里的干部要他们干什么?无数的困难摆在前面,对年轻的盛祖高同志来说是一个严峻的考验。上还是不上?小盛经过激烈的思想斗争,想到自己是一名共产党员,共产党员应该时刻听从党召唤。正因为北兴村有困难,才要我去工作,去战斗。再说,带领群众奔向小康,过上幸福的生活,是我们共产党员的责任啊!他心想,只要方向对头,目标明确,紧紧依靠群众,经过坚持不懈的努力,困难的局面一定会让位于顺利的局面。于是,他毅然决然地服从了组织的决定,就走马上任了。

盛祖高同志下的第一颗棋子,是凝聚人心,树立威信。首先抓党员队伍建设,健全“三会一课”制度，落实“三个代表”的重要思想，把大家的思想统一到“努力发展经济，逐步改善群众生活”的认识上来。其次，狠抓村级班子队伍建设，制定村级干部的工作制度，要求每位干部做到廉洁奉公，勤政为民，办事公道，不谋私利，还做到财务公开、村务公开、干部的收入公开，从而赢得了村民们的信任。

他下的第二步棋子，就是努力发展村级经济。只有经济发展了才谈得上改善人民的生活。这是他的战略思路，也是他认为要抓的头等大事。在乡党委的牵头下，与庙行镇场北村结成了“富村帮穷村，共同奔小康”的对子。在他们的帮助下，又与上海高元仪器厂“结缘”成功，每年可收入 4 万元，解决了村合作医疗费的困难。老百姓看到了希望，看到了村里的干部是真心实意为老百姓服务的。

作为北兴村的领路人——党支部书记盛祖高，为带领群众发展经济，他一心扑在工作上，常常废寝忘食。只要村里的老百姓能过上好日子，他干什么都拼着命。听说出口日本的白葱有效益，一下子示范引种 70 亩；听说银杏经济价值高，便北上如皋搞了 3 200 棵银杏苗栽种；从网上获悉种仙人掌好处多多，就南下萧山，买了 4 000 片种片回村种植；他看到种植蔬菜在长兴岛上有广阔的发展前景，积极引导村民种植。要迅速改变北兴村的贫困面貌，最有效的途径是搞“招商引资”，这最符合北兴村的村情。因为北兴村既无经济实力，又无设备和能源，更无科教人才，只能是“借鸡生蛋”“筑巢引凤”，或者说是“空麻袋背米”。话说说容易，但每走出一步，都要付出极大的努力。每当成功一家，付出的心血不计其数。市纺织公司一户企业注册到村的经济开发区就是一例。注册之前，村里还欠他们 120 万元款子。厂家多次催讨未果，村的信誉度几乎是零，要想再合作，从何谈起。我们的小盛同志经历了“看别人眼色”“吃闭门羹”“低税率要挟”“拉锯式谈判”“人格魅力的较量”等多处关口，终于以自己良好的德行、廉洁的作风、诚信的准则、为民办实事的一片诚心，感动了人家，赢得了人家的信任，终于在 2000 年 8 月 11 日正式注册落户。

“精诚所至，金石为开。”北兴村的招商引资步步走向胜利。2000 年 7 家，2001 年达到 60 多家，现在已上升到 88 家，其中有不少具有一定的规模和实力。这为北兴村的发展翻开了新的一页。

北兴村的党支部书记盛祖高同志，是一个事业为重、集体利益高于一切的人。为了招商引资，常年在外，连身患绝症的父亲也无暇顾及。侍奉父亲的重担全部落在年迈的母亲和身体羸弱的妻子身上。甚至父亲在临终前，他还在外面洽谈生意。“自古忠孝两难全。”盛祖高同志在事业和家庭、集体和个人的天平上，总是倾向前者，这表现了一个共产党人的广阔胸怀和全心全意为人民服务的高尚品质。

盛祖高同志时时挂念着群众，时刻想着为他们解决些什么。在他的记事本上密密麻麻地写着该办的事情。有6位90岁的老人,过节时要去看望;有5位癌症患者,要适当给予补助;全村要做好钢渣灰路3公里,需要资金25 000元;农田改造400户人家,需要补贴21 000元;自来水改道4.5公里,需要资金20万元;60岁以上妇女实行免费普查,需要资金多少钱;70岁以上老人享受老年金每人100元,总共需要多少钱。一定要把村卫生室改建好,这是村民的利益所在……时刻想着群众的好书记啊,北兴村的老百姓感谢你!

三年来,北兴村在党支部书记盛祖高的带领下,高举起“三个代表”的伟大旗帜,奋发有为,与时俱进,开始走出困境,群众已经得到了许多实惠。我们完全可以预言,北兴村有这样一位好书记,在党的十六大精神的鼓舞下,团结全村的党员、干部和群众,真抓实干,将会创建更大的业绩,谱写更华美的诗章。

(本文是一篇演讲稿,笔者为长兴乡党委举办的先进人物事迹报告会而作,时间是2005年6月。以后,盛祖高调到长兴镇政府工作,历任副镇长等职,现任镇工会主席)

《田大妈种菜》(小品)

樊敏章

人物:

田大妈　68 岁

张田郎(田大妈丈夫)　70 岁

李元子(上海退休干部、老党员)　75 岁

李小祥(李元子侄子、田大妈邻居)　50 岁

黄书记(社区领导)　54 岁

道具:

种菜刀一把、用细绳扎好的江芦一捆(搭棚用)、小矮凳一只、塑料桶两只、安全帽做的粪勺一把、行李箱小拖车一辆。

幕启

田大妈上:一身农村妇女打扮,头梳小弯子,性格直爽,喜气洋洋上场(挑着一副担子,桶里有菜刀、矮凳等),把担子一放就开始讲

田大妈:我叫田大妈,今年六十八,动迁搬到小区来,总归有点不舒畅。有吃有穿样样有,就是呒得地皮种,心里就像落脱魂。我住勒底楼,门前有一块空地,我要动伊脑筋。为啥?因为别人家空地都勒种菜,我也要动动手。这就叫:行船不来望四方,种田不来看大帮,这块空地我也拾来种点菜。(稍停,四周望一望又讲)政府有大规划,我有我的小规划,让我勒勒这块空地上布局布局,螺蛳壳里做做道场。(一边讲,一边指手画脚做动作。)这里种点青菜,这里种点萝卜,还有这摊里搭一只棚,种点长豇豆,爬点洋扁豆,到晨光长勒成园了,瓜果飘香,引来蝴蝶翩翩起舞,夜里,织布娘娘吱带啊带,筒管娘娘山歌嘹亮,就像住勒老宅上一样,想想心里真开心,用我孙子的话来讲:“真爽!”对,说干就干,撸起袖子加油干!(用菜刀在地

上挢挢，拍拍，种菜，接着用小竹头准备搭棚，这时，张田郎来了。）

张田郎：老太婆，你垦搜摸壁彭勒勒做啥？

田大妈：门口头这块空地上拾来种点菜。

张田郎：啊呀！老太婆，革个菜不好种个呀！

田大妈：人家还勒种，我为啥不好种？啥个道理？

张田郎：人家是人家，吾里归吾里。

田大妈：吾里又奈啦？

张田郎：我是退休的老党员，应该带头勿要乱垦乱种。

田大妈：党员是神仙，不吃个？一天到夜想着社区、集体。一点不考虑考虑自己的事体，倒还讲我勒。

张田郎：老太婆，你又瞎讲了！退休了么，有镇保，养老金也吃勿脱，你这样瞎弄，当心点被我菜拔脱！

田大妈：你敢哦，拔拔看，当心你前脚进来敲断你前脚，后脚进来斩脱你后脚。

张田郎：乌子蛮缠，乌老太婆，讲勿清爽（直摇头）。

田大妈：啥个？当时你眼睛为啥勿张张开？啥人叫你寻我这个乌老太婆格，老实给你讲，来不及了！

（讲罢，田大妈手捂着嘴，转身一笑。）

张田郎：（一边摇着手，一边讲）好好好，我勿脱你讲（自言自语转身就走）。

田大妈：帮忙么勿帮忙，还要乌里马里，死老头子，烧好子搭努搭努比我会吃了。奈各辰光就叫手里动动，嘴里努努。（田大妈一边种，一边兴奋地唱起来。）

花篮的花儿香，听我来唱一唱，
唱啊一唱，
这块空地方啊，我要派用场啊，派用场，
种上萝卜青菜秧，搭起扁豆竹棚棚，
一片绿油油，看看称心肠。哈哈哈……

张田郎：（从门口出来，指着田大妈，面向观众讲）这个老太婆勒勒发痴特，旺郎旺郎，我听听隔夜冷饭都呕出来了！（讲罢，无奈地摇头转身）算了，我出去锻炼身体，打太极拳去特。

田大妈：你归你讲，我归我种，我就不听你，种好仔我还浇点粪水，望伊长快点。

（田大妈做浇粪动作，路上行人都掩鼻而过，还指指点点。）

这时，李小祥拿着手机听电话上场。

李小祥：喂喂，大爷叔，你还有多少辰光到长兴岛？噢，还要半个钟头的样子，好，我先到菜场去买点菜。假使你来得早个闲话，就到隔壁田阿姨格墩等一息。哈？不认得？噢，不认得不要紧，我给田阿姨讲一声，你看到种菜的就是田阿姨，我伲是好邻居。

田大妈：小祥，你电话打拨哈人啊？

李小祥：噢，田阿姨，打拨我上海来的大爷叔，我动迁仔伊头一趟来。我去买菜，转来晚的话，田阿姨，你帮我招呼一声，叫伊等一等。

田大妈：好个，个么你大爷叔来做哈呀？

李小祥：伊想来长兴小区里买一套房子，到长兴岛来养老。

田大妈：个么你大爷叔叫哈名字啊？

李小祥：噢，我大爷叔叫李元子。

田大妈：(嘿嘿一笑)里乱子，还有外豁脚勒。

李小祥：阿姨，你又在开玩笑了，叫李元子。

田大妈：小祥，你晓得个，阿姨喜欢开玩笑，你不要当真。你讲到园子么巧了，今朝我做了两碗萝卜芯圆子，你爷叔来仔我抬一碗伊尝尝。

李小祥：好个，谢谢田阿姨，我买菜去了。(转身退场。)(田大妈还在菜田里干活。)

李元子拖着行李箱出场讲：十年前我来过长兴岛。今朝来，当初的农田和人家都不见了，变成了小区。你看，高楼林立，道路宽敞，绿树成荫，鸟语花香，空气清新，环境优美，到这里来养老，肯定能够长寿，因此我决定买一套房子，叶落归根，安享晚年幸福生活。

李元子一边拖着行李箱，一边朝种菜的田大妈处走过来。

就问：你就是我侄子小祥讲的那位田阿姨，是哦？

田大妈：(朝来人看了一看)你是……

李元子：我是小祥的爷叔，叫李元子。

田大妈：(听到李元子的名字，想起刚才讲里乱子、外豁脚的话，便偷偷地嘿嘞一笑。)

李元子见状便问：你为哈笑？

田大妈：(装腔作势)：噢，噢，我这个人喜欢笑。

李元子：是啊，现在生活好了，笑一笑，十年少，长寿个！

田大妈：对、对、对，李师傅，小祥去买菜了，叫你在这里等一等。(说着将小矮凳递给李元子)来，来，坐坐。

李元子：谢谢！(李元子正准备坐下，一只狗朝李元子汪汪乱叫，李见后往后退了一步。田阿姨见状,连忙从粪桶里拿出用安全帽做的粪勺准备打狗,边讲。)

田大妈:你这只冷串狗,我晓得你咬人勒,我打杀脱你。(没想到,拿粪勺时,打翻了半桶大粪,泼了一地,李正往后退,狗一叫一紧张,滑了一跤,大粪弄了一裤子,田大妈将李扶起。)

田大妈:实在对不起,豪少(快)点拿裤子来换脱,我来汏。(说着往里屋走,慌乱中拿了一条女式的平脚花短裤和张田郎曾经耕田时穿的大腰裤,双手提着裤子走出来,四面一转,讲)这条裤子奈话?

李元子:这条裤子不好穿个。(意思是女短裤不能穿。)

田大妈:这条短裤是新的,奈到不好穿?

李元子:你叫我穿花短裤,给我老太婆看见仔要讨气的,乃么要出大洋相了。

田大妈:啊呀,我拿错了,个么这条好穿的。(又拿起大腰裤抖一抖。)

李元子:田阿姨,看来我要叫依田老太太了!

田大妈:个么你给我换脱。

李元子:好,我去换。(走到幕后换裤子。)

田大妈:不是一家人,还是一家亲。(有点得意扬扬。)

李元子:(换好裤子上场,看看换的裤子,四面一转后讲)这种裤子长到能大头趟穿,体验体验也不错。

田大妈:着仔这条裤子倒蛮像我里老头子,活脱壳落!

李元子:田阿姨,笑话勿要讲了。我要问问你,住进了小区,为哈还要弄这些臭烘烘、脏兮兮的东西进来?

田大妈:啊呀,你不晓得,这是好东西,有机肥料。蔬菜浇仔大粪长得快,长得嫩,呒得污染,是绿色食品,上海人礼拜天开仔车子要到小区来买蔬菜勒。

李元子:田阿姨呀,这里是住宅小区,不是菜园,你勿要搞错精神。

田大妈:我是小弄弄,不要紧的。

李元子:这个小区不像样,外面看看倒是蛮好的,里面乱七八糟,真是绣花枕头稻柴芯,越看越是不称心。

田大妈:你话这哈个闲话?奈个意思啦?

李元子:田阿姨,小区里乱垦乱种,乱搭乱建,朝后点,苍蝇、蚊子、蟑螂、老鼠一大群,容易发生传染病。不要讲人家来买房子了,就是你们自己住着也不称心,你晓得哦?

田大妈:能严重啦?

李元子:都像你这样子,乱垦乱种,乱浇大粪,小区就像一只朝天坑坑,如果有人举报你,你吃不了兜着走。

田大妈:奈啦?游街?批斗我?还有兜着走?

李元子:批斗是不会的,帮你汏汏脑子,叫你不要瞎弄。

田大妈:哎哟,我就叫你声元哥特。(意思套近乎。)

李元子:元哥还从来没人叫过。

田大妈:个么我叫你声元子哥。

李元子:元子哥了,还有刘伯温的烧饼哥勒。

田大妈:叫你元哥不满意,元子哥也不称心,个么我叫你元兄(元凶)。

李元子:啥个?元凶?我变仔坏人特?!

田大妈:不是这意思,我晓得个,你不会坏我的。(话题岔开讲。)

哎,你不是想来买房子的吗?

李元子:是个,不过像你这样子乱垦乱种,糟蹋绿化,还有大粪弄勒我身上,想想心寒,还买房子勒,我逃也来不及了!

田大妈:今朝被你这样子一讲,我轧轧味道,哎,你讲得对的。

李元子:只要你们大家都不种,环境好勒,我还是要买房子的。

田大妈:社区领导再三关照勿要种,看看大家都勒种,我熬不住,也就垦地种种。你真的来买房子,朝后点我就不种!你刚刚讲,环境不好,苍蝇蚊子多,是真的。前两天,我小外孙女被一只花蚊子咬着一口,一只块大得像个小团圆,被我女儿讲得头也呒拉里救处。

李元子:田阿姨,你自己讲不种勒,是哦?

田大妈:是个。

李元子:一言为定。

田大妈:一言为定,拉钩,我叫你李大哥了!

李元子:哎,田妹妹,这声你叫对特!

田大妈:走,到我家吃圆子去!

(李、田同时下。)

黄书记上,急匆匆地喊:田阿姨,你等一等。

田大妈:(停下来转身见是黄书记,讲)哦,是黄书记啊!

黄书记:田阿姨,我有事体要寻你!

田大妈:啥事体?你讲。

黄书记:(见田身边有人,便问)这位叔叔是……

田大妈:哦,你问伊?(顺手拉着黄书记的手说)伊是我隔壁李小祥的爷叔,叫李元子，是一位退休老干部，从市里过来，想到小区里买一套房子。

黄书记：（握着李的手说）爷叔你好，欢迎你来买房子。是个，长兴岛空气好，对养老养生最合适。

李元子：好是好，可是我弄不懂，这里的小区为点哈与市里不一样？（言下之意脏、乱、差，一边讲，一边指着田大妈种的菜和乱搭乱建的彩钢棚。）

黄书记：爷叔，你的意思我明白了，啊哇你嫌此地环境面貌差？你这意见提得对。不过，爷叔，我给你讲，我们正在开展“双创活动”落实双创措施。这趟党委政府调我来，就是要解决这些实际问题。我已立下军令状，在一年之内彻底改变面貌，交出一份群众满意的答卷。爷叔，我们小区已经开展“双创”动员，一要积极响应，二要全民参与，三要立即行动，铲除菜地，拆除违章，恢复绿化，同时，政府投入几千万元资金，改造、完善基础设施，扩建 300 个停车位，要将凤凰佳苑打造成绿色生态、环境优美、平安宜居的幸福社区。田阿姨，你看奈话？

田大妈：（如梦初醒）好好好，我举双手赞成！

黄书记：个么，你种的菜奈处理？

田大妈：拔脱，肯定拔脱，把地皮平平好，种上绿化，老头子过来帮帮忙，拿扁豆棚拆脱，把东西理进去。

张田郎：（出场）哦，来了，这个老太婆，奈到想通了（李小祥同时出来帮忙）。

田大妈：黄书记，我门前这块地皮上种仔绿化，由我来负责养护、管理，我要做一个社区“双创活动”的志愿者。

李元子：田妹妹，乃么对了，我房子一定要买个。

黄书记：田阿姨，我晓得你是个聪明人，爽快人，脑子转得蛮快啊！

五个人面向观众，哈哈大笑！

黄书记：这就是（五人一起讲）——双创活动，人人参与，保护环境，个个有责。

（鞠躬谢幕。）

（2019 年春季）

崛起之路

——访徐荣森书记

姚伯祥

从2014年开始,以徐惠忠先生为主的《崛起的长兴岛》编委会,三年三大本,洋洋百万言,从历史由来、人文故事、经济发展等方方面面,以小小说、散文、诗歌、传记等文体,不拘一格,一一道来。更为可喜的是,作者都是土生土长的草根,无一科班出身。自费出书,不辞辛苦,为生我们养我们的家乡留一点文字笔墨。笔者是中途参与。为什么定名"崛起的长兴岛"我倒没有向同仁们探讨,有一个问题一直在我心中思量:何时开始崛起?为什么会崛起?

初秋的一天,我带着这个问题骑车前往淞青路东首的宝山区绿化市容管理局七楼局长办公室走访了徐荣森局长。荣森与我是曾经的同事,相熟相知,我是已退休多年的小老头,所以不好意思约他这个大忙人,赶在他刚上班的空隙才能聊一聊。荣森待人很客气,见面总是以"老领导"称呼,弄得我不好意思。开门见山直入主题,从时间上算,崛起之时应是1998年以后,荣森时任长兴乡党委书记,是他见证和奠定了崛起的基石。

临危受命

我是土生土长的长兴岛人,几十年来从基层开始,在几个层面做过事,也亲身经历了一些事和人。1997年是长兴乡政府财政比较困难的年月,机关干部的工资不能按时发放,更不要说考核奖、年终奖。上宝山开会出差车旅差费一般先垫付,待财务有钱了再报销。主要领导的精力好多用在融资上。在这种情况下,上级领导部门决策调整领导班子,把徐荣森同志从宝山南片经济发展良好的乡镇调回长兴乡担任乡党委书记，重振长兴的重担落在了徐书记的肩上。

沉重承诺

在全体机关干部的见面会上面对熟悉的面孔，共事多年的既有前辈和同龄人，也有刚进机关的80后，看到几十双期盼的眼光；在各村各单位的主要干部见面会上，区委领导宣布好决定并讲了话。徐书记在讲话中提出从全局角度把长兴经济振兴起来的打算和希望大家不惧困难、撸起袖子拼命干的要求，得到了全体与会同志的支持和赞同。但机关干部们除了服从命令听指挥，各司其职办实事外，揭不开锅也是实际问题。徐书记布置完工作，掷地有声地对全体机关同仁表示，前几年由于种种原因，工资拖欠了，日常费用搁置了。请同志们放心，以前的先放一放，我徐荣森在职期间，保证不拖不欠一分钱，我们经济上去了，再付清以前的老债。没多久承诺一一兑现。

抓住良机

话说上海港机的一位老人，已到退休年龄，带领了一个志同道合的团队，瞄准集装箱桥吊市场的广阔前景，在江阴市长江边上撑起了桥吊制造的天地。没几年工夫已在该行业崭露头角，声名在外。但好事多磨。由于江阴长江大桥的限高，影响了装载桥吊的专用海轮的通行。要想更大发展必须另寻良港，年近七十的管彤贤老总率领团队沿江而下实地调研。浏河、南通留下了他们的足迹，舟山也见到了他们的身影。启东的圆头角一马平川的滩地万吨轮如何靠泊？在一筹莫展之时，他们来到了长兴岛，抱着试试看的心态乘船登岸。那时的长兴岛刚把6个小沙连起来，80平方公里面积，36 000多常住人口，以柑橘种植为主的农业经济，人均收入不足万元。没什么像样的企业，交通、电力、自来水等基础设施只能与民生配套。他们在老的乡政府办公室见到了徐书记，寒暄过后，表明了来意。当管总表明想在长兴寻找建厂良港时，胸有成竹的徐书记心中一喜，眼放光彩，早已把调研的情况一一道来。长兴岛西起泮石水闸东至元沙西镇港一线16公里岸线的水深、流速、港槽的宽度、气象，特别是水深16米的深水槽靠近岸脚只有50米左右，十分方便建造码头靠泊巨轮，岸内平坦的农田、民居也不多……随之他介绍了宝山区招商引资的优惠政策和长兴具体实施的便捷措施。管总也介绍了振华港机的企业状况和寻找新地方实现更大发展的宏伟蓝图。在乡机关食堂用完客饭午餐，徐书记陪同管总一行沿海塘岸线实地勘察。他们来到先丰村与红星村交界的庙港，岸外是一片芦苇，岸内是农田和散落的民居，滩地上曾经是乡拆船厂的冲滩，拆过万吨旧轮船，说明深水洪槽靠近岸边滩地，虽然容量不大，但水、电、路都通，离马家港码头也不远。后来沿着环岛海塘路还看了一些地方，回到乡政府已是下午4点多钟了。管老总一锤定音，徐荣森书记在合作协议书上大笔一挥，才有了后来的振华港机入岛，以及江南、沪东驶向长兴，中海修船落户马家港东侧，青草沙围成了70平方公里的边滩水库，长江第一隧桥开建……从此拉开了海洋装备岛建设的序幕，奠定了长兴崛起的基石。

敢于担当

振华港机于2001年初派先遣部队在庙港滩地上打下了第一根桩，至年底实现了当年投产。筹建是港机的事，为之配套的动拆迁征用地，凤滨路的拓宽，水电扩容，短期内增加的数万工人及其家属小孩的生活配套，桩桩件件是棘手的事。振华港机不同于国企，实行的是现代企业管理，工人的生活是社会化。红星、先丰、北兴几个村的民居住满了农民工，他们的生活配套安排，政府和村委不能撒手不管。党委政府一班人在徐书记带领下，逐村逐队，诸多难题都得到了解决，为振华港机的突飞猛进，取得多个世界第一，提供了有力的后勤保障。

一发不可收

2001年振华港机年初筹建、年底投产，创造了惊人的奇迹。后来几年以每年翻一番的速度递增，大型桥吊年产量100台、200台，最高峰近300台，占有全世界80%的市场份额。装载桥吊的专用万吨轮30多艘穿梭停靠相关国家与地区。2004年初夏的一天，中船集团公司陈老总带领江南、沪东、外高桥等上海造船界的专家学者，为世博会腾出地方，苦于找不到合适的新址而一筹莫展之时，在外高桥船厂码头远眺对面长兴岛，只见塔吊林立，隐约叉车穿梭，电焊火花闪烁，多艘装载桥吊的万吨轮待航出发。当他听说对面是从江阴搬过来的振华港机时，隔天就带领处级以上400多名干部专程考察振华港机长兴基地，听介绍，了解水深、流速、潮汐、气象、台风、岸线滩地的情况，考察了码头厂房布局，一颗悬着的心终于落地了。接着驱车从马家港码头开始，沿环岛海塘公路一直往东，只见堤外宽阔的江面上海轮穿梭，外高桥船厂的龙门吊清晰可见。堤内一马平川的柑橘果实累累，一排排的民居错落在绿树丛中。车至跃进港水闸,同行的专家们已成竹在胸了,直是踏破铁鞋无觅处,得来全不费工夫。回到上海,一幅江南沪东船厂驶向长兴岛的宏伟蓝图不久展现在世人面前,后来的吹沙填地,打桩基建造厂房就不再在拙作中一一表述了。中海修船闻讯也赶来了,长兴电厂至新开港4公里深水岸线收入囊中。不多时日,位居亚洲第一的“峨眉山”号浮船坞停泊在专用航道中开始了作业,石油钻井平台矗立在江中,航修的轮船进进出出,与之配套的9平方公里的海洋装备岛工业园区上马筹建,市级海洋装备岛管委会挂牌办公,长江隧桥开工建设,70平方公里的青草沙水库开工建设……

新的使命

1840年,鸭窝沙露出水面,不久崇明启东因海塌失地的农民拖儿带女肩挑泥络,来到小沙上开荒种地,历尽千辛万苦,几代人的前赴后继,在改革开放初期6个小沙连成一片,才有了今日之长兴岛80平方公里的地域。徐局长和我一样是出生在长兴的沙上人,不一样的是他参军当过兵,回乡后从基层做起,在不同的岗位上历练。长兴崛起了,乡的经济实力雄厚了,一纸调令,他离开了长兴。在宝山转战南北,他把宝山绿化市容带进了市级先进、中标世博项目。罗店镇是宝山的革命老区藏龙卧虎,在组织上需要他时,他不畏艰辛,主政多年。不知不觉中已近傍晚,离开他的办公室时,已华灯初上,徐局长热情地送我到门口。下电梯走出大楼,走在淞青路上,不由得回头看望市容局大楼。这座办公楼是徐局任上用下属清管公司的地报批建起来的,建前是一块不起眼的边角地,建起来后是一幢大气的办公楼。搬入不久,徐局长调往罗店镇,在他手中把罗店镇用了几十年的办公楼迁往美兰湖地铁站旁。利用原来美兰湖筹建北欧风情小镇指挥部的房屋做了办公楼,罗店镇的经济发展、民生在原来的基础上迈进了一大步。美兰湖也越来越美,他从罗店又回到宝山。在他这个年龄段,多数同行会安排到国资委担任监事长等比较轻松一点的岗位,过几年功德圆满退休回家。而他,领导上又安排重回区绿化市容管理局主政,为宝山的蓝天、白云、绿化、宜居再做贡献。

(2019年1月21日)

联产承包制好

黄元章

自从中华人民共和国成立后，始终与穷苦百姓心连心的中国共产党，与人民群众共同摸索、规划、总结，改变农村的落后面貌，并实现由农业国改变成为强大的社会主义工业、农业、国防、科学技术现代化大国。

那时苏联是社会主义阵营的榜样，他们在农村组织“集体农庄”。我们那时流传说：“互助组是小石桥，初级社是小木桥，高级社是大木桥，人民公社是金桥，通向共产主义路一条。”总之当时口号，农村实行“一化三改造”，即农民私有土地通过入股成为“农业集体化”；个体工商业通过入股改造为“合作商店”；个体手工业者通过入股改为“手工业社”；个体运输船只通过入股改造为“运输社”。到70年代末，党中央和小平同志提出实行“联产承包责任制”后，通过落实一系列的强国富民政策，这才真正从贫穷落后的农业国只用40年时间，一下改变为现代化的工业、农业、国防和科学技术现代化的大国！在庆祝中华人民共和国成立70周年之际，在这大喜的日子里，和读者们共同回忆在农业合作化道路上，既有农民迫切希望翻身的一面——土地改革，又有在合作化道路上走弯路的一面——艰难困苦的历程！

评定成分

在1949年6月1日人民解放军解放长兴后，在那批解放军中留下姓孟与姓李的两位指导员，他们被称为渡江过来的“南下干部”留下做地方工作，并取消了旧政府的保甲制，设立新中国的乡、村制基层组织。我家那时划在长兴区潘石乡复兴村。在南下干部的统一部署下，各家各户、一家不漏地参与相互间“评成分”的会议。

那是在1950年10月，也就是农民们种好草麦、秋种结束开始评成分。评成分依据，是各农户原来种“粮户”的土地有多少。这里要说明一点，旧政府时代，土地面积是以“步”为单位，从土改开始以“亩”为计算单位。这两种单位的换算方式：旧时1 000步地皮等于4亩地，那么2亩地就是500步。比如，本村根据总人口平均每人可分到3亩地，也就是750步。如果全家4口人，可分到12亩，按旧制是3 000步；假如当时种“粮户”地块是4 000步，也就是16亩，那要分出去4亩地；如果正好3 000步(12亩)那就属于不进不出；如果人口也4个人，但种粮户地2 500步，即10亩，那补进500步也就是2亩；假如少量的不超出半亩上下，那也属不进不出。这就可以评定为“中农”；再参考家中，中、大型农具如砻、水车、车子、石臼和房屋结构等，然后评定“上中农”“中农”或“下中农”；如果家中也是4口人，但种“粮户”地皮只有4亩左右那是贫农；如果没有一寸土地，全靠打工维持生活的为苦农(但两年后取消苦农，改为贫农)；评上“富农”成分的必定买地皮的，但数量不多、够自己耕种或少量雇人耕种，也有地皮没有买，但有钞票对外放高利贷者，这两样都会评上富农；原来“粮户”靠收租吃饭的那必然被评上“地主”。

到50年代下半期，党中央明确规定地主、富农与反革命、坏分子为阶级敌人并戴上“帽子”，民间俗称“四类分子”，属阶级敌人为打击对象；同时又规定“贫农”“下中农”是共产党在农村中属依靠对象、中农属团结对象。到了改革开放初期，为了团结一切可以团结的人，把经济建设搞上去，把贫农、下中农、中农、富农、地主，这一成分名称全部取消，统统为农民阶层，从此结束“四类分子”这一阶层，包括他们的子女在政治上得到彻底解放。因在这之前，他们的子女不能参军、不能当干部。那时“四类分子”子女，找对象结婚非常困难。

土地改革

新中国成立后的第二年10月，通过评成分的某一天，政府工作人员告诉他们：“旧社会时期的所有土地，统统收归国家所有，然后由人民政府再分配给每位农民耕种。政策规定：土地属国家所有，农民享受耕种权和使用权，并向政府交付一定比例的‘农业税’。”当时参加会议的农民听到这一“特大好消息”都交头接耳议论纷纷：中国数千年来，历朝历代都是有钱人向国家购买大量土地，然后再出租给无钱、无地的农民耕种，粮食收起来后“粮户”再来收租金(或粮食)。那时旧政府对全国各地的“粮户们”根本没有规定统一的收租标准，都是粮户自定标准，他们不花劳力、不花肥料、不花种子，高的被纯收去总产量的40%。那时我家种的是“四六田”，就是40%上交给“粮户”（新中国成立后改叫地主）。

长兴岛鸭窝沙由崇明庙镇西面蔡霁峰家属、平安（潘家）沙是苏州一位潘姓状元向宝山官府出资，分别买下鸭窝沙和平安（潘家）沙后，再由需要地皮的佃农自吃饭（无报酬）围圩挑岸，岸头完成后分到土地。现在人民政府把土地耕种权直接交给每位农民，取消了中间商（粮户）向农民盘剥。农民们说：共产党不收一分钱把土地直接给我们耕种。在新中国成立前，本村个别人刚买土地，有几个评上富农成分的原来也是农民。为了不被“粮户”盘剥甚至借了钞票还未还清，现在土地被充公、重新分配。他们真没有想到出勒（借）钞票买一个“富农”当当。农民们欢天喜地拍手叫好，我们没有花一分钱分到了土地，真没有想到毛主席、共产党对农民如此关怀、爱护，真正比亲爷娘还要亲，真正是人民的好政府！

土地改革中，还有一条要感谢人民政府的那就是取消了“走脚田”。旧时田块在宅边头的叫“随宅田”，离远的叫“走脚田”。那时不可能块块地皮在宅边头，因为每围垦一个圩，一个劳动力一般只能挑1 500步（左右）地皮的“岸头”。加上产量低、交了租金后一家人根本不够吃，必然再打听围垦新圩信息，那就近的离家要走一两个小时，远的乘船也得花一天两天。那时崇明、启东、海门要土地的人就是到长兴来挑岸种田的不是少数。经土改后都划在宅边头。各县、区、乡统统放弃“走脚田”。所以“走脚田”这一名称到了70年后的今天，年轻人大多感到非常陌生。而在那个年代大多数人家都有“走脚田”的。

组织互助组

土改后，各家老老小小不论有无劳动力，俗话说“只要有鼻头眼睛”人人都分到了土地。但是各家的劳动力不均匀，有的家庭都是劳动力，有的家庭上有老下有小，那时称为“吃得做弗得”的人。像这种情况，党中央提出在农民间开展“互助组”，按照本地方言就是“拌来做”。1952年4月在政府指导下，凤东乡先进村在袁锡祥、吴楼郎两位同志的带领下，由5户人家组成第一个互助组。比如今天大家给你做，明天给我做，规模为四五家一组。到1952年8月，长兴一共成立424个互助组，但不能长久，因为对于劳少地多的人家“拌来做”，永远拌（还）不清劳多人家做的天数，必然给劳少人家多做。

办初级社

“拌来做”，短时间或临时性还可以，如果长久是不行的，这顺差永远拉不平的。根据毛主席的观点“人多力量大”“人多好办事”，必定要把农民组织起来。这才在 1954 年 1 月，仍在凤东乡先进村首先组织“初级农业生产合作社”，简称“初级社”。方式：农民的土地入股，由合作社管理委员会统一安排、统一管理、统一核算、集体耕种，这就叫“农业集体化”；下设生产小组，规模 10 来户左右为一个小组；土地入股者为合作社社员；凡出工社员，每天出工时间、劳动数量、轻工重工分别记账。年底按出工多少一次结算，这就体现多劳多得、少劳少得，大家勿吃亏。从此历史上“记工分”“分红”这些新名词开始叫起来；初级社规模一般一个村为一个合作社，在 20 世纪 50 年代初人口少（全国只有五六亿人口），一个村不过六七十户人家。初级社维持了一年多，中央根据各地反映认为规模太小，要有两个村合并。这才又提升为“高级农业生产合作社”。

高级社

复兴村北边是海边，民主村南边也是海边。两个村都在南北向的庙港河西边、都是在鸭窝沙西沿头，两个村合并后改名“红星村”。从此开始，村设党支部和村委会组织（原乡设党支部），全称是“长兴区潘石乡红星高级农业生产合作社”，核算单位村级，下设生产小队，各生产小队都建有堆放粮食的仓库。通过两个小村合并，全长兴共有 12 个“高级社”。

1955 年 7 月 31 日毛泽东同志在省、市、自治区党委书记会议上做《关于农业合作化问题》的报告后，从初级社升为高级社，全国各地遍地开花成立“高级社”。但普遍突出一个问题，各处都缺少“文化人”。如会计、出纳、仓库保管员、小队记工员……这些人起码具备会写、会记、会算的初级水平。在初级社时，缺少这些人才，当时大多由有文化的地主、富农，有历史问题的人或他们的子女担任。长兴四周环海，年年挑岸、加岸，还要围垦新圩，也请地主杨鸿兴、顾作培等，计算土方，丈量围垦的新圩、分田块的面积给各小队，有一个明确数据，才能分拨下去。

在合作化运动中，为了补充这些职位上的文化人，上自《人民日报》下至省、市级地方报纸，大力宣传鼓励高小毕业生回农村参加农业合作化运动。那时山东省一位和我同龄的高小毕业生叫徐建春，不升初中回农村，比现在大学毕业生不去城市而回农村搞农业还要隆重地宣传、表彰，鼓励更多高小毕业生回农村。因为当时旧社会过来的，特别是农村大都是没有读过书的穷苦人。

在合作化运动中，为了增加农村文化人，那时高小毕业生升学率国家控制在10%，让更多的高小生回农村，加强农业合作化中的骨干力量。从农业合作化开始的二十多年时间里，农村财会人员大量都是高小和初小文化程度者，掌管着各村财会账务，到90年代后期才开始规定要有大专学历，才能担任村级财会人员。

人民公社

“公社”这名称最早在原始社会时用于“氏族公社”，也有的国家用作企业名称，1871年法国巴黎工人建立“巴黎公社”，作为无产阶级专政的形式之一。苏联用“集体农庄”名称，那么我们这“组织”叫什么呢？毛主席决定“人民公社好”。在1958年9月28日，我们长兴响应毛主席号召也成立人民公社。根据上级指示精神，原来“乡人民政府”名称改为“人民公社”后，为“政、社合一”组织。它的全称为“宝山县灯塔人民公社”。“长兴”这一地名据《宝山县志》记载，是从1921年开始使用，现在被改成“灯塔”新地名。到1959年4月1日经上级通知，“地名”不能随便改，这才又恢复了“长兴”名称。

公社成立后决定各科室名称为“部”。如：管兵的叫武装部、管农业的叫农业部、管海塘的叫水利部……这就形成农、工、商、学、兵，各条战线纷纷建“部”。后来上级通知人民公社的“部”，不能与中央国务院的“部”重叠，这才又改为“组”，管组织的叫组织组、管工业的叫工业组……村一级，要体现“农工商学兵”的半军事化性质，拿起锄头是农民，拿起榔头是工人，拿起枪是民兵，防修反修冲在前。所以村改为“中队”，小队改为“排”；那些个体小商店、个体小手工业、个体“沙船”，由主管人员带着财产入股，在1956年2月纷纷组织起长兴合作商店、长兴手工业社、长兴运输社(航运社)等单位。后来手工业社和运输社被县局部门收归为县属单位。四周环海的小沙，农村“沙船”被县收去后，货物进出实在不方便，有经济实力的队，又重新购置木材先后建造71条集体所有的“农船”，解决运输问题。

公社是在“大跃进”年代建立起来的。大跃进时，说“人有多大劲、地出多少粮”。人定胜天的思想，否定了“风调雨顺”和“自然灾害”的存在。那时各行各业都是大跃进的姿态，响亮的口号相互间“打擂台”，比如一方提出农业亩产保证5 000斤，另一方报出亩产保证8 000斤、10 000斤、30 000斤……当年曾在报刊上看到水稻亩产报出20万斤。吹牛的也有，据另一份报纸上登载：当得知领导要组织人员去参观那高产田块时，虚报者连夜组织社员把其他地里的稻割下来搬运到要参观的那块地里。领导看后得意扬扬地说“好”！而把不吹牛，讲实话真话的人当“白旗”拔掉(那时叫拔白旗，其实是撤职)。这种浮夸风，吹往全国各地。现在水稻专家袁隆平利用科学杂交水稻也只有每亩 3 000 来斤。

1959 年 8 月 2 日在庐山会议上，彭德怀因给毛主席写了“万言书”，国防部长一职被撤了。当时参加会议的上将洪学智说“彭总反映的是真实情况”，结果被下放到内蒙古一养猪场喂猪。在全国性的吹牛、虚报、浮夸、弄虚作假下，1959 年人民公社化后的第一年获得了“特大丰收”，那时人民公社社员人人敞开肚皮挺吃，无需计划，因为丰收了嘛！

第二年，也就是 1960 年大灾荒开始了。因为虚报，根本没有那么多粮食，这时那些弄虚作假的干部又不敢声张，因为自己报的数字是大丰收。当时我在部队服役，领导在上政治课时总说三年自然灾害的情况，应该说，自然灾害是局部性的，哪有 960 万平方公里的国土上同时发生自然灾害的呢？在 1962 年连队一批老兵复员时，复员政策规定：“三年自然灾害中哪里来回到哪里去。”我班家住安徽定远县的史某也在其中，我祝贺他复员回家。他说：“我没有家。第一次回家父亲死了，还有人掩埋死者；第二次母亲死了，回家连掩埋死者的人也没有。”近年，我看到一报纸上登载：安徽定远县在三年困难期间是重灾区，(饿)死去 36 万人。这说明我的战友史某父母也在其中。

当年曾说，“人民公社是通向共产主义的金桥”，当然这“金桥”人人想往、人人想身在其中——过上不愁吃、不愁穿的幸福生活。可是幸福是经过艰苦奋斗、吃苦耐劳，也可能经过几代人的努力才能到来。实际在合作化运动中大多数社员不愿多出力、多出汗，但工分不能少。我记得有一位共产党员在劳动中总不怕苦不怕累，评上积极分子。从此，总有人把什么重活都留给他，甚至挑担故意把泥块掘大一点，说“他是积极分子嘛！应该多挑的！”个别社员每次评工分时为了几厘工分、值几分钱，也不罢休，闹得哭一场(吵、哭或撕掉工分簿在评工分时是常有的事)。如果个体户劳动，那就不存在评工分的事情。公社化中不论轻工重工，总有人会提出要休息一下。这时男的拿出早已准备好的扑克牌，女的借此机会跑到家里干一些家务事。说休息半小时，那一打牌谁看时间？白天如此拖拖拉拉干活，当农事季节赶不上时，那再开夜工。总之在合作化运动中“出工像背纤、吃饭像凿箭”“雨量中到大，一日困到夜”，那种“不管田头，不想田头”“做一天和尚撞一天钟”的思想，对工作能拖则拖，能少则少，能懒则懒。他们总认为搞好不是我一个人的事。如此思想、如此工效、如此觉悟，农民怎么会富起来呢？天天高喊共产主义能来吗？应该说,人民公社越办越糟、越办越穷!

联产承包责任制好

土地分到户实行责任制的优点:一、各家都自行安排耕种、自己安排出勤时间,结束了哭哭啼啼评工分、避免了提提意见做对头;二、土地责任到户后,最大的优点是出工不出力、拖拖拉拉磨洋工不存在了,而且产量也没有减少。土地责任到户后的40年间,再也没有见到或听到还有开夜工的人家,反而有大量充足时间自由活动;三、空余可以做做小生意或打打短工。劳动力多出的家庭,去到大城市当个“农民工”,既改善、提高家中生活水平,又为祖国改革开放贡献力量。

党中央和邓小平高瞻远瞩、胸有成竹。土地责任到户后,农村多余劳动力变成工厂的“工人”发挥更大作用。既拓宽了农民脱贫途径,又加速国民经济快速发展。

垃圾桶里看变化

徐光明

小时候，圩堤内外以“一宅一户一沟”的方式，分散地住着许多农户。他们在这里生活，在这里耕耘。这批早期的移民，虽生活清苦，但十分注重环境卫生。凡有亲朋好友登门拜访，总要把家中的物件，堆得整整齐齐，屋内屋外扫得干干净净，然后开门迎客，才显得文明、礼貌和对别人尊重。春节来临时，全家出动，男人爬在屋顶上，拿着扎上柴巴的竹竿“捅烟囱”，女人扒在水缸里“汏帐子”“汏被单”，还有的里里外外角角落落“掸烟尘”，然后在腊月二十四、年三十夜将清扫出来的垃圾集中焚烧，名曰“焖灰堆”。那个时代，生活简单，垃圾不多，但总是年复一年地这样做，逐步形成了习惯，形成了传统。

新中国成立以后，特别是改革开放以来，这种古老的习俗迎来了挑战。农民从“一宅一户一沟”的模式中分解出来，住进了社区。户挨着户、楼挨着楼，几百户人家住在一起，这才各种生活垃圾、建筑垃圾多了起来。于是小区物业动起了脑筋，在指定地点设置数量不等的垃圾桶，方便居民集中处理。生活观念、生活环境的变化，使小区居民被迫改变了“乱放、乱丢、乱丟”的坏习惯，人们的环保意识得到了显著增强。近来，政府又提出了干、湿垃圾分类处理的要求，更使社区的文明意识跃上了一个新台阶。

我家住在凤凰小区，家门口安置了三只垃圾桶。经过我多年的仔细观察，垃圾桶里摆放的垃圾，每年都有不同程度的变化。这个变化，也从一个侧面反映了社会发展的变化，归结起来有“五个多”：

一是建筑垃圾多

随着时代的发展和人民生活水平的提高，小区居民原有的住房，不断地进行“循环式”的装修改造。有的因屋室损坏等原因，有的因家庭扩员、有的因子女结婚，及时地进行“弃旧置新”。房屋一旦进行装修，就有大量的建筑垃圾产出，他们能放的就扔在垃圾桶内，放不下的由垃圾车直接拖走。一般的装修费用都在 30 万元以内。但小区居民坦然付出，既不皱眉头，也不心痛，有钱支付，乐意消费，脸上还露出满意的笑容，一种发自内心的幸福感油然而生。

二是包装盒子多

包装盒子，以前是不太多的。现在兴起快递，所以纸箱子越来越多、越来越考究。垃圾桶成了包装盒的天下，每天在垃圾桶内吐进吐出，吸引了一大帮子人，捡垃圾队伍，有外地人也有本地人。他们带着简单的工具，“起五更、落半夜”地争先恐后地在垃圾桶里抢瓶瓶罐罐和包装盒子，然后拿到废品回收站点上换钱，也有一笔可观收入。

三是旧衣旧物多

随着居住小区的纷纷建立，现在大半镇域范围内的农户，浩浩荡荡地住进了几层上下的高楼。居住环境的脱胎换骨，使原来的农具、工具、生活用具，本能地走进了历史博物馆，家中多年存放的棉织布段、半新半旧的旧衣旧物都抛进了垃圾桶。这些曾经属贵重物品的竟然也无人讨要、无人再利用。用他们的话来说：“这些东西已经派不着用场。堆在居室里既占去地方又不整洁，而且很不卫生。”因此只能忍痛割爱，当作垃圾处理。

四是剩菜剩饭多

住在小区里的居民，潜意识地追求生活品位和生活质量。天天上集市，菜饭不过夜，已经成了生活时尚。他们普遍要吃新鲜的时鲜的食品，不再把吃剩下来的饭菜，经过不断加工，吃上一个礼拜。因此，在垃圾桶里经常发现许多剩菜剩饭。怪不得小区内的一群群野狗、野猫，甚至已经很少见的黄鼠狼都集中那里争相吃食。在垃圾桶旁边走来走去的人们，年轻的不屑一顾，年老的感到心痛，这种复杂的心情，经常展现在人们面部表情之中。

五是吃勿脱食品多

所谓吃勿脱的食品，包括礼品、药品，也包括成盒的月饼等食品。尤其是品位较高的月饼，每逢八月中秋，家人、小辈们都送上数量不等的精装盒，敬重老人。但仔细研究一下，这些月饼其中也有已经很长时间经多次"过户"，月饼已经变硬、变质，很难食用。为了身体健康，有的人只好无声无息地将它丢进垃圾桶里。

置放垃圾桶的时间虽然不长，但它足够说明人民群众的思想变化、生活变化、社会发展变化。同时，通过深层次的透视，提醒我们在生活优越的条件下，千万不能丢掉勤俭节约、勤俭持家、把富日子当穷日子来过的优良传统，不断提高全民"创卫"的环保意识。"小区是我家、建设靠大家。"

第四章　教育天地

凤凰镇域内的中学、小学、幼儿园，在党和政府的正确领导和亲切关怀下，得到了飞速的发展。邓小平同志曾经说过的最漂亮的地方，应该是学校，在这里已得以实现。长兴中学、长兴小学、平安小学、长兴中心幼儿园，教育环境优美、教育设施一流、办学质量优良，可称得上神圣的教育殿堂，充分体现了党对教育的重视。

但最美的还是教师的心灵。本地的和来自祖国五湖四海的大学生们，他们选择了太阳底下最光辉的职业，在海岛这块热土上为人师表、敬业爱岗、顽强拼搏、无私奉献，默默地书写着壮丽的人生，谱写出一篇篇动人的育人华章。

你读了本篇章中描写优秀教师的一些文章，定会被他们的优秀事迹所感动，从而更加了解教师的情怀、教师的追求、教师的奉献。

爱的奉献之歌

——记上海市园丁奖获得者、长兴中心校教师邱锦颖

蔡德忠

长兴中心校教师邱锦颖，怀着对家乡的一片深情，2002 年从城区调回海岛任教，因为成绩显著，2004 年获得上海市园丁奖。她是平凡的，平凡得像高山的一钵泥土、大树的一片树叶；但她又是崇高的，在伟大的育人事业中闪耀着生命的光华和人格的魅力。她用倾心的爱谱写的育人诗篇，诠释着一位人民教师的责任、追求和担当。

2002 年春暖花开的季节，她怀着浓浓的家乡情，从城区的江湾中心小学来到农村的长兴中心校任教。这一举动，令许多人看不懂。在城区办学条件好，待遇又高，对自己的发展很有利，她为什么要折回海岛？长兴有不少教师为了实现自己的梦想和追求，为了寻找自己的发展空间，先后都离开了海岛。大家对她的举动真有点不可思议，甚至觉得她有点傻。可是她没有多说什么，只是淡淡地一笑说："因为长兴是我的家乡，我爱她。教育不分地域，同样有我的用武之地。"也许长兴的发展感召了她，也许她独有的追求和价值观，到海岛寻找一个新的发展空间。

一眨眼快三年了。三年中，她把自己的青春和热情都奉献给了海岛的孩子们，她踩出了一个个闪光的脚印，写出了一篇篇动人的故事。她当班主任，用爱的春雨滋润着每一棵幼苗，让每一个孩子去追求灿烂的阳光。她努力塑造学生崇高的人格，奋力创建一个团结向上的班集体。她带领的班级，在学校文明班检查评比中，总是名列前茅。她指导的"爱心"小队还获得上海市优秀小队的光荣称号。她带领的班级，勤奋好学、团结友爱、文明礼貌、有集体荣誉感。可是谁能知道，她做了多少精雕细刻的工作，付出了多少心血和汗水。她刚接班的时候，学生的学习习惯不太理想，组织纪律性也比较差。但她一切从零开始，几乎跑遍了每个学生家庭，了

解学生的习惯、脾气和特点，有的放矢地进行教育。为指导学生的文明休息，她几乎每次下课后和学生一起游戏，在游戏中告诉学生怎样守纪律、有规矩。师生情、兄弟姐妹情，在平等的关系中建立起一种亲和力和向上力。为了改变学生不良的学习习惯，她常常和学生谈心，为了不让一个学生掉队，常常给学生补课，有时补到很晚，有时利用节假日，不辞辛苦，不取分文报酬。她任教的两班数学，成绩一直是头等的。她深深感到这是教师的应尽责任。她说，如果没有好的质量，怎能向社会汇报？怎能向学生家长汇报？邱老师对学生的爱，体现在她教育生涯的每一时间和空间段上。她懂得不仅要教好书，更重要的要育好人。她到长兴中心校后第一次带学生到“东方绿舟”参加社会实践活动，纪律之好，文明程度之高，真令人佩服。原来，她对活动全过程的每一个环节都经过精心的思考。如外出时为培养学生环保意识，注意公共环境卫生，出发前要求每个学生带一个塑料袋，几个人合带一块塑料台布，以便把产生的垃圾放到里面去，然后扔到垃圾箱里。邱老师言传身教，用自己良好的行为影响学生。我们的蔡校长看到后，非常钦佩，后在学校的多次会上表扬说：我们一定要好好学习邱锦颖老师的那种敬业精神、奉献精神、牺牲精神。一个班主任的素质，应当体现在各个方面，有时看上去是一件小事，却很能反映出一个教师的思想水准和道德素养。一个优秀的班主任应该从简单的小事做起，从平凡的小事做起，从不起眼的小事做起，日积月累，方可成大业。聚小流才能成大海，积跬步才能至千里。一个连小事都不愿做的人，何以成大事？

邱老师对班级中家境贫困的学生，付出更多的关爱。譬如有一个小余同学是借读生，父母在长兴没有固定的工作，仅靠给别人做小工维持生计，生活十分艰难。邱老师总看到她穿件不合身的旧衣服上学，于是在过年前给她买了件漂亮的羽绒服，并鼓励她努力学习。还有小胡、小黄等几位同学，也因为种种原因，生活比较困难，邱老师常常为他们买学习用品和学习资料，减轻他们家里的一些负担。这些看似微不足道的小事，许多人却难以做到。但就是这些小事，拉近了老师和学生的距离。学生在老师的关爱下得到健康成长，老师在给予中得到灵魂的升华。邱老师的爱，不是一种无原则的溺爱，而是出自一种高尚的师德和社会责任感使然的真情之爱，这种爱是伟大的、无私的。在这种爱滋润下，建立起来的平等的亲密的师生关系，发生了许多动人的故事。一张张小纸条记录了多少师生间的小秘密，一次次师生间的交谈，化解了学生心中多少矛盾和困惑。学生在这种爱的滋润下，变得自信、自强，有集体荣誉感和竞争意识。比如，每年举行的班干部竞选参加的人数越来越多，热情越来越高，最多的一次竟达 75%，同学们的主人翁意识和自信，得到极大的提高。在这种爱的滋润下，学生越来越懂事了，也懂得关爱别人了。有一天，邱老师的喉咙沙哑了，小赵同学用自己的零花钱买了一包“草珊瑚含片”悄悄地放到邱老师的办公桌上。可这位学生的家庭经济十分困难，父亲患有肝病，几乎用光了家中所有的积蓄，她是一位平时连一根棒冰也舍不得买来吃的同学啊！还有一次，邱老师生病了，请了两天病假。第三天她上班了，走到班级里，讲台上放着一袋满满的全班同学一起做的千纸鹤，里面还夹着一张纸条，上面写着孩子们充满真情的话语：祝愿邱老师早日恢复健康！面对着孩子们诚挚的祝愿和用真情折叠起来的这份珍贵礼物，邱老师抑制不住内心的感动，眼泪夺眶而出，她深深地感到孩子们长大了。邱老师带的班级，上课纪律严明，下课休息文明，社会实践活动行为良好，在“心中有他人”的募捐活动中常常出现慷慨解囊的动人情景，在学校组织的公益劳动中常常出现热烈的场面，这一切都与班主任的辛勤劳动和乐于奉献有关。

邱老师不仅在德育工作上精心研究，富有成效，而且在数学教学中刻苦钻研，成绩显著。她积极学习“二期课改”的理念，建立平等的师生关系，尊重学生的人格，在新课程环境下，努力使自己由传授者转化为促进者，由管理者转化为引导者。她关心着每一位学生的全面发展，努力在实践能力和创新精神上下功夫。凡听过邱老师课堂教学的同志，都感到她上的课基本功扎实，方法灵活多变，教态自然亲切，学生思维活跃，敢于发表意见，所以她任教的数学学科，教学质量很高。如上半年她教的五(3)班在全区的质量测试中，获得全乡第一名的好成绩。邱老师牢牢记住人民教育家陶行知说过的一句话：“真的教育是心心相印的活动，唯独从心里发出来的，才能打到心的深处。”正因为邱老师对学生付出了真爱，所以学生才会亲其师，信其道。正因为这样，邱老师在教育生涯中用智慧孕育成长，用真诚开启心灵，用希望放飞理想，才取得这么好的成绩。最后，我们祝愿邱老师在未来的教育生涯中创建更大的辉煌，做出更大的贡献。

（2005 年 6 月）

附记：2005 年 7 月，长兴乡党委为弘扬先进，举办了一场别开生面的先进事迹演讲会，一律由别人介绍先进人物事迹。这是作者撰写的一篇演讲稿。

十几年过去了，邱锦颖老师现在怎么样呢？是金子总会闪光。她在教育园地里又创建了许多新的业绩，谱写了许多动人的故事。她现在是长兴小学的党支部书记。2018 年度被评为“美丽长兴人”，大屏幕介绍她的先进事迹，介绍说：……她毅然放弃优厚的待遇，选择扎根海岛，在长兴的教育园地里顽强拼搏，刻苦钻研，精益求精，以精湛的教学艺术和优异的教学质量多次荣获市、区教学竞赛等第奖，先后被评为崇明教育系统小学数学学科教学能手，教学标兵。她师德高尚，把母亲般的关怀和温暖送给每一个学生，尤其关爱特殊家庭的孩子，先后获得上海市园丁奖，被评为崇明区教育系统优秀共产党员、长兴镇优秀党务工作者。她始终以踏实勤勉、敬业奉献、任劳任怨的姿态，全身心地投入到每项工作中去。她先后担任学校副教导主任、学校人事干部、党支部副书记和书记等职，在长兴小学的教育舞台上追逐着自己的教育梦，绽放出师者的精彩人生。

追逐梦想，绽放精彩

——记长兴小学邱锦颖老师

长宣科

2002年初，长兴小学调入了一位新教师，大家对她既熟悉又陌生。说是熟悉，因为她是土生土长的长兴岛人，1996年她师范毕业前夕，还曾在长兴小学实习了半个学期，因为表现突出被学校推荐为“优秀实习生”；说是陌生，因为当时海岛办学条件差，教师待遇低，有许多教师纷纷要求调往城区任教，想寻找自己的发展空间。她为什么偏偏要从宝山区江湾中心校调回长兴，成了一名普通的农村海岛教师呢？面对同事的不理解，她总是淡淡地笑着说，因为长兴是我的家乡，在家乡教书让我感到更亲切更踏实。再说，海岛更需要教育，更需要教师。她，就是长兴小学邱锦颖老师。

从此，邱老师就全身心地奋斗在海岛教育事业的征程中。作为一名新接班的班主任，为了尽快了解每一个学生、熟悉每个孩子的情况，她利用下班后、双休日的时间，骑着摩托车开始了挨家挨户的家访工作。由于农村的孩子住得分散，乡间小路也没有路名，更没有像今天这样好的通信条件，不知道问了多少村里的老伯伯、老奶奶，也不知道走了多少冤枉路，在短短两个月的时间内，对全班的每个学生做到了普访一遍，和家长们进行了良好的沟通，并全面掌握了班中孩子的详细情况。就在家访中，邱老师了解到班中一个四川籍的女孩，从小跟着打零工的父母在岛上生活，家庭生活比较拮据。当看到女孩用父亲打工赚的一大把零钱交学费、午餐费时，邱老师的眼睛湿润了。从此，她给予了女孩更多的关心和帮助。每次孩子因为家庭经济困难不能准时缴费时，她从不催缴，总是默默地帮她先垫付掉。邱老师知道，这样的孩子，唯有通过读书才能改变自己的命运，改善家庭的生活。于是，她鼓励孩子勤奋学习，课堂上给予更多的关注，课后也总是尽量抽时间多和孩子交流谈心。在邱老师的引导下，女孩的学习热情更高了，学习自信也更足了，她还克服性格内向的特点，积极参加班级中队委的竞选。平时，邱老师还常常为她购买学习用品，过年时还为她送上新衣服。当女孩小学毕业时，因为政策原因离开了长兴岛。她回老家读书后，邱老师仍对她有着一份特殊的关爱。当女孩放假回岛上时，邱老师还会去看望她、鼓励她。后来有了电话，还经常与这位小女孩谈学习、谈理想，甚至还鼓励她去报考师范院校。后来，这位小女孩终于圆了教师梦，也成为一名光荣的人民教师。

一转眼，邱老师在长兴小学教育园地里已经奉献了 17 个春秋。17 年来，邱老师在教学上刻苦钻研、精益求精，精湛的教学艺术和优异的教学质量使她多次荣获市、区教学竞赛等第奖，先后被评为崇明教育系统小学数学学科教学能手、教学标兵；17 年来，邱老师把母亲般的关怀与温暖送给了每一个学生，尤其是一些家庭情况比较特殊的孩子，更是得到了邱老师的青睐和关心，高尚的师德使她成为上海市园丁奖的获得者；17 年来，邱老师从一个普通的青年教师成长为一名光荣的共产党员，先后担任长兴小学副教导主任，平安校区教导主任、校长，长兴小学人事干部、党支部副书记、书记等职。无论在哪个岗位上，她始终以踏实勤勉、敬业奉献、任劳任怨的姿态投入到每一项工作中，为学校发展做出了积极的贡献。她说得最多的一句话就是："学校给我搭建了成长的舞台，感恩学校的培养，让我在追梦的过程中绽放出别样的精彩。"

衣带渐宽终不悔，只为师生共发展

——介绍长兴小学刘海红老师优秀事迹

长宣科

刘海红老师1995年从上海市崇明师范学校毕业后，回到家乡——长兴岛任教，在长兴小学教育园地里已经辛勤耕耘了20多年。其间，她身边的很多同事因为各种原因纷纷离开了信息闭塞、交通不便的小岛，她却从来没有动摇过坚守海岛教育的信念，因为她觉得岛上的孩子更需要像她这样的青年教师的关怀与帮助，因为她觉得为家乡教育做贡献是自己应尽的责任。她克服了孩子在市区读书带来的诸多不便，以及让父母帮她照顾孩子而产生的那种愧疚之意。但她依然无怨无悔、一路坚持着。

纵观刘老师22年的教育生涯，勤奋进取是她的一贯风格。就读中师的她，在校期间就开始参加教育学大专自学考试，在中师毕业当年就获取了大专毕业证书，走上工作岗位后，她又马不停蹄进修大学本科，不断完善自己的知识结构。在工作之余，她积极参加各种学习培训，2004年上海市第一届“双名”工程培训、2006年中国教育国际交流协会和美国英语学会联办的英语教师培训项目、2009年赴澳大利亚昆士兰大学参加语言与教育的课程培训、2013年赴黄浦区一中心挂职学习……她非常珍惜各种外出学习的机会，潜心学习，认真撰写学习心得、学习日志。因为她深知“一杯水”与“一桶水”的关系，深知只有自己做到更专业、更领先，才能让孩子们学得更轻松、更快乐，才能真正担负起“为人师”的职责与使命。厚积而薄发，经过几年的锤炼，刘老师的课堂成为长小全体英语教师共同学习的模板，每年承担县级示范课教学展示，课堂教学实录成为全县教师业务学习的一项内容。她是学校最年轻的高级教师职称获得者，课堂教学获得上海市英语教师技能比赛一等奖，科研论文多次荣获市、县等第奖，她本人也先后获得宝山区“我心目中的好老师”

"十佳师德标兵"、第三届师德标兵等荣誉称号,被崇明县记大功。

纵观刘老师22年的教育生涯,爱岗敬业是刘老师的坚定信念。还记得她刚踏上教育岗位那几年,由于海岛农村学校存在师资匮乏的普遍问题,美术专业毕业的她先后任教过美术、数学、英语等学科,可以说,学校让她教什么,她总是毫不犹豫地欣然接受,而且无论教哪门学科,她的教育教学工作总是那么出类拔萃。因为从备课、上课、作业布置、批改到个别化的针对性辅导,每一个环节刘老师都精心准备,凡是任教过的年级,她都有亲自设计和整理的一套完整资料。面对学有余力的学生,她心里想的是尽量让学生学得轻松愉快却又进步更多;面对学习困难的学生,她想的则是怎样让他们树立学习的信心、养成学习好习惯、体验到成功的快乐;面对学生的进步,她总是毫不吝啬地进行奖励:一颗星星、一粒糖果、一份学习用品……为了能激励孩子积极主动地学习,她自掏腰包买奖品已经成了惯例,因为她喜欢看到孩子们受到鼓励时的那种快乐的笑脸和向上的信心。

作为崇明县英语学科教学标兵的刘老师不仅多年任教毕业班英语,而且经常接手基础较差的班级,但她任教的班级学生到毕业考试时的成绩总能在县里名列前茅。有一年她又接手了一个薄弱的班级,由于前任英语教师是个年轻的新教师,经验的不足导致该班英语成绩落后其他班级很多,学生上课听讲、完成作业的习惯也都非常糟糕。为了改变这样的情况,刘老师根据学情调整每一堂课的教学设计,一方面努力帮助孩子们拾遗补漏夯实学习基础,另一方面尽量改进教学方法提高孩子们的学习兴趣。她牺牲了大量休息时间,在课后、放学后为学习困难的学生义务补习,帮助他们巩固旧知、打好基础;她还经常和孩子们谈梦想、交流学习方法,帮助他们树立学习的信心、掌握学习的窍门。她采用多种评价手段,鼓励学生坚持不懈地改掉坏习惯、养成好习惯;她积极与家长沟通,让家长了解孩子的学习状况、共同督促孩子健康成长……就这样坚持不懈地忙碌了一年,这个班级的面貌发生了巨大的变化:学生上课井然有序,学习成绩大幅度提高。在毕业考中,该班的平均成绩达到了90多分,超越了学校多个平行班的成绩,在全县也名列前茅。孩子和家长们都为取得的好成绩而兴高采烈。

一路走来,有时刘老师也会觉得每天很累、很辛苦,但休息了一晚上,第二天她又精神抖擞地投入到新的战斗。她总是爱说这样的一句话:"每一个孩子每天都在成长着,我必须做好每天应该做的事情。"上海著名的于漪老师说过:"教师的工作是用生命在歌唱。"刘老师不就是这样一位用生命在歌唱的教师吗?每一项工作她总是精益求精、力求完美。

纵观刘老师22年的教育生涯,真诚友爱是刘老师为人的高尚品格。刘老师是一个心中充满阳光的人，每一个在她身边的人，总能感受到这份阳光的照耀与温暖。

刘老师把这份阳光给了她的学生们。在刘老师任教的22年里，她接触过各种各样的孩子，聪明的、活泼的、内向的、憨厚的……但不管对什么样的孩子，她总是要求他们善良、勇敢、有责任感。因为她爱他们，她也希望他们能成长为心里充满爱的人。

记得刘老师刚毕业时教的第一届学生中，有一位小黄同学现在回到母校也当了老师，还成为一名年轻的班主任。她在工作中耐心细致、爱生如子的作风经常受到学校领导的表扬和家长的认可，每次谈及时她都会说："这些都是小时候刘老师教会我的，因为刘老师就是这样爱护我们每一个人的，我只是在努力学着做刘老师那样的老师。"

还记得有一年从外地转来插班进刘老师班的小吴同学，内向、胆怯，一说话就脸红，而且没有任何英语基础。一开学家长便急着来找刘老师，想请刘老师介绍一个补习老师。让家长出乎意料的是，刘老师让家长放心，答应每天放学后义务给孩子进行补习。开始小吴同学满脸的胆怯和不自信，但她鼓励道："没关系，每天学会一点点你就成功了，老师和同学陪你一起学。"她不仅在放学后利用空余时间为孩子悉心补习并坚持不懈地鼓励她，同时也安排了班中其他同学一起来帮助她学习、和她交朋友。就是这样的每天"进步一点点"，让小吴同学的脸上渐渐出现了自信的笑容，一年以后，小吴成了班级优秀学生的一分子，并成了班里最乐于助人的小女孩，受到了所有老师和同学们的喜爱。

刘老师还把这份阳光给了她的战友们。刘老师每年都会把自己整理的教学资料、学习的心得笔记、经验总结等，无私地奉献给有需要的青年教师。她的徒弟们总喜欢说她像妈妈一样关心她们的成长，同事们在教学上遇到了困难也总是喜欢来找她。每一次教研活动，她总是毫不吝啬地将自己的智慧贡献给大家。学校的"白板课展示""翻转课堂展示"以及年轻教师的市、县级教学竞赛等，她都是那个全力支持、全心投入并为他们的成长和成功默默鼓掌的人。

在担任英语学科负责人的那些年中，学校英语组的老师虽然大多非常年轻，但是已经获得过很多对于农村学校来说"重量级"的荣誉和奖励：上海市小学生英语能力比赛二等奖，上海市英语教师技能比赛一、二等奖，上海市青年教师教学竞赛一、二等奖，还有数不清的县级教学竞赛等第奖……

2016年，仅工作三年的青年教师黄老师准备参加市级比赛课。此时的刘老师已经不再担任学科负责人，也不和黄老师在一个校区，但当黄老师向她电话告知、求助时，她义无反顾地一次次赶去为她把关，从确定课题、设计教案、制作课件，甚至是每一句课堂语乃至教师肢体语言的设计，都和她一一讨论确定，一次次试教、一次次磨课修改到深夜，最终黄老师不负众望在市级比赛中获得一等奖的好成绩。面对荣誉，黄老师一直说的一句话就是："没有刘老师的帮助就没有我的成功，因为刘老师是我最坚强的后盾和最温暖的依靠。"

纵观刘老师22年的教育生涯，智慧创新是刘老师工作的最亮名片。从2005年起，刘老师经过中层干部竞聘的层层选拔，开始走上行政岗位，先后担任过平安分校副校长、中心校教科室主任、英语学科负责人、凤凰校区执行校长等职务，无论在哪个岗位上，她都能快速适应、卓有成效，让人不禁为她的智慧所折服。尤其是担任凤凰校区执行校长一职后，她科学制定学校发展的目标、分析面临的问题，制定科学合理的学校发展近远期目标，把全校师生拧成一股绳、凝成一股力。面对新教师多、随迁子女多(原民工子弟学校学生划归)、校园环境差的不足，她积极发挥团支部的力量，组建青年教师团队沙龙，开展丰富多彩的团组织活动，鼓励青年教师在岗位上建功立业、在志愿服务中展现风采；她带领体育教师积极开发大课间活动项目，开发田径、足球等学校体育特色项目，不仅使民工子弟学生的旺盛精力有了用武之处，更促进了优良校风的形成；她身先士卒带领全体教师积极开展校园环境整治行动，落实教师和学生责任区范围，科学设计校园整改方案等。这些措施的推进，创造性地变阻碍学校发展的劣势为促进学校提升的优势，使学校朝着新的目标不断前行。

纵观刘老师22年的教育生涯，率先垂范是她最大的人格魅力。身为党员行政，刘老师真正做到了在师生中树立了一面旗帜。在担任学校教科室主任期间，她身兼学校英语学科负责人和两岛小学英语联合体负责人等多个职务，还要担任毕业班的教学工作，但她不仅把自己的各项工作安排得井井有条，还总是腾出时间指导、帮助任何一位有需要帮助的青年教师；在担任凤凰校区执行校长之初，面对因施工改造而停用一年的校园内到处留下的厚厚灰尘、建筑垃圾、杂草丛生等情况，她拖着手术后还很虚弱的身体，早早来到校园开始打扫。看到这样的她，所有老师都积极投入到了学校重新启用前的环境大扫除中，连门卫保安师傅都一起参与了教室打扫、桌椅整理、清洁校园等活动；身为执行校长的她不仅坚持做到教学、管理两不误，还与其他党员一起参加社区志愿服务，与教师们一起参加一切校内外志愿服务、创城服务等活动。有这样的领导，还有哪个老师会甘于落后呢?!

由于长期工作任务重、精神压力大，曾经动过三次手术的她有时也会感觉力不从心，原本就睡眠不好的她甚至需要依靠安眠药才能让自己的脑子暂停一下对学校各项工作的思考。但即便如此，每天清晨她还是会早早来到学校，站在校门口微笑着迎接每一个学生、每一位老师开始新的征程。这就是长小人眼中的刘海红老师，她的心中总是想着学校的发展，想着学生的进步，想着教师的成长，为了这些“想着”，她每天都在快乐地忙碌着，辛勤地耕耘着，无私地奉献着。

爱相随，坚持走在创新的路上

——记平安小学王莉老师

施春宝

王莉同志，2006 年 7 月走上教育工作岗位，从教 13 年来，她扎实的工作作风、敢于创新的工作态度，得到了领导、同事、学生和家长们的一致好评。

“爱是最好的教育，而表达爱的最好的方法是欢喜、鼓励和赞赏。”她常常用这句话来勉励自己。她坚信爱的力量是无穷的，善于用爱的力量悄无声息地寻找出通往学生心灵的一个又一个通道。尤其对于一些特殊孩子，她更是怀着满腔的热忱和真诚的爱，不急不躁，不留痕迹地打开封锁孩子内心的通道。

克雷洛夫说过：一燕不能成春。热爱教育事业的王老师，不仅立志把自己的爱和来自学生的爱进行无痕对接，她还希望能够通过自己那份朴实无华的爱，为所在的一方教育小天地增加一些爱的温度。她期待自己和身边的每一个同事都能够在充满爱的团队里进行伟大而平凡的教育教学工作。

一、用爱构筑心灵通道

作为一个多年深耕一线的教师，总能遇到一些相对特殊的孩子。对于这些特殊的孩子，教师需要足够的耐心和真诚，更为重要的是教师给予这些特殊孩子的爱一定不能是生硬的。特殊的孩子，一般都有过极为不愉快的经历，他们的内心敏感而又渴望爱，如果教师不注意方式方法，他们的心灵防线只会不断增加，这对孩子的长远发展将产生莫大的负面影响。王老师充分意识到这一点。通过阅读大量的教育类书籍，结合自身的教育教学实践经验，她总结出了一套行之有效的办法，成功转化了多位特殊儿童，张平（化名）和李艳（化名）就是其中的两位。

1. 张平的华丽蜕变

张平是外来务工人员的孩子,2012 年他被浦东一民办小学退学后转到长兴小学(当时平安小学为长兴小学分校)就读五年级。王老师发现张平口语不错,课堂表现积极,但经常不按时完成作业,英语默写以及其他英语读写能力很弱,综合测试成绩经常不合格。王老师没有批评他,反而表扬他的口语出色的特点。开学一星期后,她邀请张平的妈妈来学校,提出利用放学后的时间每天无偿为他补习英语默写和其他英语知识的想法。

张平的妈妈被王老师约谈之前内心极度紧张,以为又要被老师埋怨,或许又要被劝退学。以前在浦东她不知道被老师约谈过多少次,多数时候总觉得老师在埋怨家长和孩子;还花了不知道多少课外辅导费,但几乎没有什么效果,她已经被孩子折磨得身心俱疲,最后到了不得不退学的地步。她原先不指望海岛农村小学的老师能够对孩子有多大的帮助,她想着孩子或许并不是读书的好料子,只要有学校能够接受孩子,让孩子能够顺利上完小学和初中,她就谢天谢地了。

王老师温和友好地告诉她:“你怎么会有这样的想法呢?我发现你儿子非常聪明,他的语音语调,包括他的音色都是非常出色的,只要稍微努力一把,其他方面可以很快跟上节奏!请你来,就是希望你能够支持和配合我的工作,同意孩子放学后接受我的单独辅导。”在得知是无偿辅导时,又有王老师的真诚鼓励,她十分意外,感动得直掉眼泪。

张平的厌学情绪不久后就消失了。他的妈妈也很快从担心变为满心期待。随着英语默写水平的不断提高,张平在英语其他方面也突飞猛进。一个学期内,就从不合格提高到 B 的水平。到了五年级第二个学期,王老师就不留他单独补习。他不仅上课专心,课后作业完成迅速又认真,逐渐跻身于英语 A 类学生行列,毕业测试甚至接近了满分。在适当的时候,王老师鼓励张平:英语可以学好,其他学科肯定不是问题,关键在于你愿不愿意。

毕业后,张平的妈妈一直与王老师保持着联系。她告诉王老师,张平一直深深感恩于王老师,是王老师用爱构筑起了她和他之间的心灵通道,是她帮助他快速又成功地从退学阴影中走了出来,发现了学习的无穷乐趣。他独自在老家读初中,尽管是住校生,学习上却十分自觉和刻苦,一直不曾忘记王老师对他的教诲,最终以优异的成绩考上了高中。英语一直是他的强项,如今他是高中老师最欣赏的学生之一。他还立志要报考上海同济大学或上海交通大学呢。

2. 李艳的华丽蜕变

刚认识李艳的时候,王老师发现这个只有 9 岁的小女孩,已然是一匹叛逆又孤独的小野马，她的眼神中常常闪烁着恨意，脾气不是一般的犟，易爆易怒，同学关系差，班级里只有她放肆到所有学科作业可以不完成。后来了解到李艳生活在经济困难的单亲家庭里，跟爸爸生活，爸爸是本地人，没什么文化，不怎么关心她，王老师决心用爱构筑起通往李艳内心的通道。

王老师赞美她长得清秀，还亲切地告诉她，只要她能够按时完成作业，不管作业的质量怎么样，王老师都愿意和她做朋友。虽有所好转，但效果不大。于是王老师又找了孩子的爸爸来学校。爸爸一副无奈的样子，只顾埋怨孩子不争气、不懂事，一点也不讲自己在教育孩子方面的失误。王老师从和她爸爸的交谈中了解了许多情况，其父亲家庭教育的失当是造成孩子不良行为的重要原因。从那以后，只要李艳按时完成作业，王老师就尽可能用她的作业作为范本放在展示台进行讲解，适时适度地进行表扬，比如："我发现李艳的英语书写相当用心！""李艳的正确率提高不少！"课堂上王老师也会对她多一些自然的关注和鼓励。渐渐地，李艳的眼神不再游离，开始愿意将眼神投向王老师；下课后，她会慢慢站到王老师身边，开始和王老师说一些无关紧要的话，再后来主动提出帮王老师把本子或录音机送到办公室。路上遇见王老师，李艳会表现出一些愉悦的心情。

尽管李艳有很大改变，但坏毛病没有得到"根治"。王老师通过 QQ 询问李艳的爸爸，拿到了李艳妈妈的手机号。通过简短的电话交流得知，李艳的妈妈刚刚从云南老家回到长兴岛，她欣然答应王老师进行一次面对面的沟通。在面对面的沟通过程中，李艳的妈妈和王老师讲述了之前生活中的各种无奈和为难。王老师成了她忠实的听众，这让她很受感动。当王老师把李艳的学校情况跟她交流后，她答应会尽到作为母亲的责任，去关心和爱护她。

王老师通过近一年的努力，帮助李艳的英语成绩从 D 提高到 C，从 C 提高到 B，再从 B 提高到 A，一路几近狂奔进阶。李艳已经变得自信，脾气好了很多，还有了自己要好的玩伴，甚至有几次光荣地当上了英语小组长，成了王老师的得力助手。

二、用爱打造优秀团队

平安小学尽管是一所非常年轻的海岛农村学校，里面却容纳了多支优秀团队。优秀团队的主要特征是凝聚力强。团队的凝聚力强绝不是通过喊口号喊出来的，而是像过日子那样踏踏实实用心用爱打造出来。王老师作为平安小学第一批竞聘上岗的中层干部，成为团队建设最初的少数几个人之一，她积极响应校长、书记的号召，将自己的满腔热情倾注到优秀团队的建设中。

1. 英语组的凝聚力建设

2017 年 6 月,当得知英语教研员推荐王老师代表崇明区参加上海市英语教学展示活动时,英语组所有成员都感到无上光荣。和往常一样,他们立即把这件事作为团队的一个重要项目来完成。通过个人主动申报,很快形成 7 个人的核心团队。在动员会上 H 主动请缨成为项目组长。在这个项目里,王老师不再是英语学科带头人的身份,每个人都是这个项目的普通成员,每个成员的任务都由项目组长统筹安排。

在近 6 个月的磨课过程中,大家知无不言、言无不尽,分工明确又通力合作,令人感动的画面一幕接一幕: J 和 G 为了帮王老师制作板书,在学校里加班到晚上 10 点多;P 为了让视频更加有质量,精益求精,一次次指导她的班级学生如何发音如何完美演绎;H、Z、L 和 P 为了完成说课稿以及说课时用的 PPT 制作,利用周末到学校加班……2017 年 11 月 27 日,在团队的共同努力下,无论说课还是上课,都得到了市级英语教研员们的一致好评,最终获得了教学展评一等奖、优秀教学效果奖和精准教学指导奖。

在打造英语团队的过程中,王老师多次尝试通过项目形成核心团队,通过项目组长统筹推进工作,不断增强了英语组团队的凝聚力和战斗力,因此而成功的案例还有很多: 2015 年 5 月,平安小学代表崇明区参加市级学生英语小品比赛获特等奖;2017 年 6 月,平安小学代表崇明区参加市级英语教师才艺比赛获特等奖;2017 年 9 月,英语组被崇明区授予巾帼文明岗称号;2018 年 6 月,五年级英语毕业测试成绩名列区第一;近 5 年来,英语组多次承担区级现场教学展示活动;每年举办的英语节主题鲜明,形式丰富;等等。

2. 志愿服务基地的规范化建设

王莉同志作为志愿服务基地的负责人,她充分意识到志愿服务精神的牢固树立,在新时代下对于学校大团队建设的重要意义。为了创建好平安小学志愿服务基地,她认真研读相关文件精神,对照志愿服务基地标准,制定了服务基地的规章制度,设计了志愿者工作服,明确了服务基地的奖励措施,提出了服务基地的服务宗旨: 我奉献,我快乐。

为了将志愿服务工作落地有声,结合教师的职业特点和学校实际情况,她组织创建了四支志愿服务队,分别为: 服务“1+1”,关爱留守儿童志愿者服务队;家庭教育指导志愿服务队;外来务工人员子女课业能力提升志愿服务队;“平安”梦想银行、“平安”梦想超市志愿服务队,同时确定了四位志愿服务队长。在各项志愿服务工作推进的过程中,王老师都会热心参与策划和实施。

截至目前志愿服务基地共招募志愿者 88 人,实现了 100%的参与率。在校长书记的正确领导下,在王老师的统筹安排下,各项志愿服务工作开展越来越规范,教师们的志愿服务意识越来越强,取得了良好的社会反响:家庭教育指导服务队的工作获家长们的广泛欢迎;外来务工子女课业能力提升志愿服务队切实为提高学生的课业能力做出了巨大贡献;"平安"梦想银行、"平安"梦想超市志愿服务工作为有效实施校本化评价做出重要贡献。特别是关爱留守儿童志愿服务项目取得了不少荣誉:2015 年平安小学服务"1+1"关爱留守儿童志愿服务队荣获 2014—2015 年度崇明县长兴镇优秀志愿服务队荣誉称号;2016 年平安小学服务"1+1"关爱留守儿童志愿服务工程被评为崇明区教育系统关工委特色项目;2018 年平安小学关爱留守儿童志愿者服务队获 2016—2017 年崇明区未成年人保护工作先进集体,同时荣获 2016—2017 年度崇明区优秀志愿服务项目。

王莉同志作为党支部委员,不仅在志愿服务活动规范化建设过程中踏实肯干,力求创新,在开展其他党务工作时同样如此。比如她所策划的平安微沙龙,截至目前已经开展了 23 期,期期主题鲜明,精彩纷呈,期期都能引起教师们的广泛共鸣,平安微沙龙已成为"平安人"传递正能量、团结信念的重要舞台之一。因此,党员教师团队一致推荐王老师为 2018 年度明星特色党员之群众工作创新者。

扎根海岛教育　做一个有为的老师

——记平安小学优秀教师茅婷的先进事迹

黄玉昌

茅婷,一个青春靓丽的女孩,一个时常把微笑挂在脸庞的女孩。家里人称她小茅婷,同事们、伙伴们则亲切地呼她“小毛君”。

2013年,茅婷大学毕业,她本可以有多种选择,亲戚招呼她去外企工作,室友们希望她留在市区。而她,出于年少时就扎根于脑海的,对教师职业的神圣向往,出于对家庭、对母亲的一份承诺,出于对生她养她的故土的眷恋,毅然回到了家乡。

如今,她就职于平安小学,是一名英语老师,也是校团支部书记兼大队辅导员。这一干就是整整的六年。

六年间,曾有无数相熟的人问她:“天天备课、上课、补课,没有时间约会,没有时间逛街,何苦呢?”也有人说,“家有半斗粮,不当孩儿王。就那么点薪水,何必呢”? 可茅婷总是会说:“挺好的,挺好的。”

是啊,从工作第一天起,她总是把“挺好的”挂在嘴边。她觉得“简单”就是快乐,幸福的感觉来自内心的回味。

2015年,她任教四年级英语。班上从外地转来一个女生,个子不高,瘦瘦的。一到上课,她总是低着头,从不肯举手。和她说话,经常也是一声不吭。经过家访,茅婷老师得知:女孩的老家在安徽,这次转学过来她很不适应。家乡英语教得浅,现在的课她听不懂。再说,她有点想念还在老家山村的奶奶。

了解到这些情况后,茅婷老师时常找孩子拉家常:“我知道你是聪明的,语文老师夸你写作文很有想法,数学老师说你的算术进步很大,我相信英语学习一定也难不倒你。你可以慢慢进步。”

茅婷老师鼓励班上的小朋友和她交朋友。在备课时,本应该全英文教学的,特地多加了一些中文以便课上使用;在上课时遇到一些简单的问题,就让她回答,还总是不忘给她加星集章。

一次,孩子妈妈找到茅婷,说孩子渐渐地喜欢英语了,特别喜欢茅老师,喜欢上英语课,想让妈妈找茅老师补补课。茅婷听了,特别高兴,她觉得做老师的全部快乐就在于能得到孩子们的认可。她一口答应。

从此,每天放学后将孩子留下,免费为她补习英语。这一补就是一年多。到孩子参加毕业考试,她的英语成绩几乎达到了 A 级的水平。

如今,孩子上了初中,她们早已成为了无话不谈的好朋友,女孩的性格也变得开朗乐观起来。这样的例子,在茅婷班上还有许多。从教六年,她始终坚信,最好的教育工作者,不仅仅是辛勤的教书匠,更应该是心灵的启蒙师。

教书 6 年,她的教学质量年年名列前茅,2018 年,她所任教的班级,更是荣获全区英语学科总共 123 个班级的单班第一名。

2016 年,在工作仅仅两年之后,她走上了领导岗位,担任学校大队辅导员兼团支部书记。

对于大队辅导员一职,她把自己定位于少先队员的“青春摆渡人”。

在担任大队辅导员的两年里,她在繁忙的教学之余,策划、组织队员们开展了一系列具有特色的少先队活动,如:“带着国旗去旅行”“拥抱大自然栽种幸福树”“快乐苗苗心向党红星闪耀伴成长”“乡村少年宫”等。

每一个工作日,甚至无数个双休日,她都这样把自己丢在无尽无止的琐碎当中,她忙在其中,也乐在其中。

去年她在策划“平安小学第五届少代会”时,为了做好活动的方案,以及准备明天活动的展板和材料,星期日,她如往常一样,从市区赶到了学校,她一头扎进了工作当中,全然忘记了时间的流逝。中午时分,她接到电话,外公因病住院,医生说有可能要手术,母亲在电话里恳求她丢下工作,赶往医院。

工作正进行到一半,那边家里又突发状况。一向快乐的“小毛君”第一次感到了窘迫,她流着泪向母亲保证,今晚就是忙到再晚也一定去医院看望外公。

她又一头扎进了一堆的杂活之中。第二天,她黑着眼圈,又早早地来到学校。活动进行到最后一个环节,当全体队员在她的带领下呼完号,当队员们起立、目送着队旗退场,当一切一切的繁华在静止的那一刻起,她终于长长地喘上一口气,她终于可以背过身,躲在一角,红着眼睛,给刚做完手术的外公打了一个电话。

随着诸多活动的顺利开展,她得到了学校领导的赞赏,也赢得上级领导的认可。她所在的学校被评为“2018 年度上海市崇明区少先队工作示范校”。

在团支部工作岗位的四年时间里，她和她的伙伴们携手共进，创下了许多的骄人业绩。

她们组织“青春榜样”活动，助力文明创城，为结对贫困户、关爱留守儿童、环境整治等志愿服务活动贡献自己的力量。组织“青春风采”活动，与青草沙边防派出所、供电公司、港机等友好单位联谊，积极开展能彰显当代青年风采的文化、体育活动。

学校团支部荣获崇明区“五四红旗团支部”，参与“我为核心价值观代言”微电影大赛，获区二等奖。她参与的上海市小学英语（双语）教师教学才艺展评活动获团体特等奖、“红旗飘飘　引我成长”读书征文演讲比赛优秀组织奖等。

2014 学年，她被评为崇明区教育系统优秀团干部，2016 年，被授予崇明区教育系统“优秀共产党员”的光荣称号。

岁月如歌，短短的六年时光一晃而逝，“小毛君”每一个成长的足迹都是那样的清晰。她说，只要快乐地工作，快乐地生活，就能收获幸福的滋味。

母校，是我成长的摇篮

蔡德忠

光阴如箭，一晃我已是古稀老人了。回忆自己走过的人生之路，之所以有所成就，不得不感恩母校——长兴中学对我的培养和教育，母校是我成长的摇篮。随着时间的流逝，许多人生往事渐渐模糊起来，唯独初中时代给我留下的许多美好的记忆，仍是那样清晰、那样真切，深深地刻印在我的脑海里，永远难以忘怀。

我是长兴中学首届初中毕业生，1961 年 7 月走出校门。长兴中学是 1958 年大跃进的年代里创办的。那时，条件十分简陋，只是两间红瓦白墙的教室和一间办公室，另建一个食堂和一个学生宿舍，再加上一块篮球场地那样大的操场，就是学校的全部家当了。学校没有图书馆，也没有实验室。那年，学校招收两个班级，120 个学生。但教师高尚的师德、严谨的治学态度和对学生的满腔热忱，深深地感动着每一位学生。学校开展的富有教育意义的社会实践活动和公益劳动，至今还历历在目。虽然当时的办学思想、办学理念没有现在学校那样明确，但“教育为无产阶级政治服务，教育与生产劳动相结合，培养有社会主义觉悟的有文化的劳动者”，作为培养目标，却始终贯彻于学校教育、教学的全过程，这对我们以后的健康成长起着决定性的作用。

我们的老师多好啊！他们的音容笑貌时时在我眼前浮现。教我们语文的苏之裕老师，二十岁刚出头，充满着青春的活力。他上的语文课非常精彩，一会儿娓娓动听地讲述，一会儿高昂激越地朗诵，声音抑扬顿挫像磁铁般地吸引着我们。课堂里时而鸦雀无声，时而笑声不断。听苏老师的课，简直就是一种艺术的享受。有时，苏老师还把学生的优秀诗作刻写油印，办成小报，极大地激发了学生学习语文的兴趣。我受老师的影响，十分喜爱文学，在以后的日子里，读了不少古典文学和现代文学，也经常练练笔，也曾在报纸杂志上发表过一些文章。少年时代也曾幻想当个作家,但由于种种原因,未能如愿。不过,当时的兴趣和以后的努力,使自己具有一定的文学功底和写作能力,在工作中发挥了很好的作用。特别是退休之后,帮助小学编辑《攀登之歌》《攀登之魂》等文集,还接受《崛起的长兴岛》编委会的邀请,任特约编辑,四年间先后出版了四本书。这里,我不能不感谢初中时的苏之裕老师给我的影响和播下的希望的种子。

我们的数学老师朱鸿飞,他教学严谨,工作十分负责任。一次,我们班级的数学期中考试,我得了第一名,成绩是3.661分,至今还记忆犹新。那时,学校实行"五分制",他把分数精确到小数千分位,恐怕是世界上没有的,足见朱老师的认真程度。受他的影响,我走上工作岗位之后,对待工作一贯认认真真,不断追求完美。

我们的政治老师郭豫康,上起课来像演讲,声情并茂,激情满怀。他用理想之火点亮我们心中的那盏灯,他用英雄人物的高大形象塑造我们美好的心灵,他用爱国爱民的情怀指引我们走上正确的人生之路。在他的教育和影响下,初二时我加入了中国共产主义青年团。后来在宝山中学读高中时,党中央发出了有志青年到农村去,到边疆去,到祖国最需要的地方去的伟大号召,我毅然决然地用鲜血写下了到边疆去的决心书;1962年蒋介石妄图反攻大陆,我积极报名参军,经体检合格,并领得了"应征入伍通知书",后因国防部发出了"凡非应届高中毕业生一律不征"的通知,因那时我读高二,所以没有去成。1964年秋我走上教育工作岗位之后,一直勤奋工作,乐于奉献,为人师表。1978年我走上学校领导岗位之后,全身心地扑在党的教育事业上,呕心沥血,忠于职守,率领全体教职员工顽强拼搏,为学校赢得了不少荣誉,连续十几年被评为宝山区文明单位、宝山区办学先进单位、上海市体育先进单位等。本人也获得不少荣誉,荣获市、区优秀园丁奖,市尊老爱幼先进个人,宝山区十佳教师提名奖,乡优秀党员等。自己的健康成长,得益于初中时代受到的良好思想教育。

母校开展的社会实践活动也是丰富多彩的。为了建设新校舍,全校师生多少次在月光下搬砖头、运瓦片;为了支援农民的"三夏""三秋"农忙,吃住在农民家,帮助割麦、插秧、收稻、摘棉花,大家你追我赶,干得热火朝天;我们还经常参加爱国卫生运动,上街搞卫生,帮助机关食堂擦窗子等,从中得到锻炼,培养了劳动人民的思想感情。

回顾自己的人生历程,跨入社会之后之所以能有所建树,这是与初中时代受到的良好教育、环境熏陶密不可分的。我永远感恩母校对我的培育,我永远不会忘记老师的栽培之恩。我愿在有生之年,为人类、为社会做出更多的贡献!

我的母校

朱雅芳

我的母校在我的故乡长兴岛上，她的名字叫长兴中学。

那是1969年至1972年这四年的事。1972年7月，我初中毕业了。也许你会疑惑地问我：初中怎么会读四年？留级？不是的。那时在动乱的岁月，高中停办了。多读一年初中是为了等待高中恢复招生，可惜的是我们还是没能等上高中的恢复。初中毕业，连个毕业典礼也没有，更没有发毕业证书……就这样同学们各奔前程了。就因为"那个年代"，或许那个没有结果的等待，真的改变了我们这一代人的命运。

35年过去了，弹指一挥间啊！当年的"风华正茂"还历历在目，转眼间都已经到了"知天命"的年龄了。

现在，每年有机会要去家乡走走，母校是我家乡之行的必经之地。从吴淞乘船半个小时就到了马家港码头，出码头300来米就要经过长兴中学。然而每次不管坐什么车经过，我总不自觉地透过车窗，望望那片常令我回忆的地方。母校现在变了，变得非常漂亮：一幢幢崭新的教学大楼神气地矗立着，标准的体育场被画着白色跑道线的红色塑胶跑道环绕着，同学们有的穿着校服、别着校徽在树荫下交谈，有的穿着漂亮的运动服在玩球，窗明几净的教室里传出阵阵琅琅的读书声。在我的想象中，学校一定会有教学器具完备的实验室，学生在老师的指导下做着有趣的实验；学校一定会有一个藏书量充足的图书馆，学生们在那里聚精会神地读书；学校一定会有一个现代化的电脑房，同学们换了鞋子才能走进去……哇！我真的好羡慕啊！母校这几年变化真大！

不过，我印象中的母校，能常常勾起我回忆的，35年前的那个校园可要简单得多了：三排青瓦白墙带有走廊的平房，走廊的柱子是用一根根木头做的，底部都垫着一块圆形的像南瓜模样的石头。沿学校大门进去有一条3米来宽的用煤屑铺就的道路,操场和教室的地面,都是土黄色的泥地。天气好的时候,每天有值日生打扫,倒也显得“清爽”;可一到下雨天,就有好戏看了,有的撑着纸伞穿着高筒鞋走进教室,有的披着雨衣、穿着跑鞋走进教室,有的几个人头上顶一块塑料纸、脚上穿着布鞋一步一颠地奔向教室,有的在路上摔过跤浑身是泥走进教室,因为大家都走过那条煤屑路,把黑色的煤屑浆也带进了教室,地面成了一幅好看的世界地图。可惜那时没开设地理课,要是有的话,地理老师就可以用这幅现成的地图了。每排教室的前后都有一条被雨水滴出的“洋沟”(凹槽),标志着办学的简陋。教室外面的白色的墙壁上用红漆书写着政治性很强的标语,每个教室正面中央上方都挂着毛主席的画像,下面是一块木制的黑板。同学们穿的大多是自家织的土布衣服,很少有人穿卡其、的确良之类的,如果裤子旧了,在屁股和前膝部位用缝纫机打上补丁,缝纫的线脚是一圈绕一圈的,就像体育场的跑道线那样,那可算是很时尚的了。这好像现在的小伙子和姑娘们穿牛仔,有一个洞叫好看,有两个洞叫时尚,有三个洞叫艺术啦。那时候如果有人穿上正宗的绿军装,戴上一顶军帽,这个人肯定很有“路道”。

我们班的班主任徐大林老师上我们的语文课。在我的印象中,她常穿一条蓝色的卡其裤子,灰色的列宁装,脚上一双北京鞋,偶尔穿一双黑色的平跟皮鞋,俏长的脸型,短头发,薄薄的嘴唇,一双很有灵气的眼睛,是个爽快人,下课从不拖时间。她常常让我在课堂上朗读课文,特别是《别了,司徒雷登》等一些带有外国人名字的课文,总要让我首先朗读。时间长了便也成了一种习惯,每次上新课之前,我总要去认真预习,做到有备无患。这样倒培养了我学习语文和朗读的兴趣,语文成绩和普通话的水平自然不差。有句话说“兴趣是最好的老师”,一点不错。

我家离学校远,要走一个小时的路。那个时候经济条件差,没有自行车,上学放学都是步行,还要带上中午吃饭的饭盒子,如果碰上下雨天,泥泞的小路上走就更糟了。后来同桌的崔美琴让我在下雨天住到她家里去,因为她家离学校近。以后去她家的机会多了,跟她的父母也熟悉了,认了她的父母为“过房爷娘”,这层寄亲关系一直保持到现在。

离开母校的时间越来越长了,但我对母校的记忆似乎越来越清晰了。难怪常听人家说,人到了一定的年龄会怀旧的。人过五十,又遇50周年校庆,我的老同学、时任校长徐静芳向我约稿,我不好意思推托,只好遵命了,这倒也引发我许多对母校的回忆。现在想来,母校的4年,好多东西使我受用至今。尽管后来我用了7

年的业余时间，读完了大专、本科和研究生课程，弥补了那个年代所造成的缺憾，但母校4年给我留下的记忆，是永远不会忘却的。

（本文选自长兴中学建校50周年的《校庆文集》，时间是2008年10月，作者时任上海市宝山区发改局局长）

感谢母校

顾玉红

人的一生总有那么一些刻在记忆深处的东西，常常会使你魂牵梦绕，挥之不去又无法忘怀。于我而言，永远不能从记忆中抹掉的是我的母校情结。那是我青年时代在知识海洋中徜徉的始发地，留在我记忆深处的，永远是一种美好而浪漫的回忆。在那个渴求知识、播种希望、期盼未来、激情燃烧的岁月，是她给了我学业上的培养，为人上的教导，以至于到今天为止，我在工作中所取得的点滴成就，都来源于她的哺育。

有一种心灵深处的悸动，是感谢。感谢母校，使我在这里开始对未来的憧憬；感谢母校，使我从这里扬起知识的风帆；感谢母校，让我萌生了一颗感恩之心。

秋高气爽，丹桂飘香，在这硕果累累的金秋十月，我们迎来了母校的五十华诞。在阔别长兴中学的日日夜夜里，我们多想有一日能欢聚一堂，共同回忆在母校度过的美好时光。今日，这个愿望终于实现了，我们怎能不激动，怎能不热泪盈眶！25年的离别，50年的征程，弹指一挥间，今日我们又相聚在一起，好像又回到了昨天。学生时代的学校生活，每一天的拼搏努力，战胜困难后获得成功的喜悦，都是我们一生中最难忘和最珍贵的记忆，也是我们每一个人成长中不可缺少的阶梯。我们都是幸运的，我们令许多同龄人刮目相看，羡慕不已。我们中有的人因学习成绩优异得到深造和工作的机会；有的靠自己的艰苦创业创造了骄人的业绩；有的在平凡的工作岗位上默默地贡献出自己的力量。但大家都怀有一种真真切切的感恩母校的情结。

今日我们欢聚在曾经朝夕相处的母校，看到整齐的校舍和优美的校园，从心底里感到高兴。多少年来，母校为祖国培养了一批又一批栋梁之材，我们无比激动和自豪。老师，你们不愧为人类灵魂工程师。

今天我们与尊敬的老师欢聚在一起，可敬可亲，激动之情，溢于言表；同学相见，分外亲切，有说不完的话语。毕业后，尽管大家在五湖四海工作，但母校把我们紧紧地连在一起，我们永远不会忘记学校的培育、老师的教导。老师教给我们知识和力量，教给我们做人的道理，为我们以后的生活和工作奠定了坚实的基础。在这里，我们真诚地对老师说一声：老师，你们辛苦了！有了你们的辛勤劳动，才有我们辉煌的今天！

25年的风风雨雨，今天我们已经步入中年，担负着生活和事业的双重责任，可以这么说，今天的我们才懂得什么是坎坷，什么是成功，什么是有价值的人生。在经历了数不尽的人生磨练之后回首过去，我们感到无怨无悔。每当回首往事的时候，我们不因虚度年华而悔恨，也不因碌碌无为而羞愧。我们可以自豪地说，我们已经将自己最宝贵的青春和灿烂的年华献给了我们倾心热爱的工作和事业，我们无愧这个伟大的时代。

母校，拥有我们太多的回忆。她已经深埋在我们每个人的心灵深处，她充满着青春和活力，她永远是我们心中最珍贵的宝藏！母校，这个充满深切情感的字眼，包括几代人的情感，回荡在我心中。感谢母校，给了我们人生中一笔最可贵的财富。

"天时人事日相催，冬至阳生春复来。"让我们大家共祝明天！祝愿我们的老师健康长寿，生活美满；祝愿我们的同学、校友工作顺利，身体健康合家欢乐；共同祝愿我们的母校为祖国培养更多更好的优秀人才，祝愿母校永远年轻、永远美丽！

（本文选自长兴中学2008年纪念建校50周年编辑的《校庆文集》，作者为1983届高中毕业生，当时供职于上海市银星律师事务所。现为上海著名律师）

让我轻轻地告诉你

高凤新

亲爱的朋友们，在我们上海流传着这样一句话，假如外地游客白相上海而不到大世界，那你就白来了。同样，让我轻轻地告诉你，如果你来过凤凰镇，而不知道坐落其东首的长兴中学，那也是极大的憾事！

凤凰镇是长兴岛政治经济文化的中心，长兴中学是岛上中学教学的发祥地、文化教育的制高点。长兴中学是我的母校，也是本人一辈子学习和工作的地方。有幸参与策划 50 周年校庆，是我重新感悟母校的天赐良机：那一代代砥砺前行、继往开来的长中人感人风貌；那一串串鲜为人知、载入史册的长中人昨天的故事；那一幅幅在改革开放洪流中锐意创新、励精图治的长中人最新版画卷，让我心潮澎湃、不能自已。古人说，“不识庐山真面目，只缘身在此山中”，我“尝疑乎是”。而今，亲历盛世盛事，足见前人的话语是多么的富有哲理。

艰苦与快乐同在

“不论平地与山尖，无限风光尽被占。采得百花成蜜后，为谁辛苦为谁甜？”这赞美蜜蜂的绝唱，同样可以形神兼备地用来赞美老师。这唐代诗人罗隐的《蜂》与佚名作者《天净沙六首·源远流长图》中的“欲求贤才栋梁，天空陆地海洋。半世东奔西忙，今又远航，路遥山高水长”，异曲同工、淋漓尽致地塑造了为渴求、造就“贤才栋梁”、鞠躬尽瘁死而后已的老师们群像。

脍炙人口的诗句引领我穿越时空，蓦然发现，我们的老师同学们，与诗中的描述有着惊人的相似之处。首任校长、共产党员老杨同志，受党重托，白手起家创办了我的母校——长兴中学。尤其值得铭记的是，杨校长不但凝聚了一批有志献身海岛教育事业的年轻教师，而且破釜沉舟，放弃了上海郊区老家的宜居条件，动员师母携儿挈女举家迁往人生地疏、四面环海又贫穷落后的长兴岛，含辛茹苦搭建了海岛教书育人的崭新平台。

思绪在延伸，勾起了我对适逢三年自然灾害期间校园生活的回忆——学习环境、衣食住行，是艰苦，还是快乐？抑或艰苦与快乐同在？

正当住宿生们挤在两个教室里晚自修时，灯光会突然暗淡下来。我们的管理老师就飞快赶来，卸下 220 V 灯泡，换上 110 V 的，教室复明。但没过多久又得马上换过来。这样供电不正常的情况，有时一晚上会出现好几次。同学们戏称这种司空见惯的现象，是在训练大家在特殊情况下的应变能力啊……

当年农家子弟的家庭经济条件都比较拮据。冬天住校，大多只能带上家里匀出的一条被子，半条盖半条垫。但办法总比困难多。有时两个同学拼起来用，也许管用，结果不是胳膊受寒就是腿脚受冻。可是同学关系更融洽了。我们真把“天时、地利、人和”用活了。

当然，我们住宿生还有许多特别开心的时刻。比如每年放寒假前夕的某个星期天，师生齐动手将学校周边的水塘排干捕鱼，用自己的汗水改善伙食。我至今还清晰地记得：从附近生产队借来了水车、铁锹等工具。年轻男教师身先士卒，大个子男同学们一呼百应。像我等小不点，就抢着干些辅助活。前一天下午开始放水，第二天人工接着再排，晌午起抓鱼。常听说抓鱼要比吃鱼更开心，不是吗？虽然我们大多是农村的孩子，但也未必每人都会抓鱼。那活蹦乱跳的鱼儿，刚一抓住，就被它滑脱；眼看已经进兜，不料一个打挺，又被它溜走，至于那些鳝鱼之类，则更不必说……在欢快的人鱼大战中，大家浑身上下每个毛孔都沾满了泥浆。收获之后，我们也不忘送些给师母他们分享。慈祥的师母除了连声道谢外，还嘱咐我们要好好学习。然而天真幼稚的初中小朋友，哪能完全理解其中饱含的深情！现在想想，重要的是在恩师们的精心栽培下，方向已经明确，征程已经开启，我们走在大路上。

责任与幸福同行

70 年代初期，我兴高采烈地奉召回母校当教师。尔后数十载的教育生涯，这既是师承母校恩师前辈们高尚师德、严谨教风、敢于负责、踏实做人的过程，也是我与幸福同行的历程。

陶行知先生曾经语重心长地指出，先生不应该专教书，他的责任是教人做人；学生不应该专读书，他的责任是学习人生之道。我经常向自己发问，我是谁？我从哪里来？要往哪里去？

那是一个隆冬的夜晚，我们摸黑冒着雨夹雪，手推自行车，沿着坑坑洼洼的泥泞小道一路“急行军”，终于如释重负地把居住北海边的“逃夜”学生小陆安全护送回家。家长见状喜出望外，光顾对儿子嘘寒问暖，而教师们仍伫立在雨雪中。回来的路上，同去的师兄意味深长地说，我们做教师的就要弥补家庭教育中的缺失，不但要关心学生的“身上”，更要关心到“心”上。发人深省的话语让我受益匪浅，也驱散了逼人的寒气。

我班顽皮好动、父母不在身边的渔民子弟小谢同学，暑假与同学玩耍中出事了：腹部被划破，肠子也流了出来。还好，经过紧急救治转危为安。我多次家访，进行亡羊补牢式教育。后来他“浪子回头”，顺利完成了学业，为日后融入社会创造了条件……

陶行知先生还告诫说，要想学生好学，必须先生好学。唯有学而不厌的先生才能教出学而不厌的学生。遵循先生的教诲，我不但十分重视夯实中文本专业的基础，而且还兼修了物理、政治等学科。不但向书本学，更注重向社会学、向同事学、向自己的教育对象学，“读活书，活读书，读书活”，学以致用，拓展思路，改善工作，幸福频频向我招手。

教学实践的深入和对教育理论的领悟，促成了由“教书”向“教人做人”转化。如男孩小秦天资聪明，物理课上的学习内容“吃不饱”，以致上课不遵守纪律、开小差，同学关系不和谐。据此，我及时大胆地做了“超常规”调整。经过师生共同努力，小秦同学不但学科成绩一直名列前茅，还能帮助同学，曾获宝山县初中组物理竞赛一等奖，免试直升市重点高中。

得益于文理兼修，我能教学生爱上语文课，能使一些苦于作文的学生找回乐趣、迎头赶上，能让本校的高中语文会考合格率超区县、市平均，保持100%的纪录。

又如成绩一般的小陆同学，在家庭和学校的共同教育下，坚定信心，主动把“顶替”就业的机会谦让给了妹妹，自己锲而不舍，教师诲人不倦。他屡败屡战，先后经过六次考试，过五关斩六将，终于赢得机会并学有所成。如今，他早已成了一方百姓健康护航的贴心人。

再如不善言辞实干出名，锐意创新又深受村民爱戴的村官小郁。年前我去他村巡讲社会主义核心价值观时，恰巧相逢。言谈间他回忆说，老师，我的做人准则，就是当年在学校里，听了您宣传焦裕禄事迹而萌发的，我正在努力中。望着小郁那精神抖擞、踌躇满志的脸庞，我又一次感受到了榜样的作用、教育的力量和人的潜能。

传统与创新同辉

母校 50 大庆的欢歌犹在耳畔回响，六秩华诞高亢激越、催人奋进的《校歌》旋律，又鼓舞着莘莘学子踏上了崭新的征程。不忘老一辈长中人的初心，开创新长中人的美好明天，是激荡于我亲爱的母校——长兴中学每一位重任在肩的后来人心中的誓言。你们是这样想的，更是撸起袖子这样干的。我真羡慕同志们赶上了施展才华、为国增光的好时光。昨晚梦中，我心想事成变成了一只小蜜蜂；如果有来生，我一定还要做个长中人。“纸上得来终觉浅，绝知此事要躬行。”“桃花春色暖先开，明媚谁人不看来。”亲爱的朋友们，创造机会，欢迎你到凤凰来，盼望你到长兴中学来。

（2019 年 5 月）

十年风雨历程　共铸长幼辉煌

——长兴幼儿园十年发展历程(2009—2019)

陈　萍

长兴幼儿园创办于 1984 年,是一所地处海岛的上海市崇明区公办二级幼儿园,现为一所总园一所分园的格局。两园区分别坐落于凤凰街 56 号(中心园区)和坐落于长兴镇金滂路 886 号(长丰园区),两园区分别设有小、中、大年龄段班级,共 20 个班级,中心园区幼儿现有人数为 273 人,长丰园区幼儿现有人数为 319 人。教职工人数总共为 104 人,其中在编人数为 57 人,全体教职工均持证上岗,持证上岗率 100%。教职工满怀教育理想,服务意识高,教学思路灵活,是一支年轻有活力的教师队伍。长兴幼儿园本着“和谐、适切、安全、节能、可持续发展”的绿色理念,打造安全卫生、自主有序、温馨和谐、多元互动的教育环境。

一、规模变化

1. 2009 年新建长兴中心幼儿园大华分园。

2. 2010 年重建前卫分园,划归长兴中心幼儿园。

3. 2014 年新建长丰分园、丰福路分园,形成一园五部(中心园、大华分园、前卫分园、丰福路分园、长丰分园)的集团化办学。

4. 2015 年,丰福路幼儿园独立。

5. 2017 年,新建平安幼儿园,中心园区进行重新翻修,园所拥有现代化设施设备,实现网络式管理,无纸化办公已经逐步完善。

6. 2018 年 2 月,长兴幼儿园拆分成长兴幼儿园(中心园、长丰分园共两个园区)和平安幼儿园(平安幼儿园、大华分园、前卫分园共三个园区)两所独立的幼儿园。

二、园本特色

2007年我园确立以围棋作为园本特色，2009年申报围棋特色幼儿园，2010年获"上海市围棋特色幼儿园"称号。本着"以棋育人，游戏乐童，各展所'长'，顺'兴'而育"的办园理念，长兴幼儿园长期以来致力于围棋教育，积极探索以游戏的形式开展围棋教育活动，积累了丰富的教育经验，取得了丰硕的教育成果。幼儿积极参加上海市各大围棋比赛，屡创佳绩！我园的围棋教育仅仅是一种启蒙教育，不是培养专业棋手，更多的是激发幼儿的学习兴趣，陶冶优雅性情，培养良好品质，促进情感发展。

三、辉煌成绩(2009—2019)

2009年

1. 围棋课题"用围棋点亮智慧童心"成功立项为县级重点课题

"小应氏杯"上海市幼儿园围棋锦标赛中班男子组团体第二名

2. "小应氏杯"上海市幼儿园围棋锦标赛小班女子组团体第三名

3. "小应氏杯"上海市幼儿园围棋锦标赛中班男子组个人第三名

4. 荣获2008年度长兴乡教育系统幼儿教育特色奖

5. 荣获长兴乡庆祝新中国成立60周年文艺汇演一等奖

6. 命名为0～3岁婴幼儿早期关心与发展合格指导站

7. 长兴镇第一事业站联合党支部荣获崇明县长兴镇2009年度党建精神文明目标奖

8. 长兴镇深入学习实践科学发展观活动黑板报展评二等奖

9. 长兴镇深入学习实践科学发展观活动知识竞赛一等奖

10. 长兴乡"三迎"活动黑板报比赛三等奖

2010年

1. 获"上海市围棋特色幼儿园"称号

2. 崇明县教育系统师德师风建设系列活动组织奖

3. "小应氏杯"上海市幼儿园围棋锦标赛小班男子组团体第三名

4. "小应氏杯"上海市幼儿园围棋锦标赛小班女子组团体第四名

5. 荣获2009学年度长兴镇教育系统幼儿教育特色奖

6. 荣获崇明县语言文字法律法规知识竞赛优秀组织奖

7. 评为崇明县语言文字工作先进集体

8. 荣获崇明县教职工演唱比赛三等奖

9. 评为长兴镇“五好”党支部

10. 崇明县“03 亲子嘉年华”活动三等奖

11. 早教指导站在 2010 年崇明县 03 自制教玩具评比中荣获优秀组织奖

12. 科研课题《“小作坊”手工活动开发幼儿创造潜能的研究》获崇明县第十届教育研究成果二等奖

13. 评为上海市托幼机构保育工作先进集体

14. 荣获 2009 年度崇明县教育系统年终考核优秀奖

2011 年

1. 2010 年度教育系统年终考核优秀奖

2. 评为 2009—2010 年度崇明县文明单位

3. 评为 2010 学年度崇明县学前教育信息化工作先进集体

4. 荣获崇明县少儿才艺展示比赛三等奖

5. 长兴镇建党 90 周年文艺演出一等奖

6. 2011 年全国幼儿教师论文评选三等奖

7. 长兴幼儿园小班(中心园区)教研组在“崇明县‘主动 · 有效课堂’主动有效课堂达标提升工程优秀教研团队评比”中荣获二等奖

8. 长兴幼儿园大班(中心园区)教研组在“崇明县‘主动 · 有效课堂’主动有效课堂达标提升工程优秀教研团队评比”中荣获三等奖

9. 荣获“上海市托幼机构保育工作先进集体”称号

10. 荣获“小应氏杯”2011 年上海市幼儿围棋锦标赛小班男子组团体第五名

11. 荣获“小应氏杯”2011 年上海市幼儿围棋锦标赛小班女子组团体第五名

12. 荣获“小应氏杯”2011 年上海市幼儿围棋锦标赛中班男子组团体第六名

13. 荣获“看图编故事”组织奖

2012 年

1. 2012“建桥杯”上海市教师围棋邀请赛中班组团体第二名

2. 2012 年上海学前教育信息化应用作品评选中,荣获“园园通”园所主页建设赛二等奖

3. 2010—2012 年崇明县“主动 · 有效”课堂达标与提升工程中,被评为先进学校

4. 2010—2011 年度崇明县文明单位

2013 年

1. “小应氏杯”2013 年上海市幼儿围棋锦标赛中班男子组团体第四名

2. “小应氏杯”2013 年上海市幼儿围棋锦标赛小班男子组团体第五名

3. “小应氏杯”2013 年上海市幼儿围棋锦标赛小班女子组团体第四名

4. “塘桥杯”第六届上海市社区围棋锦标赛中成绩优秀荣获中年组团体第四名

5. “塘桥杯”第六届上海市社区围棋锦标赛中成绩优秀荣获幼儿中班男子组团体第六名

6. 第八届“看图编故事”活动中荣获组织奖

7. 2012 学年度崇明县教育系统“五四红旗团支部”

8. 2011—2012 年度崇明县文明单位

2014 年

1. “小应氏杯”2014 年上海市幼儿围棋锦标赛小班男子组团体第一名

2. “小应氏杯”2014 年上海市幼儿围棋锦标赛小班女子组团体第二名

3. “小应氏杯”2014 年上海市幼儿围棋锦标赛小班女子个人第一名

4. “小应氏杯”2013 年上海市幼儿围棋锦标赛小班男子个人第三名

5. 崇明县第一届“科技嘉年华”团体二等奖

2015 年

1. 崇明县首届幼儿头脑奥林匹克擂台赛团体三等奖

2. 长兴镇 2014 年度先进集体

3. 2013 学年度考核优良奖

4. “小应氏杯”2015 年上海市幼儿围棋锦标赛小班女子组团体第一名(中心园)

5. “小应氏杯”2015 年上海市幼儿围棋锦标赛小班男子组团体第六名(中心园)

6. “小应氏杯”2015 年上海市幼儿围棋锦标赛中班男子组团体第六名(中心园)

7. “小应氏杯”2015 年上海市幼儿围棋锦标赛大班男子组团体第八名(中心园)

8. 上海市第九届“看图编故事”组织奖

9. 崇明县长兴镇优秀服务型党组织

10. 2015 年幼儿园教学工作优良奖

11. 崇明县第二届幼儿“科技嘉年华”团体三等奖

12. “建桥杯”2015 上海市围棋公开赛中，荣获中班女子团体第二名

13. “建桥杯”2015 上海市围棋公开赛中，荣获中班男子团体第二名

14. “建桥杯”2015 上海市围棋公开赛中，荣获大班女子团体第四名

15. “建桥杯”2015 上海市围棋公开赛中，荣获大班男子团体第五名

2016 年

1. 2014 学年度考核优良奖

2. 2013—2014 年度崇明县文明单位

3. 2015 年度教育系统优秀教工之家

4. “建桥杯”2016 上海市围棋公开赛中班女子团体第二名

5. “建桥杯”2016 上海市围棋公开赛大班女子团体第四名

6. “建桥杯”2016 上海市围棋公开赛大班男子团体第四名

7. 2016 年崇明县第三届幼儿头脑奥林匹克亲子擂台赛团体二等奖

8. “诵·歌献给党”——2016 年崇明县教工诗歌朗诵暨红歌演唱比赛三等奖

2017 年

1. 2015—2016 年崇明区文明校园

2. 团支部荣获 2016 学年度崇明区教育系统“五四红旗团支部”称号

3. 崇明区第四届幼儿“科技嘉年华”团体二等奖

4. 长兴镇爱国拥军先进单位

5. “小应氏杯”2017 年上海市幼儿围棋锦标赛大班女子组团体第六名

6. “建桥杯”2017 上海市围棋公开赛荣获大班女子团体第六名

7. “爱护绿化”项目在崇明区“人人争当小生态人”达人秀活动中荣获二等奖

8. “环保小卫士”项目在崇明区“人人争当小生态人”达人秀活动中荣获二等奖

9. “我和大树做朋友”项目在崇明区“人人争当小生态人”达人秀活动中荣获一等奖

10. “心系祖国　拥抱生活”——2017 年崇明区“朗读者”诵读比赛教师组三等奖

11. 第四届幼儿头脑奥林匹克亲子擂台赛团体二等奖

2018 年

1. 崇明区 03 婴幼儿早期教育优秀指导站

2. “地球妈妈生病了”项目荣获崇明区“人人争当生态小达人”亲子秀活动一等奖

3. 《低碳贝贝》项目荣获崇明区“人人争当生态小达人”亲子秀活动三等奖

4. 微话剧《新教师的教育梦》二等奖

5. 幼儿园党支部荣获 2017—2018 年崇明区教育系统先进基层党组织称号

6. 评为 2016—2017 年度崇明区志愿服务先进集体

7. “建桥杯”2018 上海市围棋公开赛中班女子团体第一名
8. “建桥杯”2018 上海市围棋公开赛大班男子团体第八名
9. “小应氏杯”2018 年上海市幼儿围棋锦标赛大班女子团体第八名
10. “江帆杯”少儿围棋公开赛中班女子团体第一名
11. “江帆杯”少儿围棋公开赛小班男子团体第一名
12. “江帆杯”少儿围棋公开赛大班女子团体第三名
13. “江帆杯”少儿围棋公开赛大班男子团体第三名
14. “江帆杯”少儿围棋公开赛小班女子团体第四名
15. “江帆杯”少儿围棋公开赛中班女子团体第四名

2019 年

1. 模范工会委员会
2. 2017—2018 年度崇明区文明单位
3. “小应氏杯”2019 年上海市幼儿围棋锦标赛中班男子组团体第三名
4. “小应氏杯”2019 年上海市幼儿围棋锦标赛大班女子组团体第四名
5. “小应氏杯”2019 年上海市幼儿围棋锦标赛大班女子组个人第三名
6. “鸟类的天堂”项目荣获崇明区“人人争当生态小达人”亲子秀活动二等奖

四、发展愿景

实现高质量的幼儿教育是我们共同追求的目标与愿望。在长幼未来的 10 年，我们也将秉承着这一发展愿景，采取“一心两翼”即一个核心、两翼起飞的方式来实现长幼飞速、可持续性发展。

一心：指一个核心，规划与定位，坚持以幼儿为本的办园方向，做最本真的幼儿教育，组织专家、教工、家长、社区多方力量参与制定适合本园的发展规划、文化创建，形成共同的愿景，因地制宜地对长幼的精神风貌、人际氛围、物质环境、活动载体等开展潜移默化的文化渗透。

两翼：一翼指强化师德，打造拥有共同理想、富有创新力的师资队伍，建立教师专业发展共同体，在交流、创造、智慧迸发中让团体使命、目标、教育理念越来越契合，让每个人的力量凝聚成为推动长幼发展的合力。了解每位教师专业需求，分层培养，引领教师确立纵向成长规划，并在其关键期提供有针对性的支持与指导，成为教师专业发展的助推器。建立推动机制，鼓励先进，注重教师心灵成长，关怀与赏识，实现教师快乐工作、快乐生活，从而将快乐的情绪带给孩子。另一翼指积淀与升华，提升品牌效应。独特的园所文化、灵性的环境、精妙的课程、出色的师资，都将是园所特色的有力推手。其核心则是特色课程建设，推动富有质感的园本特色，做精做透，潜移默化渗透于幼儿一日活动中，树立长幼良好形象，让长幼的特色品牌站得住、立得稳、叫得响。

回顾长幼10年风雨历程，有收获、有挑战、有喜悦、有泪水……虽然历经种种磨难，但每个坚守在长幼的教师都有着共同的教育信念，就是用心把孩子教育好。法国著名哲学家萨特曾经说过："世界上有两样东西是亘古不变的，一是高悬在我们头顶上的日月星辰，一是深藏在每个人心底的高贵信仰。"正是因为全体长幼人坚定的教育信念，长幼的保教工作蒸蒸日上。未来无法预知，唯有勇往直前，相信在长幼人的共同努力下，长兴幼儿园的明天会更辉煌！

生命因梦想而发光

许燕青

习近平总书记关于“中国梦”历次讲话精神已深入人心，引导和鼓励我们广大民众志存高远，锤炼意志。“中国梦是民族的梦，也是每个中国人的梦。”“中国梦”精神引发了我深深的思考：我的家乡在长兴。长兴在社会发展大潮中被定位为世界先进的海洋装备岛、上海的生态水源岛和独具特色的景观旅游岛，正处于发展阶段。随着现代化大型海洋装备企业振华港机、江南造船的进驻，青草沙水库的落成和长江隧桥的贯通，长兴的变化日新月异。看着家乡的变化，我的心中有无限感慨，想着自己能为家乡建设做点什么呢?

我怀揣着“桃李满天下”的梦想加入了下乡支教的队伍，转眼间，来到长兴幼儿园10个年头了。这10年间，我这个土生土长的海岛孩子从刚毕业的学生成为一名真正的人民教师，走在海岛教育第一线，在自己的岗位上勤勤恳恳做好自己的本职工作，将“教书育人”这份平凡的工作当作一份不平凡的事业来做。在园长的带领下，我们的师资队伍日益强大，我们的成绩可圈可点。作为长兴幼儿园的一分子，我深感荣幸，不仅为长兴幼儿园这几年来获得的成绩而鼓舞，也为我自己的成长而高兴。

记得有一年，班上有个叫厅厅的孩子，很听话、很聪明也很懂事，自尊心特别强，但他看待事物的眼光却很消极，后来才知道，原来是因为他的家庭。他父母离异了，这给一个年幼的孩子带来的伤害无疑是巨大的。幸运的是他对老师有一份信任和依赖，所以我决心给他更多的关怀，让他感受到缺失的母爱和温暖。他自理能力比较差，即使衣服不多时也不能自己穿戴整齐，有时还会把肚脐露在外面。我担心他的肚子着凉，于是一遍一遍耐心地教他如何塞好衣裤，直到他学会为止；发现他的被褥常会团成一团，于是帮他把被褥用针线固定好，只为让他在午睡时能舒服一些;他胆子不大,需要我常给他加油鼓劲;我努力去发现他的闪光点,经常以此在其他小朋友面前表扬他;平时与他说话的时候,我也总唤他的小名——小岛,还经常在饭后休息时,拉着他的手或拥他入怀与他聊天,聊他感兴趣的话题,有时给他讲一些他未知的事情,他饶有兴趣,眼睛里掩饰不住对世界和周围事物的好奇;有时也不管他能不能懂,我也会给他讲自己的成长故事,告诉他成长的道路总是艰辛的,但我们必须学会勇敢面对和乐观向上。每次与他聊天,发现他有消极想法,我都会及时把他引往一个积极的方向。时间久了,他开始改变。有一次竟主动告诉我,他想妈妈了,我的心头一阵酸涩,想办法安慰他,告诉他没关系,身边还有喜欢他的老师和小朋友,还有爷爷奶奶。之后,我便联系了他的妈妈,和她进行了一次深入的交谈。第二天,小岛跑来高兴地告诉我:"许老师,妈妈昨天晚上打电话给我呢,说现在忙,等放假了带我去动物园玩。"我分明感受到了他的期待。从动物园回来之后,他又神采奕奕地对我说着动物园里的所见所闻。此时的我,俨然是他值得信任的朋友和倾听者,他的眼睛里透露着快乐的光芒。我很高兴与他一同分享。

看到经过自己的努力,使一个原本消极的孩子开始乐观积极地面对这个世界,我的内心无比喜悦。也许,我做的事是那样微不足道;也许,致使他改变的最大动力还是来自他的家长,但我想,只要我对他的爱能够在他小小的心湖里哪怕只泛起一丁点儿涟漪,那么我的付出就是有价值的。如今,我依然怀揣着"桃李满天下"的梦想继续前行在"教书育人"的道路上,让孩子们健康快乐地成长;让孩子们在我的爱心和呵护下,拥有一个无憾的童年;让他们成为一个不仅拥有全面的知识更拥有良好道德品质的人;期待自己"桃李满天下"。我乐意在这个平凡岗位上,无悔地将自己的能量最大化,把自己交给孩子们和这份我钟爱的事业。希望在我的教育影响下,外来的孩子也能深深爱上长兴这片土地,把这里当作自己的第二个故乡,会骄傲地对别人说"我的家在长兴,长兴就是我的家",长大后会愿意留在这里,为了长兴的发展建设添砖加瓦。那么,我想我不仅做好了自己,做好了事业,也为长兴发展贡献出了一份绵薄之力。

有梦的人是幸福的,追梦的人是幸福的,我的梦想永不改变,为家乡建设、为社会发展贡献自己的力量,"以己涓涓之流,汇入中国教育的汪洋大海"。生命因梦想发光!

平凡的教育思想　做最好的自己　做最棒的教师

孙安平

又是一年桃花红。当淅淅沥沥的春雨悄悄地在池塘里低吟浅唱，在树梢上抽黄绣绿，在田野中编织锦绣的时候，我已从当年懵懂的大学生到如今教育工作近10年，走过了最美好的年华，可以说长兴是我的第二故乡。这些年，我不仅感受着长兴翻天覆地的变化，也感受着长兴幼儿园作为长兴教育缩影的点滴变化。

当我2008年顺利来到了长兴幼儿园这片幼教热土，我非常庆幸，也觉得自己非常幸运。但是幸运过后摆在我面前的问题就是，我是一个刚入门的新教师，面对如何指导孩子游戏、如何上好一节课、如何写好案头资料等问题，经常手足无措。在踏上工作岗位的第一年里，我也曾忧虑、也曾失落、也曾自卑，夜深人静的时候，泪水也曾悄悄地流淌在我的脸颊。当领导听完我的课向我提出很多建议时，我是多么的忧虑，我是否能当一名合格的教师？就在我忧虑、失落的时候，通情大度的领导们以及团结互助的好同事向我伸出了支持与鼓励的友爱之手。在生活上，她们给了我无微不至的照顾与关怀；在工作上给予我无私的帮助。在这样一个温暖的大家庭里，我没有理由不努力争当优秀。

在接下来的几年里我沉淀自己，静心思考，补缺补差。在这里让我感受到了同事的关怀，犹如家人一般。记得那时候对我影响最大的人就是园里的老教师们。她们有理由去市区工作，因为家人和孩子都在市区，她们更有条件去市区工作，因为她们都是有经验的老师，但是她们依然留在岛上工作，从她们的身上我再次看到了单纯、善良、朴实、真诚、认真、执着、友善、吃苦耐劳……她们一直坚守着“不抛弃，不放弃”教育的信念，支撑她们做任何事情。不放弃，就要坚持到底，为海岛的教育事业默默无闻地奉献着平凡的每一日。也让我坚定了自己的梦想，做一名优秀的老师。

中心幼儿园是个特别锻炼人的地方,是一个有着才华可以施展的大舞台。如果说我是一棵小树,中心幼儿园就像一片森林,它给予了我阳光、雨露,提供给我充足的养分,让我脚踏实地走好在工作岗位中的每一步。在这里工作既充实又丰富多彩,既平凡又让我受益匪浅。都说,梦想是一个人的精神支柱,一个人成长离不开梦想的支撑,一个人要实现梦想也离不开脚踏实地的成长。

如今,我已执教了 9 个春秋,但我始终坚持着当初朴实的梦想:要好好教学,好好爱孩子,做最好的自己,做最棒的老师!心中始终装着孩子,用爱给孩子们一脸赞赏的笑容、一轮温暖的太阳、一股强大的力量,为海岛的孩子们撑起一片爱的天空!

第五章　凤凰乡韵

这一组文稿，作者从不同的人生角度，描述了长兴地区的民风民俗和人生奋斗等故事，较好地体现了各个历史阶段人们的思想变化、社会变化，对社会主义物质文明和精神文明建设，也有许多思考和启发。

长兴岛人的过年习俗

徐光明

有着崇明风味、农村特点、海岛特色的过年习俗，仍在长兴地区传承着、发展着、变化着。旧时过年，人们怀着“想过年、盼过年、怕过年、穷过年”的复杂心态，忙着筹办一年一度的传统庆典。旧时过年，形式多样、内容广泛、寓意深刻，充分表达了劳动人民对美好生活的期盼和向往。因此，“过大年”的经典传统要素不变，千年传承，经久不衰。

春节过年，是农村一年一度最盛大的传统节日。从农历腊月开始，各种活动要持续一个月左右。随着正月十五元宵节的到来，逐渐淡退。“吃了两头大、各人寻头路。”春节期间，思想放松、气氛热烈、万事搁置，尽情享受过节的欢乐。传统过年，一般可分为三个时间节点。这就是“十二月里过年忙，正月里来是新春，正月十五闹元宵”。

十二月里过年忙

农历腊月，是一年十二个月中最后一个月。这时的农村已经进入冬闲时段。各家各户，年味浓浓，忙里忙外，为一系列的过年活动拉开了序幕。

一、向异地亲人发信问安

长兴人的亲戚大多住在崇明、启东、海门、川沙等地。平时大家都忙于农活，很少走动来往。“每逢佳节倍思亲。”春节来了，是亲戚朋友团聚的最好时机，于是提早托人写信，相邀一聚，见面交流，互通信息，相互问安。

二、准备过年盘缠

没有铜钿是过不好年的。于是人们把秋收后储藏的棉花萁、稻柴、芦柴等用木帆船装运到市区、吴淞、北沙出售，换来的铜钿精打细算地购置必要的年货，准备过年。

三、吃“腊八粥”

岛上的年味，是吃腊八粥吃出来的。每年农历十二月初八，有条件的人家都要吃“腊八粥”，它是由黄豆、赤豆、慈姑、芋艿、蚕豆、花生米、地栗、青菜八种豆类、蔬菜与白米、糯米煮成粥，称为“腊八粥”。据说“腊八粥”三个字的谐音，意“财发足”而流传至今。还有一种有文字记载说：“腊八粥”起源于公元前 565—486 年的佛教释迦牟尼在腊月初八这一天得道成佛，从此各寺院在这一天煮粥供佛，同时还对路人供粥，民间百姓跟着沿袭成俗。

四、大寒“拾骨”

农历大寒，是一年里最冷的天气，也是快过新年的一个信号。从前，人死后都是装进棺材进行土葬。没有特殊情况入土三年，然后选择农历“大寒”时节，聘请高龄老人，联系好腰粗力大、胆大无比、勇于开棺、敢于拾尸骨的人。同时备好由宜兴生产的、专用装死人骨头的有盖头的“骨殖甏”。先拾脚骨至最后头骨，以坐姿的顺序放入骨殖甏里(也有叫骨殖钿)，然后将盖头盖起来用石灰浆封口，不使雨水、泥土掉进去。最后移送到本家祖坟处集中(那时，同一个姓氏的老祖宗传下来的后代，死后骨殖甏集中一处)安放。所以有二次入土“落葬”为安之说法。

五、“喊火烛”

从吃腊八粥的农历十二月初八开始，每晚黄昏时分，“喊火烛”人便巡走在乡村田间小路上，手敲由毛竹制的五六十厘米长的“更筒”，边走边喊：“火烛小心！”连敲击三下后又喊：“夜夜当心！”在这冬天干燥时节，那时家家都是容易着火的茅草屋，利用喊火烛方式，用通俗易听易记的语言叮嘱千家万户，如，烘缸弗要放被窠里，火盆头弗要放草窠里，香烟头弗要丢柴堆里，灶扣头要扫清爽，灯盏弗要挂在壁脚(芦笆)上，水缸里要夜夜有水！一直喊到年三十夜里，使家家安全愉快过新年，尽可能新年里不发生火灾。

六、捎烟囱、汏被头

在春节到来之前的一星期左右，每个家庭都要大搞环境卫生。男的爬在屋顶上，用扎好的“芦把子”，在烟囱洞里，上上下下不停地捎清烟囱灰，防止热烟灰飞出来落在屋茅柴上引起火灾(那时叫烘烟囱)；女的蹲在水缸边上汏被单、汏帐子(蚊帐)；还有的在屋角落头掸烟尘；场里场外扫垃圾。做到干干净净迎客人、清清爽爽过新年。

七、牵砻、碓米、蒸糕、做圆子

一到年末，各家各户都要备足大米、糯米，在新年里不能再吃老麦粞饭，所以牵砻、碓米、舂米、牵磨，家家人人忙得“乐不可支”（牵砻剥了稻壳，经碓米、舂米才成白米，再经牵磨变米粉）。然后拿米粉蒸糕、做圆子。那时路上人员来来往往，屋檐烟囱日夜冒烟，屋内蒸糕热气弥漫，浓浓年味让人醉倒。

八、祭祖过年

祭祖过年代代相传。一过腊月二十四，各家各户就开始祭祖过年。三张方桌拼成一长桌，请各位先祖上门过年冥会。桌上祭品繁多，要素齐全。主要有红烧肉、肉包子、鸡、蹄髈、鱼、豆制品、酒、米饭等。酒经三巡以后，小辈们叩头祭拜，焚烧冥钞票，然后香、烛熄灭，冥请结束。

九、接送灶神

从前每家农户的灶头上，都有“灶君菩萨”（有金属光泽的颜色，印在硬纸板上的菩萨，也有叫“灶君公公”，一到年底各杂货店有售。在破除迷信中停售。还有到年底请人念“拜灶君谶”，都属道教类），平时农历初一、月半都要在灶上焚香敬神。据说灶君公公是天上玉皇大帝派到凡间专司监察民间善、恶之事的神仙。所以百姓对他特别敬畏。玉皇大帝规定灶神菩萨每年年底到天上去述职。他上天时间是农历腊月二十三（据说二十三、二十四都可以，现在普遍二十四夜饭放二十三吃）晚上。所以那天晚上，家家户户都要吃“二十四夜饭”。饭后郑重其事地焚香、点烛，家人双膝跪地膜拜，燃放鞭炮，送灶君公公上天。希望灶君公公在玉皇大帝面前多说好话，让本家过上“丰衣足食、太平无事”的日子。

灶君公公上天一周后的大年三十晚上，又返回人间。那天晚上要接灶神回家，鞭炮齐鸣、香烛缭绕，祈求灶君老爷，来年全家安康幸福。

十、守岁

所谓“守岁”，就是在大年三十晚上，在吃好香喷喷的年夜饭后，一家人围坐在一起，吃瓜子、花生，喝茶，听大人讲故事，说说如何过新年的吉利话，还提醒小孩在大年初一的新年里，不可骂人、打架、消地滚；见老者叫声好婆婆、好公公；见长辈叫声伯伯、妈妈。做一个懂礼貌、让人喜爱的孩子。若有“灵台”的人家，还要点上香火，叩头施礼，焚烧冥纸。子女们披麻戴孝，站在灵台旁“守岁”。真是“思亲仰望白云飞，守孝不知红日升”。“守岁”，一直守到新年来临的那一刻，然后再次点燃鞭炮，欢庆新一年的到来。

十一、贴门联

门联，即春联。每年春节来临之前，家家户户都会在自己的家门上，贴上一副大红对联，以此增添喜庆的氛围。门联内容多种多样。比如，“一元复始，万象迎新”“春风及第，瑞气临门”“爆竹一声除旧岁，桃符万户换新春”。看着大红醒目的

“门联”,人们心中充满着欢乐。

十二、吃年夜饭

吃年夜饭的传统,已历经数千年,一直延续到今天。吃年夜饭,是家人、族人难得团聚的一个平台。尽管家人之间平时有些不开心的事情,但到了这天,大家都客客气气地相互问安,相互祝福,相互敬烟敬酒。许多不顺心的事情,也因此烟消云散,全家人充满着幸福、欢乐!

正月里来是新春

“风雨送春归,飞雪迎春到”“爆竹一声除旧岁,正月里来是新春”。从大年初一开始,到正月十五这段时间,在农村到处都是吃喝玩乐、走亲访友,是欢乐开心的日子。

一、相互串门拜年

大年初一,大人、小孩都是穿新衣(土布)、戴新帽,着新鞋、新袜,姑娘都是穿红着绿、成群结队地相互串门拜年。凡有亲戚、朋友登门,当家总是烀糕、登酒招待客人,或者餐桌上放满了瓜子、长生果、糖果等食品,大家边吃边聊,相互问安、相互拜年。有的说故事,有的打纸牌,尽情地白相玩乐,笑声满屋,热闹非凡!

二、发压岁钱

各家各户,尽管家庭并不富裕,但对小辈分发压岁钱,还是不会忘记的。春节期间,大人们总是带着小人到亲戚、朋友家拜访,长辈们用数量不等的红包,拼命往小人口袋里塞。小人拿到压岁钱后,个个脸上露出高兴的笑容。有的准备买糖果吃,有的准备买学习用品。

三、跳财神

正月初五,正是财神菩萨生日。农村里一些青壮年扮作“财神”,走村串户地上门表演“跳财神”。财神爷和农户的主人可以互动,说说吉利话。希望来年生活走运发财、全家幸福。

四、看海观潮

长兴地区地理条件特殊,四面环海,差不多每年汛期,都要发生程度不等的水灾。所以人们对海龙王特别敬畏。春节期间,人们带着小孩,成群结队地到大海边看海观潮,还带了好多祭品,点好香烛,向海龙王叩头朝拜,哀求龙王老爷不要发大水、让百姓免遭潮没痛苦,保佑年年风调雨顺、岁岁五谷丰登。

五、择日结婚

旧时青年男女结婚,一般都选在春节。由风水先生在“皇历”(旧时阴历日历)

本上选好黄道吉日,然后张灯结彩,举办婚宴。结婚当天,大部分人家用车子(木制手推独轮车)一推一背地将新娘子接到夫家。然后经过“三灯旺火”等一番程序,将新郎新娘双双送入新婚房头。新婚人家都有一个显著的标记,那就是大红绸布悬挂正门上端,大门外边左右两排彩旗飘扬,本家给来祝贺婚庆的左邻右舍以及观看的人们分发喜糖。口含喜糖的人们热烈祝贺新郎新娘新婚幸福、白头到老。

六、搭台演戏

在每年春节来临之前,村里组织中青年文艺骨干早已排练节目。这些节目都是自编自演、活泼多样。主要有“活报剧”“扭秧歌”“踩高跷”“舞龙”“猜谜语”等。在节日里选好地点,搭一个演出舞台,一到晚上,点好汽油灯,然后周围观众拿着小矮凳,也有拿着一把稻柴席地而坐,聚精会神地观赏节目,过一个愉快的新年之夜。

正月十五闹元宵

农历正月十五,春暖花开,花好月圆,也意味着一年一度的春节将要落下帷幕。所以,这一天农村里格外重视,家家红灯高挂,爆竹声声,各种传统活动纷纷亮相登台,群情激奋地闹元宵。

一是家家户户,用手工结扎的红灯悬挂在空中,与天上的圆月交相辉映。大红灯笼名目繁多,五彩缤纷,有三角灯、五角灯,还有各种动物形状的灯……半空中都是“灯”的世界。夜景如画愉悦人心。

二是祭祖坟。旧时各家各户都有本家的祖坟,在田头边、堤岸边,比比皆是。出门祭坟时,都带上铁搭、锄头、镰刀等工具。首先清除坟头上的杂草,再用农具把祖坟刨得“的光四滑”,然后在坟头四角插上几支“看棵”(专祭坟和田角头土地公公的一种植物,在破除迷信后灭绝)。再点上香烛,摆上各类祭品,叩头跪拜。如果是近期去世的亲人还要哭坟,最后含泪离去。

三是甩连财。“甩连财”是一项非常有趣的活动。用芦柴和稻柴扎成一个长 2～2.5 米的柴把子,在傍晚天黑后点上火,举着这“火把”各家在自己田块的埂岸上一边走一边不停地摇晃柴把,同时高喊:“连财、连财,大家发财大家好……”以求“土地公公”伸出援手,来年风调雨顺、五谷丰登,有个好收成。

四是诈(看)田头。土地是农民的命根子,“土地公公”是种田人最敬重的佛祖。因此,在正月十五上午,大人、小孩全家出动,篮头里早已准备好的、用米粉做的形状像金元宝似的叫“卷团、银子”插在筷子上,筷子再插入本家的田块里,诈望“土地公公”。然后双手合十以示祭拜。这一祭拜方式与甩连财一道,在 1955 年土地入社(初级社)归集体后全部消失,现在连“看棵”也失传。

五是吃馄饨。正月十五这天,家家包馄饨,户户吃馄饨。在农村,馄饨是一年四季难得吃的高档食品,只有到了正月半,才舍得邀请亲朋好友、左邻右舍大吃一顿。因为大家都知道,这一顿馄饨吃好以后,就要准备投入繁忙的春耕大生产了;或分头外出寻找自己的工作出路。俗话说:“吃了两头大,各人寻出路。”说的就是这个道理。

旧时的过年习俗,虽然多多少少带有些封建迷信色彩,但其优秀部分仍有旺盛的生命力延续至今。随着时代的发展、历史的进步,过年的习俗不断发生着变化,也与时俱进。有的活动项目,已走进了历史博物馆,新思想、新文化、新习惯,已取代了旧时的过年习俗。

凤凰小镇父子情

姚伯祥

1990年3月的一天，待任宝山区长兴乡乡长的黄一平，早早地起身，用完早餐，告别娇妻佳儿，离开温馨的家，由区委领导陪同赴远离大陆的小岛长兴乡任职。乡政府机关位于岛中部的百年小镇——凤凰镇上。

他们一行在吴淞码头乘上沪航七号轮，一个多小时就到长兴岛了。乡政府唯一的一辆北京吉普已等在码头，分两次把大家接到乡政府二楼西首的会议室，在家的机关干部已坐满一堂。随即区委领导宣布任命决定。当然，黄一平先是作为乡党委副书记，分管经济工作，乡长要在人代会上履行选举程序，黄一平即席发言表态，党委吴书记致欢迎辞。

我和黄一平不认识。会议结束后，他在机关大院内转了一圈，好像在找什么。那天下午回宝山吴淞乡参加告别会。我也陪着老黄出去。因为返程已过了航班船时间，只好由吴淞打捞队的船把我们一行送到吴淞码头。吴淞乡袁书记诚邀我们在乡机关食堂用了晚餐。一来一往大家也就熟悉了，席间我问黄副书记，你在长兴机关大院转悠找什么呀？他说过几天我们抽空聊一聊。

一个周末值班，黄副书记未回宝山的家，我们相约面谈。清茶一杯，黄副书记给我聊起了往事。他家祖居江苏启东，他于1946年出生在苏北大丰县，在黄海边上度过了清苦但也欢乐的童年。父亲黄士华是在新中国成立前夕只身来到长兴岛上做地下工作，为迎接解放长兴岛做一些准备工作。其父也曾在启东广袤的大地上跟随新四军出没在抗日的战场上。当党中央、毛主席发出“打过长江去，解放全中国”的作战命令后，他们奋勇渡过长江，参加了攻打月浦、杨行的战役，最后解放了宝山县城，1949年6月间，一队解放军战士分乘两艘行风船，顺风顺水往东驶向长兴岛。岛上哪有什么码头停靠，船只能停在“水白滩”，战士们在战雄队长和孟指导员的带领下迅速下船，赤脚卷起裤管涉水冲上了岸滩，黄士华在马家港口和登岛的一分队直奔凤凰镇伪区长办公室。那时长兴岛已无国民党驻军。新中国成立前夕，曾有国民党207师在长兴岛现解放圩一线构筑工事，不知什么原因，一夜之间撤退到浦东高桥镇，所以未经什么战事，长兴岛从东到西几个小沙上分别飘起五星红旗。

在那激情燃烧的岁月里，斗地主，分田地，建立贫下中农协会，建立完善乡村二级政权，做到人民当家做主，动员年轻人踊跃报名参军，奔赴朝鲜抗美援朝，“三反五反”等各项斗争中，黄士华同志都一直冲在斗争的前列，为建立巩固基层政权，为恢复生产、发展经济、改善百姓的生活，立下了汗马功劳。

当年的乡政办公室就在凤凰中心小学的东侧，是地主王世明的宅地，5间坐北面南的瓦房，在那时也算是小沙岛上的地标性建筑物了，后来东西两侧各建了6间厢房，书记、乡长、办公室、会议室一应俱全，就是紧凑不宽余。50至80年代，三四十年间，几代人都在此办公。后来黄士华同志调往宝山公安局工作，离开了曾经付出心血的长兴岛凤凰小镇。黄乡长听他父亲说的5间瓦房，1980年以后调剂为乡农业公司办公用房。乡政府办公室在东侧空地上建起了四层小楼，乡长办公室在三楼东头第一间，不像现在一个人一间套房，家具沙发配套齐全，我们那时一正三副挤在一间，但有事也好随时商量。

黄乡长接胡乡长的班，胡乡长调任友谊街道。吴培航书记不久调离长兴到市纠风办工作了一段时间，后任宝山区规划土地局局长。一段时间黄乡长兼任党委书记，可想身上的担子多重。再后来区委把先丰村的党支部书记侯尚彬提拔担任长兴乡长，黄乡长华丽转身为黄书记。

黄书记随父从大丰跨过长江在月浦镇潘桥居住。那么多年勤奋好学，工作认真，从乡村赤脚医生起步，先后任月浦镇管委会副主任，月浦镇党委副书记，后组织上调他到吴淞乡任党委副书记。在吴淞乡工作几年间，在袁书记带领下，他们的团队在宝山是最好的。上级领导一声令下，他义无反顾地走了父辈曾经走过的路，在长兴岛奋斗了3年，在凤凰镇生活了1 000多天，从石沙村到新建村长达20公里，23个村的田头和民宅留下了他的身影和足迹，和一个个乡村企业的负责人促膝谈心。每年的夏秋两季，台风多发，海岛面临台风、暴雨高潮位的侵扰，黄书记指挥安排好各村各队各单位抗台相关事宜，还和机关干部们奔赴一线抗台风，战高潮水位，确保一方平安。

三年时间转眼就过去了，黄书记谦虚平和，待人诚恳，工作认真，原则性强。几十年间，宝山的三罗(罗泾、罗南、罗店)、顾村、杨行等地的干部在组织安排下上岛的不下几十人，时间长的有七八年、十几年不等，短者一两年，匆匆过客也不乏其人。但黄书记的凤凰镇乡愁至今还在人们心中留存。20 多年过去了，他也忘不了在凤凰小镇上工作生活的日日夜夜。

（2019 年 1 月 21 日）

五六月间桑葚红

沈士兰

六月初的一天，和家妹带着她家小外甥赶往母亲家，路上小外甥被小河边上一棵挂满红红桑葚的桑树吸引住了，便央求我们停下来帮他采摘桑葚。看着小外甥那央求的目光，我和家妹欣然答应，心想着平时小外甥吃惯了那些精致的小食品，让他吃点野果子也不错。于是，那份余留在心中童年时的童心释放了出来。我和家妹两个大人踮起脚尖，和小外甥一起拉的拉、摘的摘，开心地摘起了那红得发紫的桑葚来。

不一会儿，我们就摘了满满的一袋桑葚，小外甥捧着这一袋桑葚，好像是捧着珍品一样，稀奇地咧着嘴笑着。

看着小外甥那副欢快的样子，不禁使我想起了自己童年时采摘桑葚的情景。

桑葚对于我们这一辈的农村小孩来说，真是太平常不过了。小时候，我们这辈人的家境都很贫寒，供销社里的那些小吃我们是没有口福吃到的，如果有哪个小伙伴能买上 4 分钱一个的饼吃，我们就羡慕得要死。我们吃得最多的零食就是这些随处可见的野果子。那时，我们女孩子也能和男孩子一样，三四米高的，甚至六七米高的桑树噌、噌、噌一下就爬上去了。记得隔壁陈家伯伯家有一棵桑树，那棵桑树结的桑葚特别大，熟了像黑枣一样，还发着晶莹透亮的光泽。可那棵树又特别高大。每年，桑葚熟了的时候，小伙伴们都会聚集到这棵桑树下，能爬树的就爬上去摘着吃，不会爬树的就在树下捡着吃，在树上的伙伴还会摇动树干，让桑葚掉下去，给树下的伙伴捡来吃。往往是每个孩子吃得嘴唇发黑，双手也沾满了黑紫色的桑葚颜色，这沾在手上的颜色往往要好几天才能褪掉。这棵桑树每年都要被我们折腾得枝残叶落，可也稀奇，到了第二年，这棵桑树照样枝繁叶茂、生机勃勃，又能为我们结满桑葚。

为了摘桑葚吃，我们也经历过惊心动魄的一幕。有一次，两个小伙伴爬上树，站在同一根树枝上，正欢快地采着桑葚吃，没想到这根树枝承受不了两人的重量，咯吱一声断裂了。幸好两人的手中各自拉着另外的树枝，两人就这样悬空吊着。看着离地面有六七米高，如果摔下来说不定伤胳膊断腿，两人吓得直喊救命。还好，这时的大人还没出工，都在家，急忙搭了梯子把他俩救了下来。从此，陈家伯伯便不允许我们上树摘桑葚吃，说是摔伤了，他们担当不起。后来，我们就只好等大人们出工不在家的时候再去摘桑葚吃，只是我们小心了很多。到了青年时代，我们女孩便不再去摘桑葚吃，不是不想吃，而是觉得难为情。一个大姑娘家，还拉着树枝摘桑葚吃，怕被人看见了笑话。

这童年的时光还时不时地浮现，倒还真是久违了那微甜、带点酸味的桑葚的味道。如今，为了小外甥，我们又摘起了桑葚。到了母亲家，小外甥把桑葚倒在了盆里，父亲又把桑葚洗了几遍放在了碗里，喏，满满的一大碗。小外甥开心地吃着，我们给他讲着我们童年摘桑葚吃的趣事。最后，小外甥竟说："奶奶的童年真有趣，我羡慕你们的童年。"

一个放牛郎的故事

朱云宝

20 世纪 50 年代，那时，农村还没有拖拉机，生产队的土地全靠几条耕牛来犁地，因此，牛是农家宝，是农村的主要生产工具。旧社会，只有地主、富农家才有耕牛，穷苦农民家是没有的，到了农忙季节，穷人只有租借地主的耕牛来耕地。如凤凰镇顾钦凤家，就养有上百头耕牛，鸭窝沙的农民都要租借它。新中国成立后，他家的耕牛被政府没收并分给了贫苦农民，合作化中，耕牛入社全部并归生产队集体所有。耕牛要有专人饲养管理。这些饲养管理人员，通常人们都称呼他们为放牛郎。

凤凰镇区西有先丰村，东邻先进村，北边是北兴村。我是北兴人，就在我家隔壁的亚新，就是一个放牛郎。要说放牛、养牛这是一项具有专业性，又非常辛苦的工作。亚新放牛的地点，设在鸭窝沙东北沿的北海滩，在海滩的岸旁边，集体用毛竹、芦笆、稻草搭建成一排牛棚屋作为养牛基地。牛棚和生产队之间距离较远，来回要经过北兴、先进、丰产、长明四个大队(村)，步行到养牛棚起码要走两个小时。因此，亚新只能天天吃住在养牛棚内，日夜守护着他那群心爱的牛。在五六十年代粮食紧张时期，尽管耕牛还能享受到国家计划供应的豆饼、米糠之类的精、粗饲料，但还是远远不能满足牛的口粮所需，因此，牛还得以草为食。牛郎亚新负担着 10 多头耕牛的吃喝拉撒，还要负责牛棚的清洁卫生工作。冬天，亚新还要将一些干草、豆萁、玉米秆、稻草等用一把大铡刀将它们铡碎后，再搭配着豆饼、粗糠喂给牛吃。盛夏时，牛是不住牛棚的，因天气太热，牛就要放在专门设置的牛屯内。所谓“牛屯”就是在岸边开挖一个水深 1 米左右，面积为 100 平方米左右的水池，池内要放有烂泥浆，水池的四面用毛竹或木棍打好围桩，再在四周扎好上下两档横向护栏，护栏下面就是“牛屯”也叫“牛汪潭”。夏天将耕牛放进汪潭内，它们就会高兴地在潭内打上几个滚，让全身沾满一层厚厚的泥浆，这样就可避免遭受牛虻、牛蝇、蚊子等叮咬侵扰，它们又好像钻进了空调间，在那里既凉快又舒畅地安度盛夏。

到了冬天牛就进棚了，牛棚要保持干燥洁净，如有牛拉了屎，必须及时清理掉，否则牛容易生病。为了防止牛在棚内拉屎、撒尿，亚新每天晚上半夜里起床，将牛从棚里牵出去“把牛屎、尿”，而他就要站在那呼呼作响的寒风中，等待着每头耕牛拉撒完，重新牵进棚，他才能进入已经冰冷的被窝，这些对亚新来说，哪怕天寒地冻、风霜落雨都得坚持，而且天天如此。好在他在年复一年的养牛生涯中已成习惯了，尽管身体受寒受冻，但为集体养好牛的高度责任心是滚烫发热的。

在那荒无人烟的北海滩上，每天夜里孤身一人，听到的是海浪的惊涛声和夹杂着凄然孤鸣的鸟啼声，有时也感到静寂与无奈，好在有这么多牛伙伴的相伴，使他的胆气也壮了许多。当有人问起他，一个人怕不怕时，他却微微一笑说：“我的知交好友倪才法，在抗美援朝战场上牺牲都不怕，我这点辛苦算什么？”每当太阳从东方升起的时候，只要海滩上的水草叶上露水干了，就可以放牛了(因为牛吃了露水草容易拉肚子)。当牛棚的门打开时，所有的牛就一个劲地向海滩冲去，那些不满周岁的小牛们也活蹦乱跳地跟随它们的母亲跑到港边嬉闹或低头喝水。这时的牛郎亚新，一边骑着那头最温驯的母牛悠悠然地来到水白滩上，一边嘴里哼着那很难听懂的方言山歌，那山歌大意是：“日头出来照四方，天天看见我放牛郎。姑娘问我要什么？和你结婚同暖房。”唱罢山歌，又向白茫茫的滩涂上四处张望，他是在搜索那被人毒杀的野鸭子和自己的滚钩上是否钓到了鱼，好捡回去改善一下自己的伙食。如果运气好，钓得多了，还好带点回家，让老婆、孩子们分享一下那些难得的新鲜野味。海滩上有着十分壮观的野趣，那开阔广袤的芦苇荡里，爬满了大大小小的蛸蜞和那些很难捕捉的跳跳鱼。还有被覆盖在芦苇丛中的小港里，到处都有鱼，哪怕没有渔具，就凭赤手空拳下水摸它个把钟头，准能摸到些支鱼、鲈鱼、鲫鱼、昂刺鱼、虾、老毛蟹等鲜活水产，随后就可饱尝一餐了。因此，亚新吃鱼是有机会和条件的，有时一顿吃不完，还可晒成鱼干，备为后享。海滩上有着十分丰茂的自然资源，风吹荡漾、绿草徐徐翻滚，滩地上长满了各种植物。芦苇是海滩上的代表作，其次还有野茭白、关草、丝草、蒲草等。芦青(嫩芦苇)、野茭白、关草是牛的主要食料。牛吃草时是不固定的，公牛喜欢独自行动，有时往往很难找到它，过一会儿它又会自动归队了。有时会发现，牛突然从芦苇丛中走到另一条港湾时，那里总有一些野生鸟类受到惊吓，会扑簌簌地飞向天空逃之夭夭，然后环绕着海滩，寻找新的安全地着陆。这样的情景，也能引起牛的好奇心，只见那头公牛嘴里衔着几根茭白草，一边抬头仰视着那些受惊远走高飞的鸟儿，似乎在嘲笑它们的胆小怕事行为。这一情景恰恰又似一幅美丽的春牛图。这时骑在牛背上的亚新，就能天天享受着这一幅幅美艳无比的自然风光。

亚新最担心的有两件事：一是牛的走失；二是牛的角斗。亚新视牛如自己的生命，因此，他总是对自己管养的牛格外精心照料，把每头牛养得膘肥体壮。可是有一次，一头公牛突然走失了。这头牛既是耕田运输的好手，又担负着繁育种群的任务，这头公牛的价值，自己放养三年牛的工分收入也抵不上它。为此，他急得团团转，不顾满身大汗到处找了几个小时还没找到。谁知这头公牛竟奔至其他单位的牛群里夺爱去了。亚新从西到东，寻了好几公里海滩，终于寻着了那头公牛，只见那头公牛正在和其他种群内的一头公牛激烈地角斗，双方正处于胜负难分的境界中，忽见那两头牛的前蹄右脚还在刨地，并相互后退几步，昂头相撞，刹那之间各自撞得头破血流。这对天天放养那头牛的亚新，一时也拿不出办法，情急之下忽然想到了火攻解围之法，于是点起了一把柴火，放进它俩中间，硬把它们从中隔开，两头耕牛才各自喘着粗气无奈地分立于两边。这场险恶的两牛角斗终于得到了收场。至此，牛郎亚新那颗悬着的心，才算放下了。在两牛角斗中最容易发生牛角顶进牛鼻腔内造成豁鼻，如果牛鼻孔豁开后，控制牛性的牛绳就不起作用，那头耕牛就不再驯服地耕田运输了。好在双方的牛都未伤害到鼻子，只是对方那头公牛撞断了 5 厘米左右的一段牛角，事无大碍。逮住了那头公牛的亚新，终于重新骑上牛背，一手拉住牛尾巴蹚过了一条深港回到了自己的住处。

每当春耕开始，亚新管养的耕牛，都要回到生产队耕田去了。许多年来那些健壮的耕牛，总能任劳任怨地完成农时季节的耕种任务，并取得了农业生产一年又一年的大丰收。这是由于亚新对集体资产的真诚爱护，能坚持多年如一日地，无论在狂风暴雨、三九严寒、酷暑盛夏的环境条件下，都能日夜守护、精心饲养、呵护牛群的敬业精神的集中体现。放牛郎顾亚新于 2012 年享年 82 岁时离开了人间。但他那勤劳敬业和开朗豁达的精神面貌，人们是永远不会忘记的。

（2019 年春）

童年的回忆

施唯一

长兴岛上，在先进村和先丰村之间有一座凤凰桥。偶尔路过的时候，我会倚靠在桥上，凝望着桥两侧的老街若有所思。只要一声轻唤，就拨动了我思念的心弦，记忆中关于凤凰镇的往事不经意间随着思绪迎风扑面而来。

我是先进村人，我的家离开凤凰镇很近。我爱凤凰镇，不仅是因为从小生长在她的周边，熟悉她的一草一木，也不仅是因为她历来就处在长兴的政治、经济、文化、教育、商贸中心地带，更多的是只要说起凤凰镇，我那止不住的乡愁就会油然而起。岁月匆匆，儿时家乡的剪影，始终萦绕着凤凰镇，心心念念不已。我慢慢地直起身，站在凤凰桥上，张开双手，深吸一口气，怀旧与思恋的气息在凤凰镇洋溢。

记得小时候，每天早晨天色刚一放亮，在凤凰镇的老街上，就会传来充满市井活力的动人声响。凤凰桥头老字号的同心馆里，大清早新鲜出炉的点心，吸引着众多馋嘴的食客驻足。街道上供销社的什锦商店里，数不尽的人头在琳琅满目的商品柜台前攒动。喧杂的菜市场里，人群摩肩接踵，小贩们的吆喝声与购货人的讨价还价声此起彼伏，好不热闹。

那时候，我常常能趁着爷爷去镇上买卖的机会，坐在他推着的 28 英寸脚踏车上，歪着脑袋，啃着他买来的甜饼，晃荡着小脚丫，睁着好奇的眼睛东张西望，穿梭于凤凰镇的车水马龙之间让人目不暇接。慢慢地，时间就在爷爷自行车轮滚动之间偷偷溜走，不知不觉中，我就到了不得不去上学的年纪。

我的幼儿园和小学生涯都是在凤凰镇上中心幼儿园和中心小学度过的。那时候，两个学校的校门是正对着的。幼儿园在凤凰桥东边老街的南侧，小学在北侧。在两个学校的周围，依次坐落着老的乡政府、派出所、工商所、税务所等机关部门。

妈妈说每次去送我上幼儿园进教室门口，我都要重复说一句早点来接我后才屁颠屁颠地走进教室里去。现在,我倒是不记得有这样的接送画面了,直言是假信息。但是在爷爷、爸爸、叔叔们的证言下,我已无力反驳了。我那时是有多惧怕幼儿园的生活呢,还是回家的诱惑很大呢?想到牙牙学语时就吵着要赖学,我就忍不住要笑出来。

放学时间到了,总有难免遇到家人要晚来才能接我的情况。此刻,我常常会钻进校门进口处的一个铁管制的鲤鱼造型大摆件的鱼肚子里面,望着校门口的熊猫造型垃圾箱里被抽烟的大人扔进烟头后吞云吐雾的憨态模样,眼巴巴地等着自己的家人能早点来接我回去。我对这焦急等待放学回家的画面倒确实印象深刻。呵呵!看来妈妈说的是真的了。

日子在悄悄地过着,转眼之间我上小学了。我在中心小学度过了六年无忧无虑的欢乐时光。如今,脑海里还能时常浮现出和蔼的老师、可爱的同学、明亮的教室、崭新的课本以及那多姿多彩的片段。

上课时,校园里风声雨声读书声,声声入耳;家事国事天下事,事事关心。下课了,大多数同学纷纷跑出教室。顽皮的男生们在操场上追逐嬉戏、打玻璃弹珠,活泼的女生们在花坛边踢毽子、跳皮筋,校园里到处都充满了学生们爽朗的笑声。留在教室里的同学也挺忙碌,男生们有的爱玩香烟牌子来比输赢,有的会耍溜溜球比技能,还有的在对漫画书里卡通人物的交流与探讨中也常常会因意见不同而非要争执得面红耳赤,惹得在旁的女生们窃窃私语偷着乐。印花纸、黏纸和挑花棒则是女生们的最爱,在收藏品的稀有度和观赏度上相互较真着。万一发现自己的存货比对方逊色的话,便会一会儿噘嘴一会儿皱眉。因此,女生们的羡慕嫉妒恨常常是喜形于色、溢于言表。此时,男生们都是不敢去靠近她们的,因为害怕不小心撞在她们气呼呼的枪口上而莫名其妙就成了出气筒。所以,当男生们发现女生们正在生气的时候,大多情况下是望而却步、避之不及。

每年冬季,学校都要开展“小松鼠”跳踢比赛,分团体赛和个人赛,有跳长绳、跳短绳、踢毽子等比赛项目。一有空闲时间,各个班级之间都要争先恐后抢占学校的各个有利场地,有目的地针对跳长绳等集体比赛项目进行一次次苦练。同学们个个信心十足、精神饱满,在欢声笑语中勤加练习,力争在比赛时取得好成绩,为班级荣誉增光添彩。

正式比赛时,赛场上人声鼎沸,参赛的学生们果真都毫不示弱,一个个跃跃欲试。随着裁判老师的哨声响起,只见他们迅速地轻轻跳起,一根根彩绳在空中飞舞。旁观的啦啦队也高声呐喊,为他们喝彩。场上的比赛热火朝天,场下的加油声一浪高过一浪,欢呼声震耳欲聋响彻整个赛场,到处充满着活力与欢乐。大家用实际行动诠释着热爱集体、团结协作、奋发向上的精神面貌。想着想着，我好像又身临其境了。

沿着凤凰桥往西边去，寻着儿时快乐的足迹，时间仿佛又回到了 1993 年长兴举办的第一届柑橘节。在当年，这可是我们这个橘乡之岛的一件大事情。为此，我们中心小学组建了好几支兴趣团队，有锣鼓队、腰鼓队、号子队、鲜花队、彩带队等，专门为柑橘节开幕的迎宾活动服务。迈着整齐的步伐，我们的队伍一直延绵到当时开幕式的举办地垂珠园。至今，我仍然对园门外红旗招展、锣鼓喧天的场景记忆犹新。闭眼冥思，"欢迎欢迎，热烈欢迎"的嘹亮口号好像又从远方传来，回荡在老凤凰公路上。

记忆里，小时候摸彩票是一件非常稀奇的事情，所有参与的人都很开心。我二三年级的时候，在凤凰镇凤凰饭店附近就刮起了一阵摸彩票的旋风。在摸彩票的那些天里，全岛各村的人甚至外乡的人都是慕名而来，都像赶集一样来到凤凰镇，试一试手气。人们或请假，或停工，或放下农活，一天就做这一件事情。两元钱一张彩票，现刮现开，开中几等奖就能现场拿走相应等级的奖品。如果没有记错的话，一等奖是一台 21 英寸金星牌彩色电视机。摸不上大奖也不会不开心，回来了，也总会谈论大奖的故事，谁谁谁中了彩电，谁谁谁中了自行车，像是过了一个彩票节日。我的大舅妈就幸运地刮中了一辆红色的永久牌自行车，高兴得不得了。第二天，表姐就直接骑着上学去了，眼红了一大帮人。禁不住摸张彩票就能中奖的诱惑，我亲爱的爸妈也去凑过摸彩票的热闹，只可惜每次都是铩羽而归，一个铝制的脸盆就是我家摸到的最大奖品了。不过，那时候奖品的质量都不错，那个脸盆家里倒也用了好多年。

凤凰饭店就在中心小学旁边。在摸彩票那段时间里，我们小孩子一有空闲的时间，都会去收集丢弃在地上的各种图案的刮过奖的彩票，拿在手里仔细研究，期待着捡个漏也能对上个把小奖品。现在想来，这绝对又是一件童年趣事。如今，彩票店越开越多，买彩票也比以前方便，但是原来那种万人空巷摸彩票的现象似乎已经不可能再有了。

从 90 年代中期开始，改革开放的春风使得各种类型的展销会也在凤凰镇逐渐兴盛起来，尤其以服装类和小商品类的展销形式最受人们的喜爱。那时的展销会上总有相当一部分货品，对当时很多还未出过远门的长兴人来说是没见过、没穿过、没用过的新鲜玩意儿。于是，每当凤凰镇要开办展销会的讯息一经传播，络绎不绝的人群就会从四面八方纷至沓来，把本就不是很宽敞的展销场地挤得水泄不通。大伙这边瞅瞅，那里瞧瞧，只要稍有发现自己中意的东西，立马抢先收集归拢起来。然后,再急着和一道来的亲朋好友共同商讨着手里拿着的货色好不好。那个时候的钱金贵得很哪!在得到大家一致的肯定意见后,才会和摊贩谈价钱,等谈妥了双方一手交钱一手交货。

展销会上的物品不胜枚举,人们但凡发现别处展示的地方围着的人多了,哪怕距离还挺远的,都会争先恐后从这个摊位硬挤到那个摊位,生怕又错过了什么好东西。那时候,在凤凰镇逛展销会简直和摸彩票时的情景非常相似,人来人往,一拨人接另一拨人。和摸彩票不同的是,逛展销会的人们大多都能挑选到自己心仪的物品满载而归。但现在,随着网络电商的不断推陈出新,展销会也和摸彩票一样都在凤凰镇销声匿迹了。

1996 年小学毕业后,我去了宝山求学。由于那时候交通出行很不便捷,出入长兴只有靠轮渡。因此,我一般只有在放寒暑假的时间才能抽空回到家乡来。久而久之,随着学业压力的加重和看多了岛外的精彩世界,去凤凰镇的次数和兴趣变得越来越少了。

然而,斗转星移,借着新长兴开发建设的东风,凤凰镇也在逐渐发生着变化。周边地段的商品房、动迁房一幢幢拔地而起,凤滨路、凤卫路上新开的商务楼鳞次栉比,老街上原来的商铺换了一批又一批。当下,只有凤凰照相馆和凤凰浴室的老招牌依稀在路灯下闪着光,好似仍然在向路人倾诉着凤凰镇老街往昔的热闹与繁华。

光阴似箭,所有关于凤凰镇的印象总是与自己儿时的记忆交织在一起。“有过多少往事,仿佛就在昨天;有过多少朋友,仿佛还在身边。”今天,每当我走在凤凰镇,看见熟悉的人与物,情不自禁会触景生情。在回忆凤凰镇的悠悠往事里,活蹦乱跳的童年又在我心中尽情地撒欢。在我看来,对凤凰镇过往的怀念就是一种剪不断理还乱的乡愁,它唱在歌里醉在酒里越久越浓烈,连带着对家乡的爱也在忽然之间涌上心头,温暖如春,回味无穷。

(2019 年 2 月)

一根苦藤、五个苦瓜

李士珍

我记得老舍在《养花》一文中结尾有这样一句:“有喜有忧、有笑有泪、有花有果、有香有色,既须劳动、又长见识,这就是养花的乐趣。”我把最后一句改作“这就是我的生活”。

人的一生怎能风平浪静?我看到也听到好多人本来好好的,却被突如其来的祸、灾、病,折磨得垂头丧气的,弄得倾家荡产,害得变成残废的……哭得天翻地覆的……我曾暗中祈求:这种奇事千万不要发生在我身上!

谁知,天有不测风云。30年前的五月初一早晨,我矫健的母亲,在回家的路上,因下雨不慎跌了一跤,结果爬不起来,当家人发现时已不省人事。急送长兴医院抢救,医生说:“是脑中风,血管破裂,80%没有希望。”中午12点不到,妈妈这根藤上的五个“苦瓜”以及家人、亲人从市区、宝钢、长兴砖瓦厂,从四面八方赶到我亲娘身边,再三恳求医生大力施救。我们几个子女同时叫喊着:“妈妈亲娘,你睁开眼睛看看我们吧。”大家的泪水像打开的闸门涌了出来。我们的脸紧紧地贴在妈妈的脸上,但她毫无表情,说不出一句话。难道这死神非要牵走我们妈妈?母亲含辛茹苦地把我们兄弟姐妹五个苦瓜养大,饱经风霜,吃足苦头,还加上瑞丰沙海坍精光,重新在潘家沙白手起家,重建家园。现在生活好起来,你的两个儿子正在盖新楼房还未完工,你怎么能走呢!还有你88岁的老母亲靠你照顾、养老。母亲你不能走呀!

我们五个苦瓜在那呼天喊地哭天哭地的当儿,母亲还是没有反应。现在的生活一天天好起来正要报答妈妈的养育之恩,实在想不到,医生用了最好的药,经三天抢救仍无效。第四天医生说,她的瞳孔已放大,如果不回家,那就要死在医院里。这真是晴天霹雳、乌云遮日。我们五个“苦瓜”心要跳到喉咙口了。深夜11点钟,借了担架、氧气筒,护送妈妈到大儿子家里。因救护车地方小,只能坐母亲的五个子女。我们的哭声在夜空中回荡：姆妈呀！亲娘呀！你千万不能走，爸爸因重病离我们而去，我们这五个“苦瓜”一直由你抚养长大……

大弟给驾驶员引路；二弟给妈紧紧握牢挂盐水的手，防止针头动歪；小弟二脚固定氧气瓶，也在像老牛喘气哭；我是大女儿，手把盐水瓶举得高高的直碰到车顶，泪眼看着盐水一滴一滴地滴进亲娘静脉里。因家庭贫困小妹从小给人家抚养，她的经历也不平凡，她哭着望着哥哥、姐姐，手提四五个大小提包如此伤心。深夜11点半，妈到了大哥家里，第二天是五月初五，下午3:08，65岁的姆妈——这根苦藤离我们而去！那是1989年。

五只“苦瓜”的主藤——母亲离开了我们。回忆起母亲在33岁时在那艰苦岁月已生下我们五个子女。那年我是老大已经10岁，其次8岁、6岁、4岁、1岁，那时小弟还不会走路，基本上每两年一个。按照我们当地说法都是“挨肩头”小囝，可想而知，母亲是吃苦人，这个家的重担都压在母亲肩上。真是千斤重担，里里外外一人撑。还有一个奶奶年老体弱，卧床不起，母亲叮嘱我要护理好奶奶，要端茶送饭，清理好尿床、尿裤。因为我当时虽还很小，但我是老大，这就是“穷人的孩子早当家”。

想起1959年瑞丰沙遭遇海坍损失精光，在党和政府安排下全部撤走搬到潘家沙，在那里白手起家重建家园。我家的东西装在扯篷的小船上，到了人地两疏的潘家沙，那时正是七月的酷暑期间，人人汗流浃背，一船家具、杂物都堆在一条小岸上。当时房子还没有建起来，真是无家可归、举目无亲的景象。正在这落难时刻，小弟拼命喊着要吃西瓜，奶奶还是向一间小屋里给他要了一口水喝，小弟很听话不吵了。母亲笑在脸上，苦在心里。亲娘为了安顿好这个家，在这人生地不熟的地方到处奔忙，靠表哥表嫂、不相识的新邻居帮助，靠党和政府的安排供应建筑材料、终于建起了三间草屋，开辟了新宅，住进了新屋。

当年因家庭经济困难，我在读小学六年级时，读读停停，停停读读，根本没有考虑上中学。但我爸曾对校长提过，要我考中学，校长几次上门帮我向妈求情：“让士珍考中学吧！”妈说：“我们活命都很困难，哪里有钱上中学？”然而在女校长的多次上门苦口婆心、耐心劝说下，妈同意让我考中学，结果被长兴中学录取。妈妈省吃俭用，每月给我5元钱，加上3元钱助学金，一个月8元钱够我花了。我深知学习机会来之不易，读书必须用心，否则我对不起关心我爱我的母亲和那位女校长，成绩始终保持一片红色——5分，备受同学夸奖和老师喜欢、信任，还当了班里的学习委员。

自己在中学读书，不能忘掉家里的弟弟妹妹，我每月省下三斤饭票改买馒头给弟弟妹妹吃。妈妈教育我：听党的话，不要自私，时时要想到我们这个家。由于农村搞农业，只能解决温饱问题，经济来源无着落，农民困难就困难在经济上——钞票。所以，妈妈决定减少一口人，把四岁的妹妹送给无子女的人家抚养。那天，交接的地点选在边远的路上，小妹交给领娘抱到手里，母亲马上转身奔回家。小妹从领娘手里挣脱滑落下来追亲娘，"狠心"的亲娘逃脱了小妹追赶，母亲上气不接下气奔到家里痛哭了一场。

记得1962年，长兴遭受自然灾害，堤岸被台风吹起来的大浪冲垮，妈妈与男社员一道拿了泥络扁担去挑泥加岸修筑堤岸。一次，遭受大雨淋身，着了凉，咳嗽不止，以后感染肺结核病引起吐血。当时我正在读初三，即将毕业考试，妈妈叫我回家。我一回到家里看见妈妈躺在床上爬不起来。我向大队借了50元钱，只有16周岁的我带着有病的母亲去市区看病。当时找到上海第六人民医院，医生说，是患肺结核病，要到吴淞桃园新村肺结核专科医院门诊。病是看好了，但由于劳累过度，回到家里病上加病，一睡就爬不起来。

我们姐弟四人都疼爱妈妈，尽管一天吃三顿粥，我们在煮粥时，先捞出一小碗厚的米粥，在那个年代我们当干饭先给母亲吃。所以我们四姐弟必然喝更薄的稀粥，饥饿的两个弟弟后来到畜牧场，拿来猪吃的糠煎成糠饼，大家吃得好香、好脆、好欢，觉得很"好吃"。那时家里还喂养的鸡，杀了给妈妈吃。亲娘心痛我们，叫我们一起吃，她要把鸡腿、鸡翅膀分给我们吃，懂事的三个弟弟都端起饭碗离开台子。我们知道亲娘必须滋补身体。她为了这个家、为了她的四个孩童已累伤了身体。我们深知母亲是这家庭的顶梁柱，我们不能没有一家之长，我们更不能没有母亲，就像鱼儿离不开水，五个苦瓜如果没有这根苦藤就无法生存。她为我们付出了无法形容的代价——吃、喝、寒、暖、喜、怒、哀、乐，饱含着伟大母亲的情与爱。

记得1964年，家里煮饭的柴草没有了，妈妈带我们姐弟四人到海滩上割短小的芦苇以及高白柴。我问：这么重的东西怎么弄回家呢？她说，等潮来，割好后先用绳子把割好的柴打成排，等海水涨起来后，利用海水把柴排拖到岸边，待晒干后就当煮饭用的柴草。当时潮水来了，多危险呀！妈妈领路在前面拖，我和三个弟弟在后边推。前面有一条深水的大港，大弟叮嘱我：姐姐当心，水深了，快爬在柴排上。没等大弟说完，我就落入深水里，不会游泳的我，海水咕噜咕噜往肚里钻。妈妈和弟弟马上来救我，才没被海水吞没。拦腰的水，让我们大半天浸在大海里，等我们娘儿五个完成任务回家时，个个筋疲力尽，大家的脸被晒得通红。妈妈摸摸我的头哭了。

今天，超过50岁的我才深知妈妈有多孤单，多想得到夫妻的恩爱、温暖。妈想我爸爸没了,全家大大小小的事都是我母亲操心、经办。母亲只有一个宗旨:撑好李家这扇门,培养好我家五个“苦瓜”。一转眼我们从不懂事的孩子,长大成人后有了收入,一下子把欠生产队的 2 000 多元的债还清了,还余下 600 多元钱。我们在党的领导下,日子一天天好起来,姐弟五个分别盖上楼房,可是伤心的是妈妈没有等到住上自己子女盖起来的楼房,两手空空到西方报到。

我们牢记亲娘的叮嘱:“做人要做艰苦朴素、勤俭持家、为党为人民做出贡献的人!”

愿天下的人都记着我们这位伟大的母亲——这根苦藤!

我的第二故乡长兴岛

忻丁亭

长兴岛是我的第二故乡。60多年的生涯中我深深地热爱着这片热土,在我心中有着一种割舍不断的情怀。

我家原住在上海市南市区(现划入黄浦区)方浜中路的闹市区。那时,我们全家靠父亲在黄浦江里划小船搞摆渡维持生计。到了1956年初夏,市政府为改变上海落后的交通运输状况,将一批摇舢板的、踏三轮车的、拉黄包车的城市贫民安置到长兴岛垦荒种地。为了响应党的号召,我父亲也积极报了名,后来全家移民到长兴岛的解放圩。从此,长兴岛成为我的第二故乡。

岁月如梭,一晃几十年过去了。那时我才7岁,但已经很懂事了。我记得去长兴岛的那天上午,哥哥、姐姐和我跟着父母亲,在上海外滩欢送队伍热闹的锣鼓声中乘上了轮船,尔后缓缓地离开码头,向长兴岛驶去。轮船行驶了大约两个小时,到达了目的地。来接我们的是当地的农民,他们用独轮车把我们简单的行李搬到车上,然后用绳子绑好,推着走了。我们跟在他们后面,足足走了个把小时,才到了安置点——凤凰镇北面的解放圩。

安置点的房子十分简陋,全是草房,一排一排的,共有好几百间。一般每户分一间房子,在门上都编好了号码,我还清清楚楚地记得,我家的号码是159号。就这样,我们开始了在长兴岛上的生活。刚到长兴岛的时候,因为没有经济来源,国家对移民实行经济补贴的办法。虽然钱少得可怜,但总觉得这是党和政府的一份关怀啊!我家5口人,每月补贴金额是30元。父亲8元,母亲7元,姐姐6元,哥哥5元,我则4元。如果家庭人口多于5个人的话,超过的人员,均按每人每月4元给予补贴。经济补贴实行了年把时间也就停止了。微不足道的一点经济补贴,用以维持生活,是十分艰难的。当时国家也穷,处处都要用钱,没有条件给更多的补贴，只有靠自力更生，才能解决问题。

我们习惯于城区生活的人，移民到一个新的地方，什么都不习惯，既没有生活经验，也没有生产技能，甚至连野草与麦苗都分不清楚。但在上级政府的领导下，新农大队(全由移民组成的基层单位)自己产生了干部，组织移民开始围垦造田。挑岸是一项繁重的体力劳动，岛上农民都是一个人挑着泥担来来去去、上上下下地走，而移民不会，他们用一个竹箩筐装上泥，两个人扛着走。就这样，经过几个月的艰苦奋斗，终于围出了一个新圩，取名为“交通圩”，因为上海的移民当时属于上海交通局管辖的。交通圩，实际上是一幅长兴岛新农民艰苦创业和顽强奋斗的历史照片。

交通圩围成以后，原住在解放圩的移民，有劳动能力的人家，大多数搬迁到交通圩开始种地。交通圩里还设立生产指挥部，聘请有农业生产技能的本地农民当技术员，这时起，移民们成了真正意义上的农民了。我们全家也搬迁到了交通圩最北面的地方居住。

过了一年多时间，1962 年 8 月 1 日晚上，长兴岛遇上台风、暴雨、大潮的袭击，交通圩堤岸被冲垮，我们全家人从睡梦中被惊醒，外衣都来不及穿，就惊慌失措向南岸逃命。汹涌的潮水把房屋都冲走了，一件东西都没有拿到。这次潮没中新农民就死去了好几个。我家还算不幸中的大幸，全家人平安无事。因为当时的堤岸全是用泥土堆积起来的，根本经不起大潮大浪的袭击。现在的海塘大堤，按照标准化建筑，坚如铜墙铁壁，不怕万顷巨浪。

受灾后的第二天早晨，我们看到的交通圩内是一片沼泽，根本看不到任何建筑物的存在。对于我们这些无家可归的移民家庭，公社领导给予救济和临时安置，我家安置在现油库附近的原长兴造纸厂，虽说生活条件艰苦，但总算有了一个遮风挡雨的地方。

1964 年，经长兴公社党委研究决定，将我们这批从市区过来的新农民，全部安插到全公社的各个农业大队，每个生产队安置 2～3 户，再按照家庭人口的多少，每户建造 2～3 间平房，和当地农民一样，实行同工同酬，只要你努力参加生产劳动，基本生活就有了保障。

我于 1967 年初中毕业后，就回到生产队参加集体劳动，经过几年的锻炼，各种农活都得心应手，一点也不亚于当地的农村青年，并得到大家的好评。在大队党支部的教育培养下，自己刻苦努力，进步很快，1976 年光荣地参加了中国共产党。在农村里，我先后担任过生产队会计、大队条线干部、工业大队长、村委主任、村党支部书记等职务。

我自 7 岁时来到长兴岛，在 60 多年的时间里，长兴岛发生了巨大变化，如今，岛上高楼林立、交通发达，橘林葱绿、环境优美，人民生活富裕。长江隧道从上海浦东连接长兴，上海长江大桥像一道彩虹飞架长兴、崇明之间。长兴南岸的江南造船基地和振华港口机械制造基地雄伟壮观，名扬中外。长兴西北面的 67 平方公里的青草沙水库，环境优美、碧波荡漾、令人神往。现在，全岛人民为把家乡建设成为海洋装备岛、景观旅游岛、生态水源岛的宏伟目标而努力奋斗。我见证了长兴岛的发展。我深深感受到共产党好，社会主义制度好。我热情为我的第二故乡——长兴岛唱赞歌，我祝愿长兴岛——长江口中的一颗璀璨的明珠永放光彩！

怀念我的爷爷

蔡文忠

每当看到墙上爷爷的照片时,脑子里总有一种亲切的感觉,爷爷面容是那么的和蔼慈祥。每当离开家门时又会习惯地抬头望望爷爷的照片,好像是在与他道别。所以,在爷爷故世25年后的今天,我依然把他当作家里的一员,仿佛他一直在我们身边。

我的爷爷蔡下苟,生于1920年11月,出生地是崇明草棚镇,就是现在的三星镇烈士村,读了不满半年的私塾。新中国成立前夕,随父母携一弟弟迁来长兴岛鸭窝沙,以做忙头(打短工)谋生,新中国成立后分得由政府没收的某地主的一间草屋(就是我家现在的住宅),我们蔡家在长兴岛的历史就是从那里开始。由于家境贫穷,爷爷娶了一位丧偶的龚姓女子为妻,约一年后,该女子因病得不到有效治疗而病逝。我现在的奶奶原是有钱人家的女儿,爷爷年轻时长得英俊帅气,聪明灵活,经过了一番周折后,爷爷最终与奶奶相恋,结婚成了家。爷爷和奶奶生有两个女儿,妈妈是大女儿,按习惯我父亲便做了上门女婿,我和姐姐自然随母亲姓了蔡。

曾祖父、曾祖母都是老实本分之人,地地道道的乡下人,爷爷在家里是长子,早早就为父母分忧担当起了家庭主角。新中国成立后随几个同乡兄弟一起行船谋生,风里来雨里去,小小的航风船经常会有翻船落水等危险事故,但为了生活只能这样冒着风险艰难地度过每一天。几年后到长兴运输社船上打工,1965年回到了先进大队,担任公私合营后的两条(只有十几吨排水量的木船)运输船的管理工作,后来经秦宝良介绍加入了中国共产党。爷爷多年来的为人处事得到了领导们的赞赏,1969年担任大队企业负责人,管(革)委会委员,先后筹建和管理了大队土建队、金加工车间、电动机厂、运输船、木匠房、圆作坊、自行车修理车间等企业。1980年11月至1986年11月,年满60岁的爷爷被照顾性地安排在当时的公社农田水利指挥部(水利部)里负责矿棉板厂的筹建工作。1986年7月退休养老,1990年至1993年10月又在乡副业公司基地、乡基建大队部做后勤留守工作,1994年4月3日因病去世,享年74岁。

熟悉爷爷的老人们都这样认为,爷爷是一位聪明能干、朴实无华、善交朋友、诚实本分、爱憎分明、敢于担当的人。一道航船多年的蔡留其爷爷回忆道:“在马家港水闸建造(1966年)之前,我们的船一直停靠在潘石港和马家港,老蔡是看守及清洗船只次数最多的人。他勤劳肯干、讲义气、不偷懒,善于管理各种事务,我们都很依赖他。”一起在大队做事的汤友其爷爷回忆说:“老蔡在大队做事几十年的时间里,工作积极、责任心强,他忠于党、尊重领导、善于团结人,组织上安排的工作总是尽最大的努力完成。我们先进大队的企业逐步壮大,经济迅猛发展都是在老蔡精心管理、高度负责下实现的,我们大队连续多年成为长兴公社各项工作的示范标兵和先进典型,老蔡功不可没。”曾经担任过宝山县委书记的赵志明爷爷说过:“老蔡这个人诚实可信,为人爽直,从不与人斤斤计较,愿意帮助那些有困难需要帮助的人,但对一些看不惯的人和事就会直截了当地抨击,不给面子。他的朋友很多,老的少的都有,体现了老蔡这个人优秀的人品素养。”先进村前支部书记胡均常说:“要不是老蔡当年的宽容和信任,我怎么会有今天呢?前辈的榜样力量激发了我努力工作、服务村民、全力做好各项事务的热情和勇气,我是从心底里感激老蔡对我当年的培养教育。”前公社副书记徐光明爷爷回忆了这样一件事:“1976年的某天,一行人(刘品章、我、黄佳明、袁永培、徐建飞、老蔡等)在宝山吃完喜酒(秦宝良女儿结婚),大约在晚上八点半乘坐先进大队的运输船回长兴岛。途中掌舵人袁永培(非航船专业人、自告奋勇)在一片漆黑中行船七八个小时后误将船行驶至横沙岛以东水域,待乘坐的人们从睡眠中醒来时,发觉了误航之事,全都迷茫不安、心情焦虑。慌乱中我和老蔡进行了分析商议,最后还是由老蔡亲自掌舵调转方向,行驶到凌晨五点半左右,我们终于在长兴岛马家港上岸了,一检查,船上的柴油已经快没了,一场灾难幸免了,我们都带着幸运回家睡了个安稳觉。”堂叔蔡正明也回忆说:“大伯是一个讲义气、重亲情的值得尊敬的长辈。我们兄弟几个的婚姻大事和建宅造房都是在大伯的参与、操心和帮助下完成的,把我们几个侄子的事情当作他自己的事情安排妥当。1979年的夏天,大伯与几位老朋友(张志德、秦宝良等)一起特地来部队驻地(杭州留下)看望我等几个当兵的晚辈,关心我们在部队的生活、训练情况。吃过便饭后又匆匆回了上海,对我反复嘱咐,要好好服役,不要牵挂家里,积极要求进步,自己照顾好自己。”在我的记忆里,爷爷烟瘾很大,不会喝酒,偶尔也打打牌,个子高但偏瘦,常以自行车代步,记忆力特好,在外忙碌回家后常常叫妈妈把有关事项记录在笔记本上，常常坐在沙发上思考工作上的有关问题。对父母长辈很是孝顺和尊重，对邻居和朋友也是友好相处，对子女晚辈要求极严，批评人很直接，不喜欢拐弯抹角，人们习惯称呼他为老蔡或老头子。对我有点偏爱(估计是我继承了蔡姓，是他唯一的孙子的缘故)，当母亲生下我后，爷爷最关心最疼爱的人便是我。我清晰地记得，在小学二年级的时候(1988年9月)，我被一同学用削铅笔刀刺伤了屁眼，鲜血直流，后果难料。这天又遇大风，轮渡船停航，爷爷只好向乡政府求助，邵全元乡长又与三航公司商议，让满载货物的“长机13号”船冒着八级以上的大风，用了两个半小时把我送到吴淞，救护车又把我送到了长海医院进行抢救，爷爷好几天里都是愁容满面，神情紧绷，常常坐着发呆，看上去好像苍老了好几岁，让人心疼。当医生诊断我已经脱离危险，不会有严重后遗症时，爷爷才有松了口气的表情，才露出了一丝笑意。在我读初中(前卫中学)时，爷爷每天都会在我出门前叮咛，放学回来后问询，极力要了解我的一切。

爷爷临终前最放不下心的人便是我，多次叮嘱我的父母，一定要教育好、关心好我，要把我培养成一个有所作为的、对社会有用的人。谆谆嘱咐，刻骨铭心，终身不忘。如今，我已经长大成人，成了家做了父亲，也像爷爷一样成了一名村官，整天在村务与村民之间忙碌着。自幼接受着爷爷的教诲和熏陶，逐渐懂得了怎样做人、怎样做事。在领导和前辈们的鼓励帮助下，我在不断地进步成长，各项工作开展得比较顺利，得到了领导和村民的好评。我一直为有这样一位品行兼优、德高望重的爷爷而感到骄傲自豪。如果爷爷在世今年正好百岁。我想，如果他看到我们现在的幸福快乐，一定会格外欣慰。最后我想说，好爷爷，我们永远怀念你！

(2019年2月25日)

小镇渔港

姚伯祥

百年小镇凤凰镇在地图上是找不到的，与浙江舟山石浦、江苏吕四等地不可比，但在20世纪的几十年间，却是活跃在长江口的一个小小渔港——马家港。

长江口泛指东起横沙九段沙西至太仓浏河港。从启东海门与上海浦东这一段宽阔的江面，30多公里宽的江面又被长兴岛、横沙岛、崇明岛分隔成3个水道，长兴岛南为南港，主航道水深通航轮船，长兴岛、崇明岛之间为中港宽9～10公里，水浅布满游移的晚沙，只能航行一些千吨以下的船舶，崇明岛与海门启东之间为北港，江面虽宽但近年来淤积严重。早年还通航轮渡，现在海门清龙港和启东惠隆镇的客轮也停航了。

20世纪50年代，我还是个初涉世事的少年，因家住凤凰镇西市梢，每天到镇上玩耍，那个热闹的场景至今不能忘怀，是渔船、渔货、渔民繁荣了凤凰小镇。长江口是上游来的淡水和东海的海水交汇处，一天两次潮汛来回冲刷，各沙岛外围形成的滩涂湿地，水温、水质、水草微生物为各种鱼类提供了得天独厚的生存环境，早春二月面长鱼、刀鱼、河豚，清明过后至大暑间的烤子鱼（凤尾鱼），接下的白米虾，冬季的长江蟹，还有长江鲈鱼、鲴鱼、支鱼等稀有鱼种，其中就数凤尾鱼的捕捞时间长，产量大。这些优越的自然条件吸引了周边市县的渔民们，适逢鱼汛纷纷前来捕捞。那时捕鱼船一般都是个体经营的，渔民常年以船为家流动在长江边。沙上人称之为网船。捕捞是官名，俗话讲“张子鱼”。来自江阴扬中等地的渔船，他们是弟兄邻居3～5人组合一条船，鱼汛季节结伴来到长江口。长江捕鱼讲的大小汛，大汛是初一、十五潮位高，水流急，在横沙江面上拉起一条网，一头浮标插上一面三角小旗做标识，另一头拴在网船的后梢，网条长200米，网宽2米，网眼的大小正好能使凤尾鱼的头钻进去卡住，前进不得，后退不能。插小旗的一头下垂一块石头，重量大小计算到保持一定速度顺着潮水往浏河方向去，另一头由网船的风帆和摇橹掌握进退，待到平潮水流平缓起网，把挂在网上的凤尾鱼一条一条摘下来，一潮水下来可收几十斤上百斤凤尾鱼。潮落退水，网和船随水顺流而下进马家港，把鱼货送到鲜行验货记账，第二天上午起早赶到横沙江面上继续张网，顺着涨水往吴淞浏河方向进行同样的作业。有的还会涨夜潮。常驻长兴的网船，江阴等地来的渔船不下百条，在几十里的江面上依次相隔百米顺着江水往上游而去，各个船家的网上挂多少凤尾鱼，那就要看各家的运气，一个大汛也就七八天光景，到初八小汛期，各船进马家港内暂行休息，补网的、修篷的、整绳索的都忙碌着。忙归忙，中午晚上两餐，男人们就在凤凰镇的茶馆内、酒家内聚在一起，吃喝得热火朝天，听书的，斗小牌的，玩得津津有味。不大的凤凰镇一下子多了上百条船、几百个人，其热闹程度可想而知。女人们则是抓紧补充柴米油盐酱醋茶，小孩们腰间拴一根绳，一头牵在船舱内。四乡八村的农民们手提装满鸡蛋的篮子和腌好的咸菜，到渔船上调换烤子鱼。回到家里红烧、油爆、氽烫，更多的是腌烤子鱼干，一个夏季鱼汛各家各户晒个几十斤是常有的事。船家有得是新鲜鱼，缺的是蔬菜和鸡蛋，优势互补其乐无穷，转眼间小汛结束，大汛到来，船家们又拔篷起锚，开始了一个新的作业期。

除了长江里的网捕作业，岛上的河浜港汊的河水直通长江，也盛产鱼虾蟹等河鲜，村民们在忙闲时抽空用撒网、拖网、插网、推网等捕鱼网具，一天下来还是收获颇丰。自吃之外，拿到凤凰镇上路边自卖，放到鲜行“达子”上代卖。长兴岛周边的几十里的滩涂湿地，也是各种鱼类生长的天然良港。早春三月推面长鱼，夏天推白米虾，冬季推长活蟹，滩地上放围网。小舢板下钩子，那是应有尽有，抓鱼的人都是舍不得自吃，不论多少拿到市上去卖，积少成多，造房买地，子女成家的钱都是从这里一点点攒起来，这就是岛民们的渔家生活。

凤凰小镇依旧，新镇区日趋现代化，但渔港已一去不复返。长江航道随着经济的发展，禁捕的范围不断扩大。西起泮石港东至元沙西镇港，振华重工、中海修船、江南、沪东造船的码头已布满 16 公里岸线，码头排队，塔吊林立，哪有你网船捕鱼的空间，各港口建起了水闸没有你渔船的立足之地。由于一段时间的农药化肥过量使用，内河的鱼虾蟹蚌几乎绝迹。凤凰小镇渔港的热闹非凡的场景终成历史。

黄铜匠

姚伯祥

凤凰镇上有远近闻名的黄铜匠，铜匠铺门面不大，就在凤凰桥朝西不足百米处，我记忆中的黄铜匠那时已经加入了长兴手工业社，带了一个姓邱的徒弟。

黄铜匠矮胖的身材，平顶头四方脸，五十开外年纪，待人和气，据说年轻时就担着一副铜匠担从江苏海门过来了，在凤凰镇上落脚安家。

铜匠的手艺精湛，一张镀锌铁皮，在他手中三下五除二，一只烧水的白铁皮吊子就出来了，那时候只有白铁皮吊子在煤球炉子上烧开水，还有就是铜吊子、铜茶壶。烧开水吊子用得久了，底部会氧化脱落漏水，拿到黄铜匠那里换个底。铜水壶用久了会破损，或有裂缝或漏洞，铜匠师傅可以给你补上。铜匠铺还制作一种四方形每边 10 厘米长宽、高 20 厘米的“洋灯”，骨架是白铁皮裁剪成形，用火铬铁＋焊锡焊接起来，卡上 4 块长方形的玻璃，顶部装上提手，上面是“升斗”形的罩子，底部放一个旧墨水瓶装上火油，插一根灯芯，一盏“洋灯”就做好了，既透明透光又防风挡雨，村民走夜路用它照明；用一根竹竿撑起两三个“洋灯”，可以开夜工脱粒，插在田边可以开夜工插秧。夏天晚上，一家人围着“洋灯”在场地吃饭，用根竹竿木棍挑个洋灯，晚上在水田里抓黄鳝，“洋灯”在没电筒的年月是农家必备的日常用品。后来有了铝质水吊子，铝制品轻巧、传热快，很受消费者青睐。用久了底部也会氧化穿孔，到黄铜匠那里照样可以给你换一个底，还能用一段时间。

黄铜匠还会开锁修锁锉钥匙，带了一个邱姓的徒弟。小邱聪明好学，没几年这些活计他都熟门熟路，青出于蓝而胜于蓝。小邱有文化，在同时进社的学徒之中出类拔萃，没几年就入团入党，是培养接班人的苗子。

黄铜匠老了，坐在铺厚椅子上，眯着眼打着盹，上门的活是越来越少了。畅销的“洋灯”很少有人光顾了，家家户户通了电灯，开关一揿，全屋通亮，不怕风，不加油;手电筒比洋灯方便省事,不用可放在衣袋里,放在包包里;煤球炉不用了,电热水瓶更省事干净,水壶底穿了哪还去修,扔了买个新的。同行的泮石陆铜匠、元沙的施铜匠也差不多没生意,整日晒太阳。

唯独修锁配钥匙的活计,今天人们还真离不开,自行车的卡锁、电瓶车的挂锁、汽车的门锁、住房的门锁、保险箱的密码锁、指纹锁、人脸识别锁……科技在进步,技术在创新。街角巷尾,还能见到上了岁数的老伯摆个修车摊,他们补个车胎,修个锁,旁边安个电动的锉钥匙的小机器,没看见小年轻儿在做,但近期还真少不了他们。上一点档次的修锁匠,开个门面还要去公安局备案特批。他们那里我有一次去请教过,一般居民进户门锁就要几百元,加密的电子人脸识别那就要几千元,换个锁芯光上门费就是 60 元。凤凰镇上还有个修锁匠姓陈,在凤滨路桥东,不足 3 平方米的铺面,不做门头不挂牌,更不要说广告霓虹灯,他的手艺技术在,一传一,十传百,生意倒也不错。凤滨路上也有几个外来民工摆的修车铺,修车船、配钥匙,养个家、糊个口也是可以的。

我在农机厂时有个同事老沈,后来到宝山区计量管理部门在各乡镇下设的计量检修站工作,对商店、商铺的磅秤,检修后发合格证。退休的老沈在凤凰镇西市黄铜匠原来的修理门市处摆了小摊,为镇上的老乡配个锁,偶尔也修个秤。近年他年事已高也不干了。三百六十行在不断地吐故纳新。

赵敏的“回归田园”梦

姚伯祥

从吴淞客运中心乘船或乘公交车都可直达横沙摆渡口，车、船路费两者差不多，踏上码头就感觉空气特别清新，柏油马路特别干净。老幼妇孺都知道“回归田园”的地方在哪里：从码头一直向东5分钟车程先是左转，再左转过水闸，右转爬上海塘水泥路往东500米就到了赵敏的“回归田园”处。

赵敏家住长兴先丰村二队，家庭出身贫苦，10多岁又丧母，他排行老四，乳名小末。跟随年迈的父亲度过了清苦的童年和少年。他读书不多，假期或放学回家还得帮父亲在田间劳作。停学后有幸进了长兴食品站工作。穷人的孩子早当家。凭着一股闯劲，凭着虚心好学、执着追求，从食品站负责人，长兴供销社主任，一直升到宝山区供销合作联社主任，宝山区商委副主任、主任，淞南镇党委书记。在药监局长任上还首创在乡镇街道建立不要编制、不要钱的网格化管理机制，从而被评为全国先进个人。这让科班出身的同行们刮目相看，市局领导特别器重他，局长一直做到退休那天。

退休以后干什么？这个问题在众多退休领导干部们面前徘徊。这其中，当顾问的有、经商的有、乐意打打小牌的有、喝喝小酒聊聊天的有……唯独他始终不忘自己是贫苦农民的儿子，思念少时的农家生活，立志再织一个田园梦。选择了在横沙岛承租了人家废弃的水塘和杂草丛生的边角料土地，劈波斩浪、挖沟填土、铺路围栏、修缮房屋，耗尽了不多的积蓄，硬是打理出来100多亩水面养鱼塘。放养了7 000多只甲鱼和各类淡水鱼，猪圈里饲养着40多头良种黑毛猪，还有50多只崇明白山羊，水沟里养着麻鸭、白鹅等三岛的优良品种。这些珍品，绝对不喂那些配方饲料和生长激素。田里种的各类蔬菜不施化肥、不喷农药。地里种的芋艿用的是有机肥料和青肥，到秋天收获时，口感特别香糯。今年，赵敏又在摸索野地放养蟾蜍(癞蛤蟆),培养稀缺中药原材料。课题一个接一个。

在漫长的数十年“为人民服务”的工作岗位上,他不但学到了渊博知识、做人的准则,还结交了无数知音、知交、知己、知友。当闻知赵敏退休后在横沙岛上又“回归田园”,平时或节假日,虽不能说天天宾客盈门,但肯定是陆续不断,兄弟姐妹们烹饪接待,餐具台凳已达星级宾馆水平。我曾数次登岛造访,或陪老领导,或陪老朋友,每一次都有不同的感受。

他的夫人,是我早年在长兴农机厂工作时的同事,我看着她成家立业。她是赵敏的贤妻、儿子的良母、夫君事业的坚定支持者。宾客吃了新鲜洁净又环保的美味,临走时还要带走一份绿色食品。农副产品的收支本身不平衡,长此下去能行吗?赵敏的日出而作、日落而息的田园生活,已使他的身体比坐办公室时好了不知多少。横沙的清新空气、清洁的水、无公害食品已是他退休生活的另一片天地,夫妇俩已不习惯再住市区的家。

赵敏在宝山区食药监局局长任内,为百姓能吃到放心食材、可靠药品,身先士卒巡查在宝山区的大街小巷;退休后又身临其境,实践生产放心食材而做一个小小的试验。不久前,中央电视台军事农业节目组专程来到横沙岛,在“回归田园”处采访了绿色食品的试行者——赵敏同志,并在中央电视台七套“农业节目”中做了详细报道。

初夏的一天,天高云淡,海风习习,我们《崛起的长兴岛》几个编委开车摆渡过了“长横”小泓,登上了崇明区“美丽乡村”光荣榜上有名的横沙岛。只见这里马路整洁、绿树成荫、民楼划一、错落有致。不一会就到了在横沙几乎家喻户晓的“田园回归”处,只见百亩鱼塘鱼儿跳跃,千棵橘树含苞待放,时令蔬菜绿意盎然,房舍洁净场地平整。看门狗看见我们进门到来,摇着尾巴高声欢叫,是在告诉主人有客人来了。赵敏看到我们忙着走出田间,招呼我们在宽敞的既是餐厅又是客厅的长方桌边坐下,一杯热茶送到我们面前。老徐、老樊、老黄和我与赵敏之间本不陌生,所以不用客套直入主题。徐主编客气地向赵敏同志表明了来意后说:想把你手中的好文章提供给我们,收进《云帆沧海凤凰镇》,因为凤凰镇坐落在先丰和先进两村的交界处的地界上,是凤凰镇的组成部分;你既是原先丰村居民又是从长兴(凤凰镇)供销社走出来的优秀干部,也可以说你是从凤凰镇飞出来的“金凤凰”,多年担任着县府从凤凰镇出来的首位局长,这是凤凰镇的骄傲。赵敏也肯定了《崛起的长兴岛》编委会的一帮均在七八十岁的老人,放弃休息、自费出书,为长兴乡土文化留一点文墨,利在当代、功在千秋。

赵敏还告诉我们一个鲜为人知的往事。刚退休时,凭他在宝山的名望、能力和为人，好几个单位都热情地希望他去当顾问，给予优厚待遇，他一一婉拒，而来到横沙这一片荒地上披荆斩棘，乐意当一名地道的农民。他动情地说，我到横沙就是要还一个心愿，感谢父母的养育之恩。他的母亲早早地离他而去，年迈的父亲最需要他照顾之时，只因工作夜以继日、事业如日中天，哪有时间陪伴？退休了，岳父母在横沙，他就想好了要补上这一课。事实也是这样，这几年在赵敏小两口无微不至的关怀下，已九十开外的岳父母老两口身体硬朗，还能生活自理。

不知不觉中夕阳西下，我们起身告别，赵敏夫妇反复邀请我们用过夜饭再回长兴。我们担心到了下班高峰时段，过江的车摆渡会更忙，所以相约《云帆沧海凤凰镇》新书出版之后，一定在“回归田园”处再相聚。回首原生态的田园，在夕阳照耀下生机勃勃，祝愿赵敏“回归田园”梦越做越圆。

岁月沧桑话人生

徐惠忠

人近暮年,往事如烟。但一些刻骨铭心的记忆,时时在我脑际萦绕……

我出生于1938年10月,家住长兴岛的鸭窝沙,今先进村15组。新中国成立前,我的家庭十分贫困,父亲是一个田无一分、地无一垄的穷苦农民,靠租种地主的地,养活一家人。租地主的地有三种交租方式,一种叫分收田,一种叫四六田,一种叫三七田,这是根据土质好坏、田块远近确定的。我父亲租了地主的三亩分收田,收成的一半要交付给地主。到水稻收获时,将捆好的稻个子摊放在稻田里,等待地主派账房先生来,把稻个子一个隔一个地提出来(防止做手脚捆得不均)归地主的,同时再把提出来的稻个子给他送到指定地点。然后我父亲把剩下的一半挑回自己家中。其实扣除种子、肥料、费用后根本没有一半数量。由于收得少,仅存一点粮食根本养不活家中八口人。在万般无奈的情况下,父母只得将两个孩子送给人家,一个是我的弟弟徐三毛,一个是我的妹妹徐国宝,被人领走后都不知去向。一家人悲痛万分,伤心至极。

哪知道"屋漏偏逢连夜雨",灾难一个接一个降临到我们头上。1945年,我的姐姐才15岁,因家中吃粮有困难,为了弥补粮食不足,姐姐和邻居家的小姐妹们趁秋收后的空闲,乘着小舢板到金带沙去拉茭白米(野茭白结的果实)。不料,小舢板在航行中突然遇到大风,顷刻间船翻人亡,同船三个小姑娘全都淹死。父母又失去了一个大女儿,全家人犹如晴天霹雳,心如刀割般疼痛。大姐平时对我特别疼爱,她死后我呼天喊地地哭着,姐姐呀,你就这样甩下我们弟妹走啦!

虽说家贫如洗,但儿时的童趣总还是有的。记得在我11岁那年(1948年),鸭窝沙厚朴镇出会(抬着菩萨游田间,希望花地茂盛,有个好收成),正在放暑假时间,我和表哥高学成一起去看热闹。看过出会后,又到高学成的姐夫顾老末的茶馆店里玩。他屋里摆着一副寿材，当我第一次看见那口黑漆棺材时，内心不免一怵。表哥是经常来的，他感到无所谓，他还告诉我这棺材内藏着东西。我伸手往棺材里一摸，感到里边非常冷。当“出会”人在棺材里拿东西时，我踮起脚尖想看个究竟，才知道里边都是冰块，冰块下面是鱼、虾等海鲜(按照现在说法，在无电的年代，老人未死之前寿材当冰箱用)，但我没有注意到他放下棺材盖板把我小手的食指压住了，那时钻心般痛，这就是人们常说的“十指连心”呀！至今还留有伤迹。一阵痛苦之后，我躺在茶馆店里的桌子上睡着了。

不曾想到从此以后得了一种怪病，睡在床上整天迷迷糊糊、神志不清，再也起不了床。父母急得团团转，在那没有医院的年代，到处问秘方但都不见好转。几个月下来，父亲先后养的两批潮鸭卖了后把钱全部用在我身上，仍不见效。家里穷得实在没有钱给我看病了，只得等死。那时多位上了年岁的老人说我遇上妖魔得邪了，还有说小孩不可碰人家棺材的，因人小、胆也小，结果被邪气附上身。被这样一说，我父母想起凤凰镇河西小四娘，她专门做“串圣”医治邪气毛病，然后用藤塔把我扛了过去。小师娘驱邪“作法”，先拼排两张方桌，第三张方桌叠在上面，然后用布段(那时农家土布都有)从里边底下那张桌子铺到叠起那张桌子把布拉到外边底下第三张桌子，那时看那布形状像一座拱形桥，这就是所谓通往天际的“过渡桥”，也叫“圣桥”。然后小四娘穿上和尚衣，手捧一炷香，闭起双眼，口中念念有词，声音低、嘴唇飞快地“咄、咄、咄、咄”地说什么谁也听不清，谁也不知道。10多分钟过去，一番念咒之后，小四娘睁开双眼长呼一口气，似乎从神间又回到了人间(这就是巫婆或巫师，装神弄鬼，替人祈福、驱灾的手法)，然后她说我与神灵已沟通，这个小囝已无法搭救了，要不了三天就会死去，你们回去准备后事吧！当时我虽然迷迷糊糊，还是听到她说“准备后事”那句话。

回到家里，父亲一脸茫然，虽然不见他落泪，但他的内心充满着痛苦，又将失去一个儿子。在万般无奈之下，父亲为我做了一口棺材，以便三天后备用。此时，我已是奄奄一息了，全家人都沉浸在大哭小叫之中。说来也巧，离我家不远地方，有一位是我的过房爷(干爹)名叫沙清郎，听见我家哭声后，知道我将“临近死亡”，便把我的病情告诉了刚到他家的上海来的亲戚。他的亲眷说：“这个孩子能救的，我和你一道去看一下。”他俩到我家后告诉我父母，他的女儿在两个月前也得了这种病，上海地区小孩得这种病经常有。只要让孩子躺在棕蓑上(也叫蓑衣，家家都有，那个年代用的雨衣)，不要碰他慢慢会好起来的。夏天躺在地上、冬天躺在床上，整整三个月病情慢慢好起来。等我能够起床时，已经瘦得皮包骨头，一点力气都没有，只能拄着拐杖走路，总算奇迹般地活了下来。其间我停学一年，恢复健康后继续上学读书，直到小学毕业。那时，农民的孩子能读书，实在是一件不容易的事。说起我能“起死回生”，究竟得的是什么病？自己至今也说不明白。也许是手指受伤后，感染了什么病菌所引起，至于躺在蓑衣上能治病是否有科学依据，在我脑海中至今还是个谜。

1949 年 6 月 1 日，中国人民解放军踏上了长兴岛，长兴岛随即解放。穷人分到了土地，从此结束了种那地主分收田。我的身体自从那次磨难过后却越来越健康，已同正常人一样也能分担父母亲的一部分家务劳动，还时常跟着父亲一道参加田间劳动，如插秧、收割、挑担、倒萎麦、笃草泥、盖灰、挖土等。在农闲时，还同表哥一道捞鱼摸蟹、挖蛸蜞、打港坝(小汛时打坝，过一个大汛期后，港内必有小鱼、小虾)，钓尖沙郎、推面鱼等，以换取零钱补贴家用。

1950 年，美军出兵朝鲜，朝鲜战争打响。为了保家卫国，我的哥哥徐惠民参加了抗美援朝，4 年服役回来后，我也已经 18 岁了。哥哥常常讲起抗美援朝中的英雄事迹，我很受感动，并在心里产生了当兵的念头。因为哥哥回家后，父亲就有了帮手，在 1957 年 10 月的征兵运动中我要求参军，父母也非常支持。想不到经体检我身体达到甲级水平，相当于空军飞行员体质。由于小学文化程度，去安徽滁州集训了三个月后，被安排到南京军区人民解放军装甲兵独立坦克教导团学习坦克驾驶一年，毕业后被分配到北京第一坦克学校教导团，继续深造装甲兵知识。经过一年学习，我入了党，成为一名坦克教练，专门培训坦克兵，还为胡志明领导的越南军队担任教官。由于我刻苦钻研技术，在部队多次受到嘉奖，并荣立三等功。

1965 年我从部队复员被分配到宝山联合运输社，后又调入宝山交通运输局管运所，再到长兴调度站任站长。长兴岛上建设所用物资乃至吃喝拉撒所需物品，均靠岛上船只往返于市区—长兴之间的运输，因此工作十分繁忙。特别是遇到台风，经常出现物资告急的情况，尤其是遭遇强台风侵袭，一些圩堤决口，需要大量救灾物资，必须日夜抢运。我像是一个海军舰队指挥官，调动着全岛所有船只，为长兴的建设做出自己应有的贡献。

当我想起在新中国成立前困苦的年代，我母亲时常念叨着送给人家的两个子女，她总是暗暗地流泪，是旧社会造成了母子离别。刚刚解放后的穷人，生活条件虽然不富裕，但在共产党领导下，铲除了剥削制度，穷人这才逐步过上了不愁吃、不愁穿的美好生活，这使我母亲越发思念送给人家的两个孩子。新中国成立后分别得到消息，我的一个弟弟三毛被送给鸭窝沙厚朴镇蔡清郎的前妻，而她改嫁给陈姓一起到南洋(印尼)开搪瓷厂去了。到 20 世纪 60 年代初，印尼政府反华排华，大批华侨被赶回中国，我的弟弟回国后政府安排他在厦门集美中学读书，后被分配在福建永安县水泥厂工作。在60年代中期，弟弟带了他的妻子探亲回长兴见了亲生父母，他为了陪伴母亲一住就是半年，母亲终于幸福地笑了。

母亲还有一个心结，就是还有一个女儿没有找到。她说我一定要把女儿也找到。但只记得当时送给了浦东杨园一户人家。那天正巧，我的女儿陪奶奶一同去杨园找我妹妹，当时乘在轮渡上，母亲与一位老人闲谈说，“到浦东杨园寻找曾送给人家的女儿”，这位老人说，“我们村里有一家自小领养一个女儿”。母亲寻女儿心切，哪怕是一线希望也要跟那老人去看看。当见到该家经手领养的老人后，母亲把当年女儿穿戴的衣服、裤子、鞋袜、帽子分别讲清是什么颜色、什么布料，还把年龄属相说得明明白白。两位老人一交谈，全部对上号。真是老天有眼，“踏破铁鞋无觅处，得来全不费工夫”。

这时，这位领娘马上去棉纺厂找上班的女儿，叫她回家与亲娘相见。此时母亲心情真是五味杂陈，无以言表。母亲找到了女儿后，和我的女儿在她家住了整整三天。我妹妹见到跟奶奶一道去的侄女衣服已旧，就从厂里特意挑选当时十分时髦的布料“的确良”为她侄女做了一件新衣服。由于我这妹妹的爱人是渔民，常在外海捕捞，工作繁忙，待到春节之时携带全家，搭乘开往长兴岛的沙船、并由该船船老大负责带到我家，终于见到了久别的兄弟姐妹。妹妹、妹夫的到来使全家热闹非凡。在吃饭时，我与妹夫相互敬酒、相互问候，其乐融融，享受着天伦之乐。后来妹妹盖房子，我为她从启东、嘉善等地采购所需的建筑材料盖新房子；当我出版文集时外甥张滨慷慨解囊赞助1万元，体现了兄妹亲人之间的浓浓亲情。

如今，我们一家人同所有的长兴人一样，过上了幸福美好的生活。近年来，我一直思考着如何将过去发生在长兴岛的往事记录下来，作为一份宝贵的历史资料留给后人。于是萌发了编写关于长兴岛文史的想法，并得到了有关领导和众多朋友的支持和鼓励。自2013年以来，我主编了《崛起的长兴岛——长兴儿女话长兴》《崛起的长兴岛——长兴岛的故事》《崛起的长兴岛——情系长兴》三本书。最近忙着准备编辑《多彩的长兴岛》一书，旨在让更多的人对长兴岛得天独厚的地理环境和自然风光有更多的了解，对湮没在历史烟尘中的许多有价值的东西，经过搜索和整理，让读者看到光鲜亮丽的一面，把长兴岛的一些美好传说、动听的故事和富有教育意义的典型挖掘出来，对后人是一份很好的教材，从而让后人不忘过去，努力发扬长兴岛人的优良传统和优秀品质，在中国共产党领导下，同心协力、努力奋斗，把长兴岛建设得更加美好而贡献力量。这是我的期盼，也是我追求的目标：

岁月沧桑话人生，生死誓做党的人。
老骥伏枥志千里，乐为海岛献忠诚。

第六章　诗情画意

人生是一首诗，社会是一幅画，劳动人民是这些诗画的作者。作者们有身临其境的感受，有新旧社会的强烈对比，因而写出了不同风格的文体，让读者在他们的作品里，悟出一个个诗意般的联想，悟出一个个做人做事的哲理。

百年古镇说凤凰

樊敏章　朱云宝

渔民阿二做个梦
梦见仙鸟落芦林
五彩斑斓金光闪
误入阿二渔网中
从未见过此大鸟
不知这鸟是何物
只因那鸟太彩亮
杀之烹调不舍得
养在家中好炫耀
谁知鸟儿竟流泪
开口哀求阿二头
我乃蓬莱一凤凰
东海飞来看宝地
不慎落入您的网
放我回家有报偿
阿二一听心一惊
飞来仙鸟被我擒
幸好凤凰无大碍
否则作孽怒天庭
但等明日天晴时
放心回家离红尘

东海茫茫红日升
凤凰飞腾绕三圈
光芒四射东南飞
从此凤凰成名镇
今日凤凰已腾飞
美丽传说成为真

我热恋的第二故乡

——长兴岛

刘 萍

曾经,你的名字从未在我的字典里出现过;
曾经,我在地图上找过你却未曾发现过;
曾经,与你的初见是那么的陌生与彷徨;
回眸一瞬间,我们却已经相识相伴三十个春秋;
我热恋的第二故乡——长兴岛。

如今,你是那么的明媚动人处处好风光;
如今,你风华正茂叱咤风云世界瞩目;
如今,我们风雨同行笑看塔吊耸云天;
见证着你的成长,爱着你、恋着你,我哭过也笑过;
我热恋的第二故乡——长兴岛。

改革开放的雨露,滋润着你的每一处脉络;
三岛联动的决策,构建了人和自然的和谐共存;
长江天堑变通道,让我回娘家的路更近、更近;
海洋装备岛建设,你华丽转身成为国家重点;
我热恋的第二故乡——长兴岛。

政通人和绿色生态,时代赋予你和谐的韵律;
乡村振兴文明创建,崇德向善你敞开胸襟;

三十年的如歌岁月,铸就了我们难于割舍的情谊;
长兴人的憨厚聪慧,编织成了你的锦绣前程;
我热恋的第二故乡——长兴岛;
礼赞长兴筑梦明天,我爱你长兴岛!

（作者系长兴文化体育广播电视站职工）

铜烘缸

吴建国

女儿诞生在鸭窝沙人的喜悦里。端送了毛米饭喝完了满月酒之后，父母要用20年的时间，为女儿准备一份嫁妆。

樟木箱从苏州买，绸被面从湖州买。树木十年，楂树材质苦涩，做成的衣柜同样虫不蛀鼠不咬。自留地里种棉花，年年收新棉，年年织布段，置办女儿的嫁妆其实不难，只有铜烘缸一件难得。

在水天一色的淤泥小岛上，挑泥筑岸围圩成地，粮田是人生存的根本。鸭窝沙人的生命历程里，注定要承受来自自然界的各种苦难，而女人承受的苦难是双倍的——在缺医少药的境地，一次普通的生产就可能夺走一个女人的生命；盛夏的溽热不是最难忍的，极端是溃堤后浸泡在水里的日日夜夜；严冬的寒冷也能让人忍耐，极端是滴水成冰的时节里，从一丈深的沟底把泥挑到两丈高的岸顶！那双脚已经麻木，那手指冻成"红萝卜"的那个时刻……父母能做到的，就是一只铜烘缸，让女儿远离父母的日子里，时刻温暖着她的双手双脚，温暖着她的身心。

铜同金色，富贵了得！在蛮荒和孤立的小岛上，铜烘缸是舶来品，铜勺铜脸盆都是实用和美观的宝物！这之后，鸭窝沙精致的木雕器具和青花瓷碗，都可以不在嫁妆之列，唯铜烘缸不可或缺。

铜在哪里？

有人答：在天边。

在长江的枯水期，等待的是这个季节里东南风的出现，航风船起锚了！10日能到镇江，停船抛锚，等待西北风过尽后再借东风。对于船家，天气就是运气，但船到南京后，时节已经严冬，宽阔的江面上西北风一天紧似一天，行船的全部动力来自这根一松一紧的纤绳，纤夫的双脚一步一步丈量着长江岸，到达铜陵的时候，已经是春节之后了。满舱的黄豆、花生、大米，都是用来换铜的。在铜陵，甚至更远的九江、武汉，风调雨顺的年景，这些鸭窝沙的特产无人问津，而战火连天的时期，铜的买卖要“格杀勿论”的。焦急的是船家，为了鸭窝沙这些做父母的人殷切的目光，他们必须换到铜。

……铜烘缸作为陪嫁的物品，在婚礼那天被放置在显眼的位置。这天之后，一个女子开始了新的生活，辛勤的劳作和生活里所有的苦难，大都不会让一个鸭窝沙的女子屈服，让她流泪。在这样的严冬里，当她的双手放在烘缸上的时候，这种温暖瞬间传递到了心头。没有风的时候，鸭窝沙的夜晚是宁静的，豆油灯的火苗哆哆嗦嗦，她的眼眶里噙着泪，她会对草窠里的幼儿说：过两天，我们去看看外公外婆。

（2018 年 12 月 12 日）

我迷路了

顾晓三

我阿舅的阿舅叫陈金中,家住长兴镇先进村三组,位于凤凰公路与潘园公路交叉路口。这里交通发达,是往来车辆的必经之路,所以他家的宅基地就是一个“好落场”,发财之路连绵不断。说来稀奇,我与他家虽相距不远,但不常走动。偶尔串门竟迷路了,而且不只是一次,这是什么原因?让我细细说来。

在我的脑海里,陈金中的家是父母分给他的两间砖瓦房,结婚后翻建为三上三下二层楼房,要上他家是十分好找的一件事。记得在2008年的一天,我有一桩要事须上门拜访他,按照自己的记忆去了。应该是这家吧?但见楼房被许多小房子包围着,足足有15间,小屋内冲出股股油烟气味,屋边的剩饭烂菜引来不少苍蝇,楼房也显不出壮观。我怀疑是不是走错人家了,正要退缩的时候,一间小屋内走出一个妇人。“你找谁嘞?”她开口问我。我退缩的脚步停了下来,说明原因后,她说就是这家,于是我放心地走向楼房。说也巧,主人就在家中,寒暄了几句后,我问到我所好奇的问题:“你怎么造这么多小屋?”他洋洋得意,脸上露出十分兴奋的神色,他告诉我:“长兴岛开发了,众多外地人口流入长兴,他们有的打工,有的做生意,需要借住大量的民房,我建造的15间小屋,10间可做街面房出租,每间每月1 000元,5间可作一般住房出租,每间每月300元。由于我家‘落场好’,房子供不应求,每月有1万多元的租金,不用上班我就是白领了。”一番交谈后,我感觉到在改革开放中,这也是个致富门路。他家的宅基地好是一个原因,但主要是时遇长兴岛大开发的机遇,天时、地利、人和,使这部分人率先富裕了起来。

时隔11年的今天,我又有事要走访一下陈金中。老地方、老位置不会有错,我想闭着眼睛就能摸到他家。可是事与愿违,我又一次迷路了,但见三间楼房装修得面目一新,众多的小屋没有了,变成了花木草坪,有铁树、梅花树、桂花树、红枫树、

黄杨树、女贞树、红娘子树等,风景十分优美。还有五六处大石头装点在其中,既美观又可歇息。更使我惊奇的是,在他家的西边,造有一只凤凰,跟神话中的一模一样,有 5 米之高,昂首在花木丛中,全身羽毛五彩缤纷,尾翼长长地延伸至草坪上,身上配有小灯珠装饰,夜间在灯光中煞是好看,游人赞叹不已。人称兽中之王是虎,禽中之首是凤,这尊凤凰的设置,真是巧夺天工。它是在凤凰公路旁,又是在凤凰镇区,真是妙哉,好哉!这一切的一切让我停留了几分钟,一方面观赏美景,一方面确定我是否走对方向。正在犹豫时,老陈走了出来,招呼我进屋。敏感是我的特征,我问他:“你拆除了这么多小屋,租金没了,不是断了财路了吗?”他扑哧一笑说:“国家一次性补偿给我了。管理这么多房客也是个麻烦事,我现在市区管理一个工地,也赚钱不少。”稍停片刻,他指着外面郁郁葱葱的花木说:“环境变好了,看上去就赏心悦目,心情舒畅。人的健康长寿就是金银财宝。”多好的心态啊!创建全国文明城区,正需要我们这代人顾全大局的崇高境界和不懈的努力。

在回家的路上,我又一次感慨万千:我们的国家在变,变得更加美丽富饶,人们的思想在变,变得更加崇高和朴实。

家乡的民歌最动听

军　涛

我喜欢听各地方的民歌，觉得很动听，但是最喜欢的还是家乡的民歌，家乡的民歌表达的是父老乡亲们的心声。

我的家乡是一个曾经被叫作“鸭窝沙”的小岛——长兴岛。新中国成立前，岛上百姓生活极其贫困，住的是“环筒舍”(圆弧形的芦苇棚)，穿的是“九串领”，烧的是“泥涂灶”，吃的是“扁担顿”(早晚各一顿)，即便如此，岛上人还是喜欢一边劳作一边唱民歌。当时有一支民歌这样唱道：“泥涂灶，八百斤，吃仔上顿呒下顿，环筒舍，滚龙厅，朝天困仔看见满天星，侧厾困仔看见走路人……”

岛上有一位喜欢唱民歌的农民，年轻时曾参加过长兴岛农民诗歌比赛，一口气唱了新旧社会对比 60 个“头”，一时被岛上群众传为佳话。如今这位饱经风霜、纯朴善良的民间歌手已经年逾古稀，然而开朗、幽默、风趣的性格还是没变，唱起民歌仍然“涛声依旧”。一次，我和几个朋友特意前去拜访，请他“忆苦思甜”。提起旧社会，老人顿时陷入痛苦的回忆中：“旧社会，痛断肠，穷人苦处勿勿少，鸭窝沙，芦苇荡，七尺圩岸八尺浪，碰着台风吹精光，十年要有九年荒，吃辛吃苦呒依靠，六十勿到见阎王……”唱到今天的幸福生活，老人布满皱纹的脸上露出了舒心的笑容：“新长兴，好风流，丰衣足食乐悠悠，家家住的小洋房，手机电脑样样有，水泥马路通到宅角头，汽车摩托遍地有……”

我是“生在旧社会，长在红旗下”的那一代海岛人，50 年代种过田，60 年代当过兵，70 年代复员后回到家乡当工人，现在已经退休在家多年，算是一个亲身经历过长兴岛建设的风风雨雨、目睹家乡脱胎换骨沧桑巨变的见证人。是啊，放眼今日长兴岛这颗长江口的明珠，到处是一派欣欣向荣、美不胜收的景象。当年“鸭窝沙”人在民歌中唱到的“耕田不用牛，点灯不用油，吃穿不用愁，活到九十九”，这些向往变成了现实，“楼上楼下小洋房，电视电话电灯光”，早已成为美好生活的“初级阶段”。

现在岛上居民开始过上电气化、网络化、现代科学和绿色环保所带来的温馨、舒适、便捷的幸福生活。特别是跨入新世纪以来，上海振华港机、江南造船厂等大型企业在岛上落户，气势宏大的长江隧桥和青草沙水库的建成启用，更是给这个名不见经传的小岛插上了腾飞的翅膀。长兴岛正沐浴着党的阳光，按照中央和上海市委、市府批准的“海洋装备岛”开发建设规划，开创更加美好的未来。有人新创作了这样一支长兴民歌：“长江水、浪打浪，长江口有块好地方。水净、土净空气好，绿化遍地橘花香。五谷丰登人气旺，安居乐业享安康，百岁寿星眯眯笑，万张笑脸向太阳。‘鸭窝沙’飞出‘金凤凰’，全靠党的好领导。”这支歌既是新长兴风貌的真实写照，同时也表达了岛上广大人民群众一致的心声。

我之所以喜爱家乡的民歌，是因为它淳朴感人，幽默，甚至带点传奇色彩。民歌作为一种流传于村野民间的歌唱形式，当属所谓的“草根”文化。其实民歌不只是一种乡土娱乐方式，民歌的内容往往反映时代民意，演绎时代生活，自有其丰富的意义和独特的魅力——这是我听家乡的民歌所“听”出来的感受。

共同建设美丽家园

周早根

中共中央总书记、国家主席习近平提出的“绿水青山就是金山银山”的科学发展理念，要求人们一定要重视生态环境保护，顺应自然发展，留出一片净土，功在当代、利在千秋。生态环境是人类发展生存的根基，保护生态环境是全球面临的共同挑战和共同责任。我们要像保护自己的眼睛一样对待生态环境，像对待生命一样对待生态环境，同筑生态文明之基，同走绿色发展之路，把握顺应自然、保护生态的发展之路，彰显尊重自然、崇尚绿色的中国智慧。

地球是人类赖以生存的唯一家园，建设美丽家园是人类的共同梦想。历史表明，工业化进程创造了前所未有的财富，也产生了难以弥补的生态创伤。在相当长的一段时期，污染不治理、环境不保护，臭水沟伴随垃圾堆随处可见，那时的天是昏暗的、空气指数是不达标的，百姓身心健康受到严重影响。我们应该追求人与自然的和谐、追求绿色发展繁荣、追求热爱自然情怀、追求科学治理精神，做到这些，必须充分提高认识，合理利用，友好保护。只有维护地球的生态平衡才能让子孙后代享受丰富的物质财富，才能让他们看见青山，闻到花香。改善生态环境就是发展生产力，保护生态环境、走绿色发展之路，就能让良好生态源源不断地创造综合效益，实现经济效益可持续发展。我们守住红线，取之有度用之有节，决不能搞破坏环境的盲目开发。要顾全大局着眼未来，生活指数的提高，就看你生活的地方是否水清山绿了。我们长兴岛正沿着习近平同志指引的航向迈步前进。江河治理、垃圾分类、修建粪池、大兴树木种植已成风气。家乡是永远的怀念之地，人人热爱故乡，思念故乡的变革和发展，家乡是归土的根。家乡美了人们富了客人多了小岛热闹了，人们都向往来到这个地方，享受大自然无限风光。只要你一踏上这片广阔的田野，就给人芬芳的花香感觉。大自然把长兴岛装扮得更加鲜艳夺目。每当海风从田野吹过，当你来到田野边，成片成片的麦田稻田多么喜人，就像铺在大地上的金黄色的地毯，使你心旷神怡。到处可见的油菜花又像是描绘在绿色新装上的装饰图案，在阳光照耀下，片片油菜花格外好看。清香扑面而来，沉浸在花香之中。四月过后的天气，正是万物争艳开花之机，杏花、桃花、橘花开得一朵比一朵更鲜艳。春天的脚步挡也挡不住。夏秋季节是农民们丰收的季节，从开花结果，到丰收的金色年华。金秋十月，金黄色橘子成熟了，在这季节来岛光顾的客人，闻到的是橘香、稻香，享受着大自然的美好。来到长兴岛的老人们说：长兴岛空气好，房价便宜，真想落户长兴安度晚年。即将退休的朋友、牌友、钓鱼爱好者，买个房子，早晨晚上散散步游游海边。白天打牌钓鱼，长兴岛是最好的去处。来过小岛的朋友们希望你们再来，现有的环境我们一定保护好，存在的短板我们一定加以完善，以后的小岛会焕然一新。环境治理的有序发展，管理更规范更人性化，让我们的田野更美丽，我们的生活更美好！

长兴民间俗语选

——老生常谈（三句拼一句）

樊敏章

表演道具：小鼓、锣、钹、月锣　四人上台

甲：今朝我哩上台来，
乙：勿话东来勿话西，
丙：勿讲南来勿讲北，
丁：讲讲长兴土话来。

甲：我来第一句，
乙：我讲第二句，
丙：我来第三句，
丁：我讲第四句。

甲：第四句要用三个字，把前三句话归纳为一句。
乙：革倒蛮难个。
丙：慢慢来，逐点想，一定能够话出来，
丁：格末让我试试看。（打鼓、三、三、七，　乂　乂乂　乂乂　乂　乂　乂乂　乂乂　乂　乂　乂乂　乂乂　乂乂　乂）。

甲：光棍司令上台来，
乙：闹钹娘娘碰出来，

丙：有样吭样学出来，
丁：(挠头稍停)叮咚锵！

甲：长兴土话交交关(很多)，
乙：浩银银(很多)已经讲勿来，
丙：今朝上来讲勒唔(你)听，
丁：认真听！

甲：革只棺材吭头面(不负责任)，
乙：讲啥闲话勿着落(不符逻辑)，
丙：勿轧苗头吃苦头，
丁：勿灵光！

甲：索目勿做混日脚，
乙：小囡娘子挨(啊)勿要勒，
丙：狗逼倒照跑脱勒，
丁：摊啦啦！

甲：朝南革(站立)子朝北话，
乙：下巴壳子跑邻舍，
丙：脱头懒绊靠不住，
丁：镇浪荡！

甲：要紧三慢吭得个，
乙：噢子勿牵烂凳脚，
丙：隔忙头里捧千金，
丁：勿识相！

甲：像心适意话别人，
乙：屁眼叮人要寻打，
丙：上门相打勿作兴，
丁：寻相骂！

甲：一家咯门呒吃头，
乙：朝东朝西颠说话，
丙：颠三倒四嚼勿光，
丁：太口碎！

甲：爬心拉命做生活，
乙：一夜夜把熬得住，
丙：下昼星里打瞌晩，
丁：脱吃力！

甲：弟兄淘里好好叫，
乙：作哇(话)拨人耐勿起，
丙：弟兄淘里勿上落，
丁：有矛盾！

甲：噢去话伊惨来落，
乙：眼看子要不着落，
丙：一场劲劲多拿点，
丁：老面皮！

甲：平常落地蛮黠(霞)咤，
乙：贪污受贿进监牢，
丙：鳗鲤死勒汤罐里，
丁：勿值得！

甲：话来话去害得伊，
乙：推班一点吃生活，
丙：大家叫伊跑开来，
丁：噢吵勒！

甲：革只小蟹蛮嫩赤，
乙：眼泪汪汪勿响嘞，

丙：哭作乌拉笑嘻嘻，
丁：勿吃场！

甲：老麦稀饭茄脚柄，
乙：干汁蹦蹦吃勿进，
丙：话来话去呒哈吃，
丁：苦寒度！

甲：三天勿吃腌齑汤，
乙：脚裹浪里苏汪汪，
丙：顷刻头浪有力气，
丁：做得动！

甲：馋勿煞落单想吃，
乙：汁汤汁水也吃光，
丙：舌头舔到碗底砣，
丁：难看相！

甲：姆妈宝贝奶末头，
乙：鼻涕汰通滋尼相，
丙：着皮着肉叫一声，
丁：小唔子！

甲：一只角浪认得个，
乙：看来看去勿入眼，
丙：话伊勿来像哈人？
丁：鸭污卵！

甲：弄勿塌煞管他伊，
乙：马马虎虎寒勒浪，
丙：比仔人家差勿多，
丁：愁凑侬！

甲：一塔括子就革眼，
乙：夯勃郎当嗨勒嘿，
丙：一眼半点弄勿横，
丁：勿干事！

甲：勿凑勿便用得着，
乙：宅边宅基坑好子，
丙：要紧三慢拿得出，
丁：我有个！

甲：嘴巴歪个单吃他个，
乙：眼睛骨里呒次看见，
丙：馋勿煞落一等子，
丁：厚面皮！

甲：脱脱空空碰着灶精公公，
乙：额骨头碰着天花板，
丙：出响头里发大财，
丁：运道好！

甲：呒来呒去密屑货，
乙：死人手里挣饭团，
丙：铜钿眼里颠跟头，
丁：太咸酸！

甲：勿讲道理要无赖，
乙：合扑下来消地光，
丙：朝天叭拉让伊去，
丁：呒吃头！

甲：带初一看蛮样色，
乙：小姊们道轧得来，

丙：跳跳舞来唱唱歌，

丁：叮咚锵！

（四人打三三七下场）

夜读有感

樊敏章

黄昏戌时分，窗外月儿明，
闲来无事翻书看，名曰：《崛起的长兴》。
泱泱是草根，人人能作文。
记载以往百年史，何须华丽只求真。
沧桑多变幻，世事乱纷争，
海匪恶霸与敌寇，乡邻民忧谁人怜？
滔滔长江水，奔腾不息流，
浊浪怒卷毁海堤，浮尸遍野何处寻？
疾病无良医，只有拜神灵，
病病恹恹拖到死，听天由命了后事。
搭起柴草屋，做些小生意，
总有火烛不当心，一夜之间成灰烬！
昔日旧社会，民众堪了生，
哭天哭地是常事，荒郊墓冢见新坟。
春雷一声惊，人民得解放，
翻身当家做主人，苦难历史成烟尘。
如今多幸福，生活皆美满。
牢记历史不忘本，齐心跟党奔小康。

故乡啊，我要为你燃烧

陈忠才

当我还是一棵无人知道的幼苗，
鸭窝沙就赋予我高尚的情操！
我立志与时俱进献身于海岛，
一枝一叶全不怕风雨飘摇！

小时候，我觉得家门口的门槛很高，
长啊，长啊，却怎么也高不过那墙头上的小草！
我拼命吸吮着母亲干瘪的乳房，
一心要把梦想托上万重云霄！

我实在不自量力了：简直是在幼稚、可笑！
蒙昧的心灵，看不见自己卑贱的细胞。
于是我受到了应有的惩罚，
迎面扑来了旷世的风暴……

啊，天翻地覆……
啊，狂风海啸……
与天干、与地斗，众人拾柴火焰高，
却浑然不知科学是何等重要！

我拼命地求知，不断地跌倒，

挣扎的心灵却还在拼命呼号!
我要立志从军锻炼,把自己燃烧,
那时我正值青春年少!

漫长的岁月,几乎吞没了我多少难忍的煎熬,
但理想之光,依然在我心中灼灼闪耀!
我是鸭窝沙上的儿女而自豪,
故乡啊,故乡,我要为你添砖加高!

面对日新月异的凤凰镇貌,
我的希望是何等的美好!
我渴望!渴望自己能化作一团熊熊烈火。
“故乡啊,故乡,我要为你燃烧!”

(创作于2019年初春)

长兴《头字歌》新编

——一位八十岁老人的人生感叹

魏　然

小时住在岛上头，
悲惨记忆满心头。
潮没海坍吃苦头，
逃荒讨饭困街头。
租了粮户下田头，
累死累活没盼头。
苦海期盼出日头，
阳光照我暖心头。

解放歌声冲云头，
红旗插上岛上头。
农民翻身见日头，
从此生活有奔头。
打倒地主分田头，
干起农活有劲头。
互助合作有奔头，
身边不缺十块头。

改革开放掀浪头，
打开禁锢解锁头，

多种经济齐并头，
幸福生活开了头。
家庭养兔几十头，
橘子挂满枝上头，
种植药草钱罐头，
建起楼房乐心头。

如今长兴画里头，
风景优美有看头，
隧道通到岛上头，
车流如梭人攒头，
上海大桥云里头，
祖国巨变在心头。
幢幢高楼冲云头，
幸福生活刚开头。

融入发展有苗头，
大企落户岛上头，
“振华”塔吊冲云头，
港机遍及世界角落头；
“江南”船厂有噱头，
“中国制造”跃入世界最前头；
“青草沙”水库有话头，
甘泉流进千万人的心里头。

抚今思昔话语满心头，
党的恩情点滴记心头，
祖国强大人民有奔头，
跟着党走誓死不回头！

长兴方言

周品其　徐忠如　顾　宏

按语：长兴岛人的祖先，绝大多数来自崇明、启东、海门，所有民间风俗习惯大体相同，包括语言都属吴语体系中的崇明话。由于特定的地域环境，它不易受外部方言的影响，至今，它的表现仍较稳定。崇明话有着源远流长的历史，它具有许多语言特色。如古老性，不少语言中保留着古汉语的成分。形象性，结合生活实际，喜欢用比方说明道理。含蓄性，话不实说，道理隐含其中。崇明话中有不少幽默，语言表达力很强。此外，崇明话中的许多谚语、童谣、打夯歌、田头歌、歇后语等，都是很有意境和耐人寻味的。笔者摘录了一部分长兴岛上的崇明话——长兴方言与广大读者共享，并提议如有兴趣的爱好者，不妨请用规范的汉语把它翻译出来，看看你对崇明三岛语言的理解水平，合格率能达到多少？如能达到 80%以上者，就可算是一个崇明通，跑遍三岛可不被语言障碍难倒了；如果能达到 90%以上者，就是一个地地道道的崇明长兴人，可以当一个崇明话翻译官了。有兴趣吗？请试一试！

一、长兴方言歇后语(1)

一跤跌了埂岸上——两头不着实。
卫生口罩——嘴上一套。
飞机上钓蟹——悬空八只脚。
电线木当筷子——大材小用。
石头上掼乌龟——硬碰硬。
石卵子烧豆腐——软硬不均匀。
冬瓜藤长在茄树田里——瞎串。

肉骨头敲铜鼓——昏(荤)冬冬。

老鼠钻在书箱里——咬文嚼字。

和尚拖(读成 tá)辫子——得法(发)。

屋脊上贴告示——天晓得。

胸口头放热水袋——焐心(高兴)。

船头上跑马——走投无路。

猫猊吃百叶——脚踏手揿(忙乱的样子)。

棺材里伸手——死要。

韭菜炖蛋——冒充(葱)。

搽粉进棺材——死要面子。

裤子头着袜——脱空一段。

蛸蜞爬在芥菜上——尴尬。

稻柴人救火——自身难保。

炖蛋不加水——硬屏(读“并”)。

鳗鲡死在汤罐里——曲(屈)死。

三只指头捏田螺——稳揪。

癞疙疤(蛤蟆)垫台脚——硬涨。

木匠师傅打娘子——一斧头。

瞎子磨刀——快特。

瞎子吃死蟹——只只好。

瞎子吃馄饨——心里有数。

困子抓丁宁——摊拉拉。

缺嘴沓鼻涕——一无浪溢。

羊嘴里无草——瞎嚼。

蜡烛——勿点勿亮。

被头里放屁——独吞。

矮男人家打娘子——早做准备。

下巴底下雷响——吓一跳。

杨树叶怕落开头——胆子小来吼得。

山头浪开户口——独做人。

驮子背遭扒——一个样。

二、农业谚语

人靠饭饱，田靠肥料。

农家第一宝，六畜挤满槽。

秀才要念书，种田要养猪。

好树结好桃，好种出好苗。

养仔三年蚀本猪，田里壮了勿得知。

季节不让人，种田赶时分。

三分种，七分管，九成熟，十成收。

只有懒人，呒得懒地。

二月清明一浪白，三月清明不见麦。

清明前后，种瓜种豆。

芒种、芒种，棉花黄豆乱种。

要得萝卜大，勿等六月过。

四月雾，粮食满仓库；六月雾，青草枯。

五十养子勿得力，五月种茄呒得吃。

六月不热，五谷不结。

小满在中腰，一个麦捆两人挑。

六月里三个阵(指雷雨)，白米吃来剩。

六月十二借凉风，棵棵棉花如吊桶。

夏至种芝麻，头上一栅花。

夏至棉田草，胜似毒蛇咬。

头时棉花二时豆，三时里种赤豆。

芋艿六月勿壅，等于勿种。

玉米红绒十八天，元麦见秀四十天。

七月葱，八月蒜，小暑萝卜白露菜。

八月黄金满地铺，只嫌呒得手来掳。

朝西夜东风，提水来浇葱。

白露早，寒露迟，秋分种麦正当时。

闰年不种十月麦。

彭祖活特八百，就怕拔棉花箕种麦。

凿石头种麦，握泥种豆。

十年密麦吃得一年好，十年早麦吃得一年孬。

冻断麦根，牵断磨坑绳。

腊月里做生泥，青草长成米。

三、气象谚语

春打六九头。

两春隔一冬，吃被暖烘烘。

春霜勿隔宿，连霜晒破屋。

雷打惊蛰前，四十蒙蒙不见天。

夏至无雨三伏热。

正要日长，夏至一扛，正要日短，冬至一赶。

雨落黄梅头，三天不落断黄梅。

春雾早消，晴天得靠；迷雾不开，雨随雾来。

雷响天边，大雨连绵，雷响天顶，雨过天晴。

小暑一声雷，黄梅依旧归，倒转黄梅十八天。

小暑不见日头，大暑晒开石头。

八月初三潮没祭(鬼)。

重阳无雨一冬晴，九月十三雨洋洋，黄豆箩上出青秧。

九月廿七催懒妇，十月吃风拖勿过(意即天要冷了，要准备寒衣)。

十月中，梳头吃饭当一工。

立冬下雨一冬阴，立冬西北风，来年五谷丰。

小雪雪满天，来年是丰年。

霜浓是晴天，霜多雪厚兆丰年。

冬至多风，寒冷年丰，干冬湿年。

头九冻破地，九九勿盖被。

头九二九像春天，三九廿七，梧桐树冻来笔直；四九中心腊，河里冻镲老绵鸭；五九腊中心，冻断鼻梁筋；六九五十四，泥里出芦刺(发芽)；七九六十三，布袄两头担；八九七十二，猫狗躺荫地；九九八十一，老汉田中立。

久晴大雾阴，久阴大雾晴；三朝迷雾刮西风(指深秋或初冬时节)。

东北风，雨太公；乌头风，白头雨。

东闪风，西闪空，南闪火门开，北闪雨来来。

东虹日头西虹雨。

朝看南云涨，夜看北云推(下雨)。

朝撑勿晒，夜撑勿收；落得早，勿湿草，一落一个泡，明天干脚跑。

朝霞不出门，晚霞行千里。

青扛白扛，明朝晒杀和尚(扛指“虹”)。

乌云接日头，半夜雨稠稠。

八月南风二天半，九月南风当夜雨，十月南风跑勿及。

上看初三，下看十六，干干湿湿半个月。

雨中知了叫，报告晴天到。

蝼蛄叫，晴天到，青蛙乱叫，大雨要到。

鸡迟进窝天要变。

早呱风，夜呱雨，中午呱呱落勿及(“呱”指鸭叫)。

烟绕屋，有雨落。

腊月的雨，顿似草麦盖上被。

烟囱不出烟，一定阴雨天。

朝看天顶穿，暮看四脚悬(晴天)。

烟滚地，要下雨。

白露身勿露，寒露脚勿露。

早爽(风)一，夜爽(风)七，黄昏头起风一息息。

黄昏知了叫，明朝热得吱吱叫。

蚂蚁筑坝大雨来，燕子穿梭日头来。

日落半天红，无雨便是风。

云擘里日头，嫚娘的拳头。

十三十四月没乌处处，十五十六两头红，十七十八快手婆娘杀一只鸭。

初一月半子午潮，初八廿三正小汛。

初三、十八潮，无风赛马跑。

三天跑沙云，台风将来临；早晨猪头云，傍晚台风鸣。

海雷兆台风。

四、生活知识谚语

磨刀不误砍柴工。

桑条自小育，长大育不成。
不懂装懂，永世饭桶。
一口吞不了饼，一锹掘不成井。
吃勿穷，着勿穷，算计勿到一世穷。
船到桥，直瞄瞄，船到岸，勿要乱。
修房不修檐，一拖二三年。
歪船勿倒，漏船不沉。
迷雾不开有雨，话事勿开有几(鬼)。
大鱼肉多，小鱼骨多，豆腐水做，“阎罗王”几(鬼)做。
家鸡打得满宅转，野鸡打得着天飞。
千算万算，勿局(如)老天一算。
屁股朝风，要请郎中(朝风睡觉要生病)。
菜肴吃点鲜头，说话听点音头。
嘴上呒毛，做事不牢。
平时不烧香，临时抱佛脚。
嘴里甜似蜜，屁股辣似椒。
男做女工，越做越穷。
心头无事实笃笃。
眼睛一眨，老母鸡变鸭。
坐吃三餐海亦干。
出门看天色，进门看脸色。
脚正不怕鞋歪，身正不怕影斜。
上梁不正下梁歪。
双桥好过，独木难行。
打不断亲，骂不断邻。
远亲不如近邻，远水救不了近火。
精打细算，钱粮不断。
细水长流，吃穿不愁。
若要富足，需要储蓄。
白天不做亏心事，晚上不怕鬼敲门。
好男不吃分来饭，好女不穿嫁来衣。
丫头不断娘家路，客人不断杭州路。

有种像种，冬瓜直笼统，茄子弯柄棕。
呒铜钿个粮户，勿识字个先生。
杀人不怕血腥气，阎罗王碰着对面几(鬼)。
狗咬吕洞宾，勿识好人心。
打人勿来先动手，种田勿来轧大帮。
羊去吃草鹅去赶。
吃末真功，着末威风，赌末精光，嫖末真空。
大个磕磕拜，小个搿来卖。
得着风，便扯篷，拾着鸡毛当令箭。
人多哄啊哄，猫多勿捉虫(鼠)。
丫头远远地送(嫁)，媳妇低低地攀。
跺脚姑娘盘脚嫂，各人争得自家好。
秧好一半谷，妻好一半福。
行得正，坐得正，哪怕与和尚合板凳。
夹忙头里膀牵筋。
低凳高台子，吃饭就到嘴。
南京跑到北京，只要嘴里叔叔伯伯勿停。
一天三大笑，毛病笑得好。
爷有娘有，抵不上自有。
钉煞个秤，生煞个性，偷食猫猊勿改性。
三岁定八十。
黄毛丫头十八变，临到上轿变三变。
买房子看梁，定媳妇看娘。
鞋有样，袜有样，媳妇勿好婆有样。
男子十六挑爷担，女子十六着娘衣。
家有贤妇，夫不遭枉祸。
一条腰裙系成筋，勿知丈夫哈个心。
好男不信枕边状。
一爷娘生九种子。
手心手背都是肉。
债多不愁，虱多不痒。
好马不吃回头草。

邻居好,赛金宝。
不听老人言,吃苦在眼前。
让人三分,百事太平。
看人挑担勿吃力,自己挑担步步歇。
铜钿眼里翻跟头。
十场人命九场奸,一场人命赌铜钿。
姜是老的辣,麻雀老的乖。
不抽烟,不喝酒,活到一百勿用愁。
换汤不换药。
看人头,戴帽子。
穷灶口,富水缸。
碗底砣圆,吃人家饭难。
你有街前草,我有麦门冬。
坏扫帚对额畚箕。
勿到沙场,宵夜思量,到了沙场,冷气叹声。
出门不带三尺绳,跑特路上勿放心。
好记性勿局(如)懒笔头。
若要真,问小人。
人情不是债,六尺镬子背来卖。
瞎子当亮子吃煞("亮子"指明眼人)。
叫人不蚀本,舌头打个滚。
朋友朋友,就"防"个有。
东台不管西台事,公公不管娘娘事。
添客不杀鸡,凭空做客气。
宁做坑棚板,勿做前后"嫚"(娘)。
宁做天上鸟,勿做地上小(老婆)。
吃了红萝卜,上蜡烛账。
公要馄饨婆要面,太太婆要夹夹条。
剃头洗脚,胜过吃药。
量体裁衣,看菜吃饭,看鸡做笼。
出门走路看风向,吃饭穿衣量家当。
三天勿吃盐荠汤,脚股膀里酥汪汪。

酒多伤身，气大伤人。

宁在囤尖留，不在囤底愁。

细水长流，遇灾不愁。

知人知面难知心，菩萨也有千百等。

粮户升合计，穷人不在乎。

各人自有各人福，烂泥菩萨住瓦屋。

一物对一物，菩萨对念佛。

三代不读书，等于一圈猪。

一个丫头吃两家茶，屁股打来像烂番瓜。

野花美，野花香，摘到手里要遭殃。

敲了木鱼不做岸，做了和尚不尝鲜。

早洗头，晚汏脚，赛过天天吃中药。

十网下水九网空，一网弄到老包工。

天要下雨掩不住，娘要嫁人留勿住。

牙痛不是病，疼来真要命。

东造葫芦西造瓢。

箩里拣花，拣来眼花。

逢人只说三分话，未可全抛一片心。

冷末冷的风，穷末穷的债。

福无双至，祸不单行。

筷头上出孽子，棒头上出孝子。

养猪养羊，本短利长；羊落羊，三年落一场。

鸡对头，鸭朋友。

鸭在水中游，勿愁盐和油。

五、长兴方言歇后语(2)

年初一吃酒板——第一朝(糟)。

打开天窗说亮话——直截了当。

老鼠钻进风箱里——两头受气。

船头上跑马——走投无路。

鸡蛋鸭蛋炒鹅蛋——浑蛋。

廿一天孵不出小鸭——坏蛋。

两个哑子困一头——好来吭啥话。

海滩头开店——外行。

蚊子叮菩萨——认错人。

寡妇嫁人——心不定。

腰裙上系转裙——情上加情(裙上加裙)。

江北驴子学马叫——南腔北调。

跷脚驴子跟马跑——差一大截。

讨饭人看戏——穷开心。

烧香望和尚——顺便。

贼喊捉贼——倒打一耙。

小和尚念经——有口无心。

小庙里大菩萨——独大。

绣花枕头稻柴芯——外头好看里头空。

姑娘坐轿——头一回。

马尾串豆腐——提不起来。

额角头上搁扁担——头挑。

钥匙挂在胸口上——开心。

丈母娘看女婿——越看越欢喜。

弄堂里拔木头——直来直去。

白露日子的雨——到一处坏一处。

生成的性,钉杀个秤——改不了。

大懒差小懒,小懒差白眼——全是懒虫。

一埭篱笆三个桩,一个好汉三个帮——互助互济。

大水冲走龙王庙——不认自家人。

癞蛤蟆想吃天鹅肉——痴心妄想。

歪嘴吹鼓手——斜气(多)。

狗嘴里落勿出象牙——坏人说不出好话。

歪嘴吃鳗鲤——弯弯顺。

歪嘴吐口水——校(射)不正。

鲳片落在带鱼里——独阔。

带鱼掉进鲳片里——特长。

挨进门，自搬凳——人家不欢迎。

六月里穿暖鞋——日(脚)难过。

父子俩打铁——呒饶让。

打铁碰着补锅子——黑手碰黑手。

外甥提灯笼——照旧(舅)。

两个半炮仗(爆竹)——你想(五响)("你"与"五"均读作"呒")。

打破砂锅——问(纹)到底。

癞子撑洋伞——无法(发)无天。

棺材里伸手——死要钱。

踏板上的蚊子——不在账夹里。

猪八戒照镜子——里外不是人。

凉帽没有边——顶好。

一拳打在棉花上——没回音。

十五个人聊天——七嘴八舌。

十五块布做衣裳——七拼八凑。

七尺布拦腰剪——不三不四。

十字路口贴广告——众所周知。

舌头上生疮——说不出话来。

郎中翻车——失约(药)。

围巾包癞头——危险(围癣)。

焦麦粞烧羹饭——勿成末事(不成体统)。

木匠弹线——开一只眼，闭一只眼。

老鼠衔薄(菜)刀——寻死。

聋子的耳朵——摆摆样。

婆婆陪媳妇——呒工夫(公夫)。

瞎子买扁担——寻翘巴。

癞子头上虱子——明摆。

冬瓜藤牵在茄子田里——瞎缠。

番芋田里挑担——藤牵(碰到不顺心的事而作罢)。

老虎头上拍苍蝇——惹祸。

蜻蜓吃尾巴——自吃自。

坑棚头吹鼓手——凑(臭)热闹。

出头椽子——先烂。
眉毛上挂尼线(针)——戳眼。
年三十夜看皇历——没日子。
茶壶里焜饭——有货拿不出。
骑马看书——走着瞧。
驼子死了两头翘——又气又好笑。
老太婆的嫁妆——古货。
裁缝的尺子——量人不量己。
白笔画勒白墙上——白话(画)。
冬瓜烧茄子——烂搭烂。
麻袋里绣钉——自出(戳)本心。
饿头里嗝气——穷争气。
陌生人吊孝——死人肚里有数。
上吐下泻——两头拔。
医生戴口罩——嘴上一套。
眼睛长在头顶上——目空一切。
灶君菩萨上天——拣好话。
烂泥萝卜——揩一段吃一段。
挖脱萝卜——地皮宽。
麻子搽粉——蚀杀老本。
拾到鸡毛当令箭——像煞有介事。
空棺材出葬——目(木)中无人。
响鼓不用重槌——点就明(鸣)。
杉木扁担——宁断勿弯。
暗洞里绕脚——瞎缠。
萝卜青菜——各人所爱。
瞎子磨刀——快特。
床底下放鹞子——就这么高。
和尚打架——抓不到辫子。
八十岁学吹鼓手——迟了。
搽粉进棺材——死要面子。
茶馆店搬家——重砌炉灶。

狗咬拉屎人——呒良心。

老鼠落在米囤里——吃不完。

饭末一口一口七(吃),沟要一段一段拷(做事要有计划,要分先后顺序)。

气剎气死要生病,开开心心活条命(要乐观,不要消极)。

满口饭好七(吃),过头话难说(说话要留有余地)。

只要记,勿要气(要记住失败和教训,要奋发努力)。

招财各(的)手,呒底各(的)斗(指人只知道做,不会理财)。

甜瓜吃仔千千万,苦瓜吃仔在心头(不要忘记苦难,要努力改变命运)。

秧好稻好,娘好囡好(根苗是十分重要的)。

弄堂里厢拔木头(喻实话实说)。

节头(手指)头浪(上)出艾(眼)睛(摸彩,靠运气)。

种花里(作物)勿着一熟,寻娘子勿着一世(成家立业是人的头等大事)。

朝(早晨)糊涂易得过,亚(晚)糊涂苦里苦(指人往往到了晚上才知道要完成一天的事)。

十月中,施(梳)头七(吃)饭当一工(农历十月中旬白天的时间很短)。

是呒(你)各(的)财,坐仔有得来(发财是命里注定的——唯心)。

呒子(儿子)发财雅(爷)勿穷(儿女有出息,父母也会幸福)。

云浜(缝)里各(的)蘖(日)头,蛮(后)娘(妈)各(的)拳头(对比,突出后妈的凶狠)。

拍脱门伢(牙)往肚里咽(把苦处埋在心里)。

招(搔)成疮,困成病(贪图舒服反倒有害)。

三岁定八十(性格和习惯是从小养成的)。

种田勿来忙(望)四方,行船勿来开(看)大帮(应该向别人学习)。

只有懒人,呒得懒地(只要勤劳就有收获)。

勿要银(人)前人话,几(鬼)门前几话(不要做两面人)。

勒光串头绳(乱吃乱用,不留一分钱)。

山头浪(山墙上)开户口(门),独做人(不与人来往)。

瓜仔(乖巧人)有饭七(吃),呆汉喝西风(头脑不灵活会吃亏)。

迷路(雾)勿开(消)就是雨,话事(劝解)勿开就有几(鬼)。

(矛盾总不能解决肯定有人为因素)

有仔八尺做七尺(办事要量力,要节约钱物)。

先(前)半夜想想自家(己),后半夜想想勃(别)银(人)(不要光为自己着想)。

聋蚌(聋人)伲(耳)朵摆摆样(花架子,不派用场)。

雌蛸蜞(蟛蜞)爿勒(爬、钻)雌蛸蜞洞里，雄蛸蜞爿勒雄蛸蜞洞里(喻人做事太呆板)。

麻将(麻雀)飞过看雌雄(形容人有眼力，欺骗不了他)。

老虎头浪(上)拍苍蝇(胆敢与强暴势力斗争)。

叫银(人)勿蚀本，舌头浪(上)打个滚(对人嘴甜不吃亏)。

七(吃)仔伲线话真话(喻人说实话)。

橄榄屁股坐勿住(喻人没有坐性)。

单怕杨事(树)叶落破头(形容人胆小怕事)。

钞票笃勒冷死(水)缸里(喻白费财力)。

瞎子(瞎眼)料子(以为)亮子(眼明人)七(吃)刹(死)(猜疑，误会)。

三天勿吃盐鸡(咸菜)汤，脚果郎(脚)里酥汪汪(无力)(素食也能养身)。

末事(东西)拨勒狗七(吃)仔还会调调(摇)伲巴(尾巴)(喻人要懂得感恩)。

打末打仔寡化子(要饭人)，欺末欺仔屋里人(专欺弱者，表现无能)。

豆腐心肠铁嘴巴(嘴硬心软)。

节头(手指)适(塞)勒嘴巴里啊(也)勿咬银(人)(性格温柔，不欺人)。

灶肚(膛)勿嫌啥(柴)蠢(差)，吼子(儿子)勿嫌娘蠢(丑)(子不嫌母丑)。

眼睛脱轮轮，银(人)啊(也)七(吃)得进(弹眼落睛，凶相吓人)。

两只甲(脚)穿勒一只裤子脚管里(形容十分忙乱)。

吃粥勿富，养雅(爷)勿穷(吝啬、小气不发财，要孝敬老人)。

狗头浪(上)一把，毛(猫)浪(上)一把(做事没有条理，杂乱)。

三十勿发，四十勿富，五十、六十要走喜(死)路(应该在年轻时就努力)。

所谓祖宗十八代是指自己上下九代的宗族成员。

上按次序称谓：

生己者为父母，

父之父为祖父，

祖父之父为曾祖，

曾祖之父为高祖，

高祖之父为天祖，

天祖之父为烈祖，

烈祖之父为太祖，

太祖之父为远祖，

远祖之父为鼻祖。

即：父、祖、曾、高、天、烈、太、远、鼻。

书中说：因人怀胎，鼻先受形，故鼻祖为始祖。

下按次序称谓：

父之子为子，

子之子为孙，

孙之子为曾孙，

曾孙之子为玄孙，

玄孙之子为来孙，

来孙之子为䍐(读 kūn)孙，

䍐孙之子为仍孙，

仍孙之子为云孙，

云孙之子为耳孙。

即：子、孙、曾、玄、来、䍐、仍、云、耳。

书中说：耳孙者，谓祖甚远，仅耳目闻之也。

年龄称呼：

满周岁——襁褓

3 岁——孩提

女孩 7 岁——髫年

男孩 8 岁——龆年

幼年泛称——总角

10 岁以下——黄口

12 岁(女)——金钗之年

13 岁(女)——豆蔻年华

13～15 岁——舞勺之年

15～20 岁——舞象之年

15 岁(女)——及笄之年

16 岁(女)——破瓜年华、碧玉年华

20 岁(女)——桃李年华

24 岁(女)——花信年华

至出嫁——梅之年

至30岁(女)——半老徐娘

20岁(男)——弱冠

30岁(男)——而立之年

40岁(男)——不惑之年、强壮之年

50岁——年逾半百、知非之年、知命之年、艾服之年、大衍之年

60岁——花甲、平头甲子、耳顺之年、杖乡之年

70岁——古稀、杖国之年、致事之年、致政之年

80岁——杖朝之年

80～90岁——耄耋之年

90岁——鲐背之年

100岁——期颐

妈妈我要当兵去

樊敏章

20世纪70年代初，一个严冬的上午，我在田里劳动。大队里的民兵连长来到了我的身旁，对我说："敏章，你去参加体格检查吧，身体合格才有可能去当兵。"我满口答应："好！好！"小时候，我就有去当一名解放军的梦想，杨靖宇、董存瑞、黄继光等英雄人物常在我脑中盘旋。

当晚，我翻来覆去地睡不着觉，心里面想得很多：比如在体检之前我要做好充分的思想准备，要加倍当心自己的身体，不要拉肚子，还有当心不摔跤啊，总之以防万一，不要出什么安全事故。我最担心的是我的身高，我问自己凭我这矮小的身体能行吗？万一人家挑选身材高大的人去，我就轮不上了。我估摸着自己的体质，想到了我符合条件的四个方面：第一，政审方面绝对是靠得住的，我家祖辈"一清二白"。第二，从小我生活在海边，游泳持续可游四华里。第三，我的视力超过一般人，比如有一条船从东海方向驶来，像小黑点那样，别人看不见，而我能够发现它。第四，我从小到大没得过什么病，连医院都没有进过。还有我挑担干活能争十分工。凭以上几个条件，我定能体检合格。想到这里我就放心了。

一个星期后体检通知下来了，在体检测量我的身高时，我尽量伸长自己的脖子，因为身高是我的"短板"，我想尽量把身材拉高一点，可是那个严谨的体检医生，突然在我的头顶上一拍说："站站好！"把我吓了一跳，并且吓得不轻，我的思绪顷刻被他这突如其来的一拍而打乱了，我紧张了起来，心想这下完了可能通不过了，所幸还好，我的身高量到了1.64米。总算过关了，但我又想如能再高1厘米，那该多好呀。因为1.64米属于中等偏矮身材，(无奈这是爹妈给的)，一路检查下来我总算都过关了。

回到家里见到母亲，我高兴地对她说："妈妈，我要当兵去了。"可是母亲不这么想,她说:“我们樊家祖祖辈辈都是本分的种田人,从来没有哪个人当过兵,在旧社会时有一年国民党抓壮丁,那个伪区长指定要抽你父亲去当兵,后来你爷爷通过熟人,上缴了他一石大米(等于160斤)后才没有去当兵。”

母亲从小是个苦命人,由于旧社会没钱看病,5岁时就死去了娘,到13岁她父亲又生病去世了,剩下一点地由母亲来种。那天我祖父看见她幼小的年龄在锄地,一双小手冻得满是冻疮,便产生了怜悯之心,觉得这个孤儿太惨了,这么小的孩子今后怎么生活啊?尽管自己家里也有好几个人,还是将她领回家收养了。没有共产党,就没有新中国,也没有今天的幸福生活。母亲深知这一点。我对母亲说:“现在我一人参军全家光荣,你让我去吧!”母亲说:“是啊,你有兄弟五个,我们也应该有一个人去当兵了。旧社会老百姓不肯当兵,因为国民党欺压百姓,新社会解放了,要有人去保卫,我同意你去当兵。”

当兵意味着要离开生我养我的父母;离开朝夕相处的兄弟姐妹;离开父老乡亲和一起长大的同学们,这也许是人生命运中另一种选择的开始。

此时国际形势十分紧张,美帝亡我之心不死,所谓的苏联老大哥在我边境屯兵百万,挑衅闹事,甚至威吓要使用核武器,战争一触即发。毛泽东主席审时度势,号召全国人民“深挖洞,广积粮,备战备荒为人民”。另外在我国南方,美帝国主义正在侵略越南,这个当初被我们称为“同志加兄弟”的社会主义邻国,也面临着生死存亡的关键时刻,越南正处在战火纷飞硝烟弥漫之中,还有台湾当局天天叫嚣反攻大陆。因此对我们这一批新兵来说,很有可能要打仗,随时准备上战场,并做好牺牲的准备。

当我穿上军装准备出发的那一天,妈妈和大姐都哭了。是啊,母亲养育了我18年,儿行千里母担忧啊!如今要离开她了,此一去不知哪年才能相见。也许在她眼里,平时我是一个听话而又懂事的孩子,在我10多岁的时候就帮妈妈烧饭,打水,割草喂猪,还要带领好比我小的5个弟妹。如今我走了就少了一个帮手。因此妈妈流泪是在情理之中,舍弃小家,为国家。

出发了,从老宅的南岸向西海塘上走,大约5里路程到达长兴码头。这天由父亲一个人送我,他背着我的行李走在前面。此刻我望着父亲那宽大的背影,然而又回想起父亲那慈祥的笑容,那平时十分温和的性格,他从不与人争长论短,而用他十分勤劳的双手来撑起10个人的一个家,我的心情难以平复,五味杂陈,我默默地流下了眼泪。我心里在想,以后我一定要报答父亲对我的养育之恩。回头我又望着那片从小在这里玩耍过的海滩和那圩岸内的老宅。是啊,这就是我深深爱着的故乡,然而我将要离开这片热土了。离开,我乃更是爱她。

不远处已经听见了送行的锣鼓声。在踏上码头的那一刻,父亲转过身来,将背包交给我,他定睛凝视着我,只见他眼睛里滚动着泪花,虽然他没说什么,但我看得出这是一种期待,是一种希望,希望我在部队一定要好好地干。只是不说罢了。然后他只说了一句:“到了部队要写信回来。”

热血青年上征程,远方的军营在召唤。到了晚上,火车的汽笛声响了,互不相识的新兵们拥挤在一节货车箱内,乘着漆黑的夜色,向着北方奔驰,透过车厢的门缝,偶然见到不时闪过的村落和那十分稀少的灯火。火车越是向北,越是寒冷,气温已达到了零下十多度,在车厢内我们一行人感到越来越冷,可是我的心还是热的,早已飞向那遥远的军营……

(2019 年 7 月 5 日)

第七章　三村概况

本篇章辑录了凤凰镇域的先进、先丰、北兴三个村的文史材料，较为客观地反映了这三个村的村貌和历史发展轨迹，成为长江口明珠——长兴岛的一个缩影，更为《云帆沧海凤凰镇》提供了辅助材料。

先进村发展史纪实

顾晓三

先进村正像它的村名，各个方面都比较先进。论规模，在长兴镇24个行政村中位列第二。论经济，新中国成立以来在各村中也名列前茅。论人文，领导班子坚强有力，群众思想觉悟普遍较高。论村容村貌，楼宇整齐，马路整洁，绿树成荫，鸟语花香。新中国成立以来，特别是改革开放40年来，先进村在各个方面都迅猛发展，呈现出一派欣欣向荣、繁荣昌盛的景象。

一、基本概况

解放初期，先进村的前身是凤凰村和凤东村，1956年成立先进农业生产合作社，公社化后，两村合并称为先进大队。1984年改称为先进村，下设18个村民小组，以后第18组撤销，固定为17个村民小组。地理位置在长兴岛中部凤凰镇区，东与丰产村为邻，南为长江口南航道，西靠马家港河，北沿青草沙水库。总面积4.14平方公里。截至2018年底，全村有1 215户，3 155人。外来人口3 500多人。耕地面积由原来3 133亩减少到1 600多亩。现有柑橘面积1 000多亩，粮田面积600多亩。村部设在凤东桥边。

在先进村范围内，有长兴镇政府部门，公、检、法院，镇文化馆，中、小学校，中心幼儿院，社区卫生服务中心，养老护理院等事业单位。国家大型企业中海造船厂入驻先进村南海岸。7个银行坐落先进村凤滨路上。凤凰公路纵贯先进村中部，江南大道、潘园公路横穿先进村东西。东邻长江隧桥，南有市轮渡客运码头，水陆交通十分便捷。南部的电厂、北部的水库、中部的液化气供运站，使居民的用电、用水和用气得到保障。地理位置的得天独厚，海纳各方和外商投资。

二、历史变革

在长兴岛100多年的历史中，鸭窝沙是最早形成的7个沙之一，先进村在鸭窝沙上具有非凡的创业史。在到处是蛸蜞、芦苇、茭白草的鸭窝沙上，先进村人勤勤恳恳与天抗争，围海造田开荒种地，在这块土地上繁衍生息。先后围出了15个小圩，土地面积3 000多亩。小圩名称分别是：四圩、八圩、福字圩、田福圩、徐春富小圩、大元字圩、小元字圩、稻字圩、先进圩、德林圩、勤俭圩、劳动圩、先进西圩、先进东圩、磨坑圩。围圩做岸是强劳动活，这种劳动强度只有经历过的人才能体验到。劳动工具是华撬和泥络扁担，由一部分人用华撬把泥掘到泥络里，一部分人再把泥挑到岸线上，最多要走百来米和24个脚塌(像爬楼梯一样一步一步爬上岸)，爬上去后都是气喘吁吁，脸红耳赤，上气不接下气。圩岸做好后，遭潮水冲刷，还要及时修复，再一次挑泥做岸，等海塘护坡做好后才完成工程。如今这种繁重的体力活被挖掘机和泥浆泵所代替，大大减轻了劳动人民的劳动强度。在这15个小圩内分布着先进村17个生产队。在没有二、三产业的当时，人们在这些土地上辛勤耕耘，上交国家公粮，保持自家口粮，维持基本生活。当时的生活条件是十分艰苦，人们只求吃饱，不求吃好，尤其在三年自然灾害时期，吃糠咽菜不稀奇，为数不少的人吃灰茭白充饥，排便困难，营养匮乏。渡过了困难期后，大家的生活逐渐好转，20世纪70年代后，政府正确决策，大胆实行熟制改革，改三熟制为二熟制，改粮棉为粮橘。并且五个轮子一齐转，大力发展工业。先进村先后办起了五金厂、综合厂、纸箱厂、金加工车间。竹木加工、自行车修理、豆腐店、理发店等小作坊也随之而来。在大陆办起了铅瓶厂、堆场、土建队等。村领导班子千方百计发展生产，壮大集体经济，增加村民收入。

三、发展机遇

随着国家经济的发展，国有大型企业江南船厂和振华港机入驻长兴，使先进村遇到历史上难得的发展机遇——为国家大型企业囤地。这就涉及动迁农户和征用土地。先进村委牢牢抓住机遇，从2002年开始，陆续动迁居民共371户，征用土地1 800亩左右。按照政策，国家给农户合理赔偿，并安排动迁房入住和就业，先进村百分之三十的村民搬进了新居，生活舒适，经济宽裕，生活有保障。

与此同时，先进村委与时俱进，在大开发中寻找契机，2006年与为中公司合作，建造凤辰乐苑小区住房,创造了千万元的利润,在凤卫路建造了 2 073 平米的商业用房,把原有老菜场翻建成宝隆酒店和部分商店,每年有百万元以上盈利。土地集约化和土地流转,把农户手中的分散耕地,集中给专业户经营,让农户坐享红利。招商引资是政府给予我们的优惠政策,先进村紧紧抓住时机,挖掘潜力,倾力而为,在宝山吴淞设立了办事处,派精干人员专业办公,每年为村里赢得一定的经济收入,仅 2018 年即为村获利 800 多万元。种种有力举措,极大地壮大了集体经济,村民又得到了实惠。

四、组织交替

新中国成立以来,在先进村担任党支部书记的有:张志清、徐庆生、刘品章、袁永培、胡坤、朱潮、朱晓义、胡均、、黄继刚。担任大队长的有:陆锦涛、张志德、刘士忠、徐成彬、、张光明、费雪妹、刘亚华、曹海兵、沈玉奇、蔡文忠等人。领导班子不断年青化、知识化。

村委办公地点几经搬迁,新中国成立初期借用徐美珍家一间民房办公,1956 年搬至徐春富小圩北,1976 年搬至凤滨路桥东测,2008 年搬至凤东桥南侧至今。

五、树立样板

在人口众多的中国,解决吃穿问题是摆在我党面前的一件头等大事。历年来,长兴为国家的大农业生产做出了较大的贡献。先进村也一马当先。不但产量领先,耕作方式也做表率。第 3 生产队是全乡的样板队,乡里开农业生产现场会,地点一直放在先进 3 队,上级派技术员杨玉泉同志专职蹲点指导生产。小队长杨松涛同志不负重托,认真积极地采用各种新技术,以新农艺辐射全乡,起到了全乡的带头作用。杨松涛同志光荣地被评为上海市劳动模范。

六、民生工程

历届村委都把民生工程作为第一己任,视群众利益为第一要务。集体经济壮大了,首先想到的是人民群众,并由小到多,由浅入深,让广大村民得到越来越多的好处。早期给烈军属、特困户、五保户发放一定数量的救济款,以后逐年逐步扩大范围。以 2018 年为例,全村发放各种福利补贴共计 100 多万元,老年人各种补贴50多万元,困难户、重疾户救助补贴15万余元。另每年安排一次老年体检、妇科检查、癌症筛查和接种疫苗,体现人民政府为人民,社会主义一家亲的良好氛围。

七、村容村貌

走进先进村,良好的村容村貌吸引了广大游客;这里楼宇林立,马路整洁,每家每户出门就踏上沥青和水泥道路。2017年至今,拆除违章建筑8.8万多平米,沟边、路边种上花草树木,道路、河沟派专人护理,给村民和游客一个干净舒适的生活环境。

在北沿海滩,建造了一条景观绿化带,在第8、9队地带,建造了一个健身疗养公园,生活在这里的人们,每天能够呼吸到足够多的负氧离子,有利于健康长寿。

八、长寿之村

生活质量的提高和条件的改善,加上人民政府的关怀,使先进村的老人都健健康康地度过幸福的晚年,60岁还算小,70岁不算老,80岁满村跑,90岁到处找,100岁真不少。先进村超过百岁的老人有:黄彬103岁,蒋友青103岁,姚敏秀103岁,郁玩清100岁,龚祥福102岁,张彩英101岁。这些百岁老人的家庭条件并不是十分富裕,也不是每餐大鱼大肉、山珍海味,他们的共同特点是乐观开朗,与世无争,勤劳朴素,诚信和善。

九、人才辈出

一方水土养育一方人。在先进村这块风水宝地上,孕育出不少祖国优秀儿女,他们中有的为保家卫国决然从军,有的为建设祖国贡献一生。如15队的老党员徐惠明,在朝鲜战场上,身上多处受伤不下火线。一次行军中,因鞋带松了,在系鞋带的一刹那,一颗流弹在他前面划空而过,系鞋带救了他一条命。12队的万祥元同志在朝鲜战场上是个炮兵,在战斗中震伤了耳朵,带着耳背复员回家。16队的黄士祥当的是工程兵,他们逢山筑路,遇水架桥,在一条隧道中往往一住就是数年,由于表现出色,荣立三等功。目前,在先进村的退役军人有178名,他们为保家卫国做出了贡献。

70年的社会主义建设事业中,更多模范人物和事迹值得我们崇敬。刘品章同志是先进村任职时间最长的党支书,历时22年,后提为公社党委副书记。他身先士卒，勇于拼博，在各项工作中都起模范带头作用。1975 年为多交公粮，深入各生产队，要求打净草稞柴稻谷颗粒归仓，硬是以一斤之差夺得全公社粮食产量之冠，被大家公认为长兴公社“王牌大队”。胡均同志历任先进村支书 18 年，任职期间敢于创新，为村里争得了不少经济收入，他体贴民众，对困难群众慷慨伸出援手，被群众称为“百姓父母官”，2016 年被评为全国劳动模范。黄继刚同志在北兴村新农村建设中搞得生机勃勃，经济上打了翻身仗，百姓喜欢满意。他接任先进村支书后，深入群众，广泛调查研究，听取民众建议，把自己积累的领导干部经验和上大学时学得的知识用于实践，大胆改革，开源节流。坚信在黄继刚书记的领导下，先进村的新农村建设一定会更上一层楼，经济建设一定会搞得更好。

在党组织的培养教育下，先进村人才辈出，据不完全统计如下：

1. 万祥元　市轮渡长兴码头负责人
2. 姚金华　上海市交通处处长
3. 倪善明　上海市消防总队参谋长
4. 杨文龙　离休干部
5. 杨佩华　宝山交通局离休干部
6. 沈德康　宝山杨行镇党委书记
7. 施惠德　离休干部，长兴公社副社长
8. 袁永涛　长兴税务所书记
9. 倪雪明　援藏干部
10. 费琢成　长兴工商所所长
11. 徐宝其　长兴工商所所长
12. 顾金祥　长兴海塘所所长
13. 沈中心　宝山高境税务所所长
14. 顾金宝　宝山泗塘幼儿园园长、书记
15. 顾玉娟　宝山高境第二幼儿园园长、书记
16. 徐建良　长兴野马电器厂厂长
17. 徐惠忠　长兴调度站站长
18. 黄佳明　长兴公社党委秘书
19. 费剑波　上海剑德建筑工程有限公司董事长
20. 朱晓义　长兴镇社会事务所主任
21. 张光明　长兴柑橘公司经理
22. 陈林德　长兴农业中心主任

23. 陈德兴　上海凤德市政工程有限公司总经理

24. 沈早其　长兴农业中心书记

25. 朱妙其　长兴改水站站长

26. 陆友青　杨浦区税务局局长

27. 沈学明　长兴乡教卫组负责人

28. 胡银娣　长兴乡妇联主任

29. 胡金生　长兴粮管所党支部书记

30. 罗政才　宝山长兴福利院院长

31. 杨松涛　上海市劳动模范

32. 高学成　农商行长兴支行行长

33. 陈允平　长兴中心小学校长

34. 陈必成　长兴中学校长、书记

35. 徐静芳　长兴中学校长

36. 唐振祥　长兴中心小学负责人

37. 陈萍　　长兴中心幼儿园园长

38. 吴阿六　上海第三航行社书记

39. 黄惠锦　长兴铸钢厂厂长

40. 张兆祥　长兴手工业社社长

41. 徐建飞　两次获得上海市三八妇女红旗手称号

(以上名单由本村部分老干部提供)

纵观先进村历史,它经受了困难期,也达到了辉煌期。人民的生活从新中国成立初期的不求吃好只求吃饱,到现在的不求吃饱只求吃好,家家户户不愁吃,不愁穿,经济有宽余,生、老、病、死有保障,学生都能读上大学,老人都能住得起养老院。人们生活幸福美满。有词为证:

《沁园春·梦》

雄鸡一唱,东方畅亮,万物生发。望大江南北,千舟百帆,江中小岛春意盎然,楼宇成林,路沟成网,欲与蓬莱试比高。定睛看,见先进村内,格外璀璨。　　新村如此多骄,为仁人志士建功劳。忆往年拼博,奠实基石;改革开放,铸就辉煌。团结奋斗,齐心协力,迎来面貌大变样。望未来,筑强国美梦,起步今朝。

(汤友其　张光明　朱妙其提供资料)

先丰村的改革之路

孙关明　徐忠如

一、腾飞的先丰村

先丰村在长兴岛是一个较有名气的村，受到很多人的关注。它地处长兴岛中部，此地有一条知名的马家港，以河为界，河东为先进村，河西为先丰村。早在20世纪五六十年代，先丰村的地界上就有了长兴供销社、邮政局、手工业社、中药店、农业银行长兴营业所、副食品购销站、水产批发站、长兴航运管理所、长兴运输社、长兴航行调度站、长兴水利排灌站、海塘管理所、长兴小发电厂等企事业单位。这些企业落户于先丰村，给先丰村带来了很多资源优势。加上先丰村又处在政治、经济、文化中心的凤凰镇地带，各种信息灵通便捷。可是这些得天独厚的优势，在“以阶级斗争为纲”“以粮为纲”的年代里，无法起到更大的作用。单一的农业经济，使集体经济无法壮大，农民辛苦了一年，只能解决温饱，人均收入停留在300元上下。

党的十一届三中全会召开后，党的改革开放政策使先丰村抢得先机。他们从1985年到1995年，经过10年时间的打拼，获得了丰硕成果，集体经济迅速壮大。他们曾经使集体总资产达到5.7亿元，净资产3.18亿元，各业利润1992～1994年连续3年突破亿元。在那时，先丰村成为宝山区农村经济收入唯一的一个亿元村，得到了各界人士的好评。先丰村发了，先丰村富了，农民的收入增加了，村容村貌变了，人心变了，整个先丰村变了。随之而来的是赞誉，他们先后获得了“经济发展目标奖”“党建精神文明奖”“市白玉兰绿化奖”，以及全国百家绿化“先进集体”“上海市文明村”、上海市1994—1995年度文明单位等荣誉称号。目前，先丰村从原来的10个村民小组缩编为6个村民小组，有960多户，户户住楼房，消除了贫困户。村域总面积2 000多亩，总人口为1万人，其中户籍人口2 000多，近8 000人为外来人口，村里“两委”干部共 5 人，陈辉同志为现任村党支部书记、村委主任、村经济合作社主任，有村民代表 36 名，有村经济合作社社员代表 36 名。党员有 102 名，大多为机关企事业单位退休后归村的老干部、老党员。近年来，村级经济继续保持稳步上升，农民收入也逐年提高。

先丰村的发展、发迹、发富得益于有一个高素质的坚强的领导班子。俗话说“火车跑得快，全靠头来带”。先丰村就有这样的核心领导人物。1985 年，时任先丰村党支部书记的侯尚斌同志，他审时度势，紧紧抓住改革开放大好时机，大胆地提出了村办企业向大陆转移的改革计划，利用大陆的发展优势，突破长兴与大陆一江之隔的天然屏障和制约瓶颈造成的各种困难，到大陆发展工业经济，达到兴村致富的目的。当时，他们领导班子一致认为，改革开放是一项没有样板的工程，“摸石头过河”是最好的办法，不上大陆挖掘潜力，就会错失良机，良机错过，美好的愿望就永远成为泡影。他们深知，守着现有的这些小企业，发展没有余地，靠小敲小打走不上富裕之路。就算能拓展，但是海岛明摆着交通不便，运输困难，又加上能源紧张，电力不足，原材料无法保证及时到位，经常发生停工停产，如何谈得上发展？要发展，必须走出去，做大、做强，这是先丰村核心领导追求和奋斗的目标，所以，他们领导班子铁了心，向大陆发展。因为他们达成了共识，有了这种共识，他们才有底气，才能敢于冲破各种阻力和困难，勇往直前。

好运总是光顾有魄力、有勇气的追求者。先丰村人信奉千条理、万条理，发展就是硬道理的改革计划和雄心壮志。他们得到了宝山区委、区政府的重视和支持，并在江湾镇的大力帮助下，在三门路获得了征用 5 亩土地的计划指标。这真是雪中送炭，久旱逢甘雨，先丰村绝处逢生。很快，他们在那里建立了先丰村在大陆上的第一个驻足点，并在那里开设了空压机、消声器的销售基点，以此作为发展工业经济的联络窗口。有了立足安身之处，先丰村人施展手脚、广开门路，想做别人不敢想的事。第二年，他们毫不犹豫地投资 165 万元，平整了一块不起眼的低洼废地，办起了先丰在大陆上的第一家村办工厂——上海海峰铜材厂。他们把长兴的铜翻砂设备都转移至新厂，原来人员一并来到大陆。由于新厂规模扩大了，又扩充了不少人员，一个像模像样的工厂，就这样在大陆诞生了。这就是先丰村人雷厉风行的工作态度、工作速度。海峰铜材厂最初由上海铜材厂提供技术和半成品，加工生产各种黄铜管、黄铜棒。到了 1990 年，他们可以自行开发新产品，并能够自主经销。到了 1993 年，工厂月产量超过百吨，年产值达到 2 000 多万元，利润连续数年超百万，部分产品还出口到东南亚国家，为国家创汇做出贡献。

城市房地产业的发展，给先丰村又一次带来了生机。1993 年他们果断地投资1 800万元，在泰和西路建造了27 000多平方米的新厂房，把上海海峰铜材厂迁移至新建厂房内，年设计能力产值为5 000万元，比原来增加一倍多。结果迁建后的铜材厂由于规模和能力的增强，年生产能力比设计时增加了近两倍，海峰铜材厂再次获得了好收益。先丰村在工业企业上走做大、做强的发展道路，受到了同行们高度评价。上海海峰铜材厂迁至新厂址后，原厂址开发了房地产，原有地块进一步得到升值，两翼齐飞，这就是先丰村人的眼光。他们摸准这座城市的脉动，发展是永恒的硬道理。比如，他们在大陆创办的又一个企业——上海东海电焊条厂，年产量2 000多吨。1987年筹备建厂，1988年试生产，经过短短的几年时间，到1993年，他们生产的"亚字牌"电焊条，通过了国家机电工业部的验收，在市场自主销售，取得了年利税在50万元以上的好成绩。再如，在1994年他们花1 800万元购得了宝山月浦镇一块土地股份投资额，与宝山钢铁公司和大邱庄合资新建了宝津钢管厂，专业生产高频焊管，他们获得28%的年利。同年，还在泰和西路投资新建了杨臣金属压延厂。先丰在大陆的路，越走越宽，似乎到了一发不可收的地步，真令人刮目相看。

先丰人在一产上下足了功夫，他们又把眼光集中在第三产业上。他们与新疆一家公司合资开办了新宝实业公司，开展了与独联体国家为主要对象的跨国贸易，每年的跨国贸易额高达千万元以上。只要能赚钱，有利可图，他们都抱着决不放弃的态度，去试、去做。他们在三门路、国权北路相中了一块土地，立即投资336万元，建造了一座1万多平方米的内仓，作为仓储基地。由于地理环境的优越，业务量总是爆仓，每年获利百万元以上。仓储业给他们带来了好收益，他们又一次看到了生机，于是在泰和西路投资500万元，建成占地141 800平方米的康德利集装箱储运有限公司。先丰人瞄准了市场动态，进行大手笔地投入，确是前所未有。集装箱储运公司生意红火，业务繁忙，一派生机勃勃，展现了先丰村人的智慧。他们在改革开放的征程中，永不满足，不断给自己施压，开发房地产业务，是他们走向成功的梦想。从90年代起，他们先后完成了上海三门路、国权北路、民星路、殷高路等地块80万平方米公房房产的开发任务，因而使得先丰村在1992年、1993年、1994年连续3年利润突破亿元大关，村级经济空前壮大，他们为海岛发展农村经济走出了一条成功之路。我们由衷地为他们感到高兴。先丰村在改革开放的路上腾飞了，并将越飞越高。忆往昔，峥嵘岁月稠。先丰村赢得了收益，但这不是一场赌局，而是一场在市场经济浪潮中人的智慧的胜利，来之不易啊！然而，市场经济瞬息万变，进行科学合理的应对，是大浪淘沙者必须具备的驾驭才能，先丰村人深知这个道理。

二、田园经济与旅游业开发

1985年，先丰村在工业经济向大陆转移的同时，他们没有忘记农村这块赖以生存的土地，提出了农业结构要调整，向“高优高”转移的目标计划。他们想从有限的土地上创造更高的经济效益，他们知道规模化、集约化生产是提高农业经济效益的重要途径和有效办法。于是，他们抽调资金350万元，投入到千亩橘园的实施计划中。为了促成早产果、早成园的设想，在前卫农场柑橘公司的大力支持帮助下，移植了即将产果的成年果树，同时还配种了枇杷、蜜桃、李子、葡萄等高价值水果品种。虽然量不多，但是千亩橘园内经小品种果树的点缀，显得更有生机。千亩橘园的成功移植，他们根据唐代诗人柳宗元《柳州城西北隅种橘树》取其诗中“垂珠”两字，千亩橘园正式定名为“垂珠园”。1994年先丰村又投资450万元，建成一座集苏州园林风貌于一体的垂珠园风景区，古色古香，纯朴风韵，进入景区，好似置身在苏州园林，引发参观者的诗情画意。为了吸引更多的游客前来观赏，他们又追加投资100万元，在橘园上空别出心裁地架起了两道单轨钢梁，一轨上配备电动飞机载客，另一轨上配备高架自行滑车，游客来园登上电动飞机、登上自行滑车，在空中观赏果实累累，挂满枝头的丰收美景，其乐无穷。在长兴岛柑橘节期间，吸引无数游客纷至沓来，先丰人忙得不亦乐乎，他们没有想到有这么多人来这里，真是大开眼界，先丰人从此认识了旅游的内涵。垂珠园年产柑橘2 250吨，销售总收入达到450万元之多，净收入100多万元。加上垂珠园的门票收入，垂珠园的总收入十分可观。老百姓高兴地说“我们是柑橘、旅游双丰收”。事实的确是这样。

有人要问，先丰村就这点土地了，把农田都种了柑橘，农民的口粮田在哪里？不用紧张，他们领导班子早已想好办法，他们到崇明绿华乡租地400亩，签下为期15年的租地合同，并投资40万元，购置了全套农业机械，实行机械化耕作，生产出来的粮食，由村里统一供给村民。这样村民就不用心挂两头，安心于大陆企业工作。难怪村民拍手称快，都说村里领导有办法、有远见。先丰村在改革开放中给老百姓带来了实惠，这件事，曾经广为流传，说先丰村的老百姓不种粮，粮送到家。到现在为止，村里还在按老规矩办事，粮食送到村民家。这种暖人心的举动，只有先丰人才能感受得到。

在垂珠园开发建设成功以后，先丰村人又有了新的目标、新的计划和新的行动。他们经过市场探索，与上海电影发展公司合作，决定建造“上海特技城”和“先丰度假村”配套设施。1994年3月27日，他们投资5 000万元，开工建造上海特技城和先丰度假村。经过 7 个月左右的奋战，先丰人以最快的速度完成了上海特技城和先丰度假村的建设任务，于 1994 年 10 月 25 日对外迎客。上海特技城是先丰村最大的一个人造景观，集游、玩、乐、食、购于一体的游玩场所，并配有中餐、快餐厅和多功能歌舞厅，供游客欣赏玩乐。度假村拥有 27 幢花园式别墅，270 个标准客房，能提供宁静幽雅的住宿条件；同时有会议、餐饮、夜总会等团体会务、疗休养，还有采于地下 280 米深的天然矿泉水以供游泳的沙滩浴场。1994 年 10 月 25 日特技城正式对外开放，正好赶上长兴柑橘节开幕，成千上万的游客前来观赏，先丰村的道路上到处是人头攒动，人山人海。这种场景，在先丰人的眼里，持续了好多年才逐渐退去。据统计，垂珠园、上海特技城、先丰度假村这三个地方，光 1994 年旅游收入就达到了 300 多万元。旅游业带动了餐饮业、客运业的发展，很大程度上解决了村内富余劳动力的出路问题，增加了农民的收入，改善了人们的生活条件。

1995 年 5 月，先丰村又有了新的目标。他们投资 2 000 万元，向在长兴岛的东北角一块堤外滩涂地发起了攻击——围海造地。他们敢想、敢说、敢做，集中人力、物力、财力和精力，一鼓作气，在汛期到来之前，成功围垦了滩涂地 1 850 亩，接近先丰村村域总面积。在土地利用上，他们除 850 亩保持原有的芦苇荡打算用于发展旅游用地外，其余 1 000 亩土地，按照规划和布局，分别种上了柑橘、柿子、蜜桃、黄桃、葡萄等水果品种，并在水塘里放养了罗氏沼虾、中华绒毛蟹及各种鱼类。

1996 年 7 月 28 日，他们对 850 亩芦苇荡和水域面积，经过开发打造，取名“绿岛芦荡迷宫”。新景点为先丰村的旅游业又增添了新亮点。“迷宫”共分划船、嬉水、垂钓、农作物观赏四大景区。划船区设在 850 亩芦苇荡中，166 650 平方米的水面上，河汊纵横、曲折，四周海鸟飞翔，更显野趣盎然。游人进入后，稍有疏忽就分不出东南西北，犹如深入迷宫奇境，如无导游领航，很难脱离迷境。芦荡迷宫自开业后，吸引了不少市民和青少年。“迷宫”的刺激，让他们流连忘返，有游人说，“芦荡迷宫比沙家浜还沙家浜”。这就是大自然给人们的恩赐。到了秋季，万千芦花齐飞舞，好似“落霞与孤鹜齐飞，秋水共长天一色”的奇观。一年一个样，三年大变样，先丰村人用实际行动，兑现了自己的承诺，他们舍得花巨资，打造、建设了让人在家门口就能游玩、观赏、休闲、度假，放松情绪、陶冶情操的旅游景点，着实让人感叹不已，他们为海岛打开旅游知名度，走出了坚实的一步。多年前，来岛视察、访问的领导对他们说过，要把长兴岛建成“鱼米之乡、花果胜地、旅游景点”。先丰人热血沸腾，心潮澎湃，他们朝着这个美好的方向，坚持不懈、努力追求。多少年来，他们在实践中做出了贡献，为大家创造和积累了宝贵的经验，先丰人的精神值得我们大家为其点赞。

三、发展第三产业，确保后劲不断链

前进的道路上不是一帆风顺的，总会遇到这样那样的困难和曲折。1997 年，亚洲出现了金融风暴，有亚洲四小龙之称的国家和地区，被金融风暴压垮，从而引发整个亚洲及全球都受到金融风暴的影响，经济形势急转直下。上海也不例外地受到了边缘影响，市场经济经受了严峻的考验，先丰在大陆的各业经济都受到了不同程度的影响。仓储业因市政规划的延后，无法继续开发，千亩房地产基地不能及时置换，使先丰村上亿元资金滞留。先丰人碰到了难题，但他们不泄气，不能因此而止步，他们不断否定自我、完善自我，勇敢面对困难的挑战，充分利用自身优势，采取积极开展产业结构的调整与重组，盘活存量资产等一系列措施，以维护和确保经济运转正常，渡过难关。

机遇总是不负有心人。在 2000 年之际，上海振华港机落户长兴先丰村，这个有着几万职工的制造业单位驻足先丰村，给先丰人带来了商机。先丰人在外 10 多年的打拼，在市场经济的浪潮中学到了一点门槛和经验。他们一听到风声，就毫不犹豫地主动出击，一不做、二不休，一次性规划投资 5 900 多万元，建造全区具有一流规模的“上海润丰农贸市场”。占地总面积 33 796 平方米，建筑总面积 22 920 平方米。根据计划推进速度，建设工程按轻重缓急，分为三期，第一期工程 2005 年动工，到 2006 年 12 月完工，并开门迎客。二期工程 2007 年 11 月完工，并开门营业，第三期工程 2009 年 10 月完工，并交付使用。他们再一次兑现了一年一个样，三年大变样的承诺。有人说，先丰人又按下了“快门”。润丰农贸市场的建成使先丰村在岛上创业又增添了一个新的亮点，使先丰村的集体经济，又增加了后劲，村内的富余劳动力又一次获得了上岗的机会。据统计，自润丰农贸市场开业以来，每年平均有 53 名村民上岗工作，极大地解决了村里就业难的问题。在家门口工作，家里有照应，心里更踏实。有人说，“无工不富、无商不活”，先丰农贸市场的成功运营，应验了这句话。

到目前为止，润丰农贸市场通过多年的经营管理，总收入据初步统计，有 9 000 多万元。这一成果，极大地缓解了先丰村的经济压力，有效地增加和稳定了村民的收入和福利待遇。我们可以这样说，先丰村的百姓活得很舒坦、很舒心、很实在。

现在，先丰村党支部决定在新的征程中，进一步挖掘经营潜力，努力寻找新的经济增长点，开发和利用好先丰村现有的资产和资源优势，不断增加效能，增加收入，以满足人们对物质生活的需求。我们相信，先丰村人的美好愿望一定会实现，我们期待先丰村人在改革开放的大路上继续出彩，引吭高歌。

（2019 年 3 月 12 日）

北兴村大事记

张惠良　徐品芳　忻丁亭

前言

为了让北兴村广大村民对我村的过去和现在有更进一步的了解，为此编写北兴村大事记，共分为五个篇章。

一、北兴变迁篇。着重讲述北兴村自 1962 年成立以来所经历的重大事件，村委规模的变化情况，以及村办公场所逐步发展的状况等。

二、经济发展篇。主要讲述村经济发展状况。从开始村里几乎没有企业，逐步发展到拥有一批如北兴光学玻璃厂等骨干企业的过程。2000 年以后村经济支柱——招商引资所产生的经济效益逐年增长。

三、民生实事篇。主要讲述村级道路改造、河道整治、自来水建设、污水改造、各类医疗补贴、老年金发放、困难户家庭补助、村民享受的福利待遇，以及动迁后所带来的幸福生活等。

四、政绩荣誉篇。主要讲述北兴村在发展经济、党建工作、建设文明村、社会综合治理等各项领域所取得的成绩和获得的各种荣誉证书及奖牌等。

五、干部名录篇。主要讲述北兴村自成立后历届村级班子所组成的人员、领导班子配备状况及干部任职时间等。

通过以上五个篇章的阅读，对北兴村的基本概况一目了然，从而使广大村民更加熟悉北兴村、热爱北兴村，为了建设一个治安稳定、环境优美、村民幸福的北兴村而共同努力。

北兴变迁篇

1961 年下半年,原先丰大队由于规模较大,范围较广,设想将大队一分为二,设立两个大队,为此做了前期各种准备工作。

1962 年 1 月开始,划出 9 个生产队,成立北兴大队。当时大队部设在解放圩西面,一间茅屋作为办公室,屋内只有一张办公桌,条件十分艰苦。

新成立的北兴大队范围,东邻马家港,西邻庙江,南与先锋大队交界,北与光荣大队交界。共由德兴圩、德仁圩、三村圩、联合圩以及解放圩部分组成。总面积 1 800 亩左右,总户数 200 多户,总人数有 1 000 多人,下设 9 个生产队,配备队长各 1 名。各队队长如下: 1 队顾亚明、2 队姚祥郎、3 队颜小初、4 队徐云章、5 队陆根清、6 队顾才其、7 队倪本根、8 队宋阿福、9 队倪士林,并以生产队为基本核算单位进行年终分配。

1962 年 8 月上旬,强台风袭击长兴岛,由于当时海岸又小又低,并且都是用泥土堆积而成,因此经不起台风、暴雨一起冲击,在交通圩北面海岸被冲垮,汹涌的潮水一路向南,冲击所有房屋和各种建筑物,成为一片汪洋大海,此次大队遭受了较为严重的损失。

1962 年下半年,为了解决大队干部办公和召开各种会议的场所,利用先锋大队分大队时候所分到的木材,在北兴大队汽车站附近的公路南侧建造了 4 间茅屋,其中 1 间做大队办公室,中间 2 间搭建成大的会议室,用木板、木柱作为长条板凳,这样便于召开一般的中型会议。另外 1 间做卫生室,作为村民前来医治小毛病的场所。

1963 年,为了解决农田灌溉问题,在北兴车站河北处,建造机口,用电力打水灌溉,彻底改变了靠潮水灌溉的被动局面,机口负责人为姚祥郎、黄生其、范三明、张美芳等人。

1964 年,为了帮助从上海市区全家移民到长兴岛开荒种田的原新农大队社员能更好地适应农村生活,学习生产技术、生产经验,公社领导决定将新农大队各户分插到各农业大队。根据各生产队规模大小,一般安插 1～3 户。1 队施永泰;2 队周阿妹、王万年;3 队鞠家瑞、王士愧、陈惠祥;4 队杨本信、许松林;5 队忻全敖、何希凤;6 队陆雪宝、赵妙根;7 队叶春生、李三楼;8 队罗三宝、倪金法;9 队徐马牛、肖根宝,全大队安置了 19 户新农户。并将原由新农大队耕种的交通圩、工人圩、解放圩部分耕田,合计 500 多亩,划归北兴大队所有。为此,北兴大队的耕田面积、户数、人口数均有所扩大。

1964年和1965年"四情"工作组进驻北兴大队，工作组人员分别被安插在各生产队贫农户家中，实行同吃、同住，体验农村生活。

1965年，北兴1队和2队合并为一个生产队，因此2队空缺，当时只有8个生产队。

1968年后，知识青年上山下乡，来自江湾镇、五角场镇、大场镇等地区的知识青年纷纷来长兴岛插队落户，北兴大队也安插了较多的知识青年。1队许汉成、孙富林、薛东珍；3队戴桂明、吴厚俭；4队许桂英、张根祥、陆金兰、施桂珍；5队陈国庆、曹培志、孙忠琴、汪惠英、李惠琴、叶德兴；6队郝士明、李志明、李顺福；7队曹平娟、罗友苟、毕利芬、毕利芳；8队许永珍、庄步海、祖成珍、陈依玉；9队李一军、胡沫一、陈达钮、张敏磊等。广大知识青年通过在农村多年的锻炼，养成了各种良好的生产、生活习惯，他们和农民打成一片，做出了很大的贡献。经过多年努力，逐步上调返城，后来有的当了民警，有的当了医生，有的当了会计，还有的当了干部等，在各自的工作岗位上继续发挥应有的作用。

1974年在公社党委的号召下，向海滩要田，为此在全公社广大社员的共同努力下，新围出"大兴圩""庆丰圩"，各生产队分到了土地。为了解决路远田问题，生产队根据自愿报名的原则，每队抽出2～3户全家搬迁至大兴圩，优先照顾各种建筑材料(如水泥、木材、砖瓦等)，北兴大队去的所有农户，新成立一个生产队，名称为大兴4队。

60年代，当时由公社管辖的红光加工厂(碾米、轧粉)下拨给北兴大队经营，改名为北兴加工厂，负责人姚祥郎、钱祥兴、蔡家法等人。

1973年，由于原6队规模较大，决定分为两个生产队，以运河为界，河南面为6队，河北面为2队(填补因1队、2队合并后无2队的空缺)。

1976年10月，为了解决工人圩路远田耕种问题，各生产队仍按照自愿报名，优先供应各种建筑材料的原则，由各队安排2～3户搬迁至工人圩，组成一个新的生产队——北兴10队。

1976年，大队办公室搬迁到解放圩，靠近马家港公路西侧，设在北兴玻璃厂楼上。

1977年，为了解决在交通圩和光荣大队土地交错问题，跟光荣大队调整土地布局250亩左右。另外和先锋大队调整三村圩、解放圩土地面积300多亩，解决了大队插花田问题，使土地布局更为合理。

1978年，原1队、2队合并后的1队，由于各种因素，又重新分为两个生产队，即北兴1队和北兴11队。

1984年，恢复乡、村名称，长兴公社改为长兴乡，北兴大队改为北兴村，并由全体村民选举产生村主任。

80年代中期，长兴乡敬老院、天主教堂等落户在北兴村解放圩范围内。

1996年，原在北兴村范围内的长兴卫生院，搬迁到凤凰镇新地址后，乡镇领导研究后将原卫生室的一幢二层楼房无偿给北兴村作为办公用房。近几年来村里又新建了会议室、老年活动室等用房。

2008年10月，上海振华港机厂四、五、六期工程征地，北兴村4组、5组全部被征用，然后撤销两个村民小组，北兴村规模修改为9个村民小组。

2016年，北兴村将原属于个人已购买的解放圩路东街门面房16间，以80万元从个人手中收归村里所有，并投资30万元进行装修，然后以每间每月1 000元的金额租给经商户，全年创利近10万元，产权将永久属于北兴村。

2016年，经上级有关部门批准，在解放圩桥北面，北兴9队范围内，开始建筑新的北兴村办公大楼，办公区域占地面积1 700平方米，建筑占地面积550平方米，建筑总面积1 100平方米，分上、下二层。目前内部装饰均已完工，年内可交付使用，面貌将焕然一新。

经济发展篇

1962年北兴大队刚成立，从先锋大队那里分到两条农船，船老大分别为陆灿福、吴度新。各生产队分到1～2头耕牛，除此之外，其他一无所有，真可谓一穷二白。

1963年大队新建畜牧场，由顾才其担任场长。

1963年为了解决农民住房改善问题，大队新建土窑厂，生产出来的砖头，分配给各生产队急需的农户，厂长也由顾才其担任。

1971年由于单纯靠农业收入，大队没有其他经济来源，因此经济条件较差。为了发展集体经济，大队反复研究决定，将农村中的木工、泥瓦工等人员组织起来，成立一个土建队，前往市区各单位寻找业务，主要是新建、修理各种房屋，由颜小初担任队长、徐金祥担任副队长。通过各种业务往来和外界关系得到改善，除了为大队创造利润之外，又为创办大队企业打下了基础。

1973年在大队土建队的牵线下，大队决定创办北兴光学仪器厂。北兴光学仪器厂创办后，由颜小初担任厂长，徐金祥担任副厂长。最初从最基本的打磨、加工各种光学玻璃、有色玻璃开始，逐步开始搞高速抛光。有了低、中档的生产经验和成果后，根据生产需要，向高档业务(慢速抛光)进军。为此，大队建造了一幢二层楼的玻璃厂生产用房。下层4间为高速抛光间，上层4间经装饰后，安装了空调，作为慢速抛光生产用房(因慢速抛光要求较高，需要恒温和无尘的条件下生产)。当时北兴光学仪器厂的规模和档次，在全公社企业中是独一无二的，同时利润也是较高的。

1973年，大队将电焊间、木工间、修车间、理发店等一些服务性行业组成北兴综合厂。

1976年，为了解决大队企业由于交通不便而造成生产成本提高等问题，经多年努力，在上海江杨南路白杨大队租用5.2亩土地，每亩土地租金每年400元。创办了北兴油桶场，生产上海制皂厂、新华树脂厂等业务用桶。此外，木箱加工、水泥预制板等也在该地生产。

1978年，大队将农村剩余劳动力集中起来，组建了北兴缝纫厂，由黄希宰担任厂长，开始时40多人，最高峰时达到70多人。

1981年，经大队研究决定，在光荣小学旁组建成立北兴北果园，末狗为负责人。

1986年，北兴造漆厂在解放圩北面，北兴9队范围内建厂，由孙兴桃担任厂长，主要协助单位为上海华生造漆厂等。

1986年，由宝山扶贫办牵头，北兴、创建、合兴和种子场4个单位联合成立“四联仓库”，人数达40多人。1997年原水改造工程动用该地皮，每个单位分到100多万元。

此外，大队还成立了5012队，为北兴村创造了一定的经济效益。

1993年1月，大队在三林圩组建了200亩无公害蔬菜田，队长杨根宝，生产的蔬菜主要供应上海彭浦新村地区。

1993年1月，在北兴6队、7队公路南面划出100多亩土地，成立了北兴南果园，负责人倪长法。

2000年开始，北兴村成立招商部，在村支部书记盛祖高的带领下，在樊备、盛洪飞、陈俊飞等4人的共同努力下，打开了招商引资的局面，招商总税和地税逐年增长。特别是从2013年开始，在村支部书记黄继刚的努力下，使招商引资每年上升一个台阶。

2013年总税1 295万元、地税909万元，比指标超109万元。

2014年总税2 150万元、地税1 407万元，比指标超407万元。

2015年总税3 592万元、地税2 532万元,比指标超532万元。

2016年总税4 856万元、地税2 744万元,比指标超244万元。

2017年总税6 213万元、地税3 020万元,比指标超20万元。

2018年截至5月份已达5 180万元、地税达2 472万元,增幅较大,目前客户已达1 280家之多。

民生实事篇

多年来,在上级领导的支持帮助下,在历届村干部的努力下,在广大村民的支持配合下,北兴村的各项民生实事逐步落实、成果显著。

(一) 道路改造,方便村民出行

1980年以前,村级道路均为高低不平的泥路,晴天泥土飞扬,雨天路面泥泞湿滑,村民行走十分不便。由于当时财力不足,只能用钢漆灰加水搅拌后做路面处理,做成简单的道路。这种路面虽然解决了路面不平和表面光洁,但经不住各种车辆的碾压,时间不长,路面就损坏了。为了彻底改变这种状况,村里决定做水泥路,将北兴村所有村民进出的主要道路,逐步分阶段建成牢固的水泥路。2004年首先做了北兴一路、二路、三路等几条主要道路,共计6公里。2006年第二次做了2.5公里;2008年第三次做了1.5公里;2014年至2015年,在村支部书记黄继刚的努力下,得到了长兴岛开发办的大力资助,将联圩、三村圩、工人圩等10多公里的乡村小道全部改造成水泥路,彻底解决了村民的出行问题。

(二) 河道清理整治,明确责任到人

对北兴村范围内的各种河道,进行堤岸加固,并将河道两旁各种杂草、垃圾进行清理。建立河长负责制,并有专人负责,落实各种责任制,使河道管理处于常态化,保证河道通畅、河水清洁。

(三) 各种医疗补贴,减轻村民负担

近年来,生大病、重病医疗费用较高,给患者本人和家庭带来了较大的经济压力。为此,随着村经济的发展壮大,村里对除医疗费用报销后的自付,超出2 000元的部分,报销15%(余额不受限制),超出10 000元的部分,报销20%,最高上限40 000元。帮助村民减轻经济负担,农村户口享受农村合作医疗补助。

(四) 污水改造工程,保证环境卫生

由于以往村民家中没有将生活用水和污水排放分离开来,造成周边环境脏乱不堪,有的将污水直接排放到河道,污染了水质,有的直接排放到路边,出现脏水到处可见等情况。经过污水治理后，按照统一要求进行规划实施，效果明显。

（五）村民饮水改造，保证身心健康

为了使广大村民能够使用上水质较好的优质水源，将原来的自来水管道，有针对性地进行逐户排摸，对不符合要求的村民家庭进行全面改造，使广大村民均能喝上、用上优质放心的自来水。

（六）推行阳光工程，做到老有所养

对北兴村范围内，年满 60 周岁以上的村民，为了使他们的生活能过得更快乐一些，从 2003 年开始，每年分发一定数量的养老金，以改善他们的生活质量，减轻子女负担。满 60 周岁以上每人每年补贴 500 元，70 周岁以上每人每年 600 元，80 周岁以上每人每年 700 元，90 周岁以上每人每年 800 元。2004—2016 年满 60 周岁以上的每人每年补贴 600 元，70 周岁以上每人每年 700 元，80 周岁以上每人每年 800 元，90 周岁以上每人每年 900 元。2017 年又做了新的调整，60 周岁以上每人每年补贴 800 元，70 周岁以上每人每年 900 元，80 周岁以上每人每年 1 200 元，90 周岁以上每人每年 1 500 元。对没有镇保的 60 周岁以上老人，每月补贴 100 元。此外，对有房产证的各户家庭，按照人口多少，年终一次性发放 500～800 元/每户。对因各种原因而造成的困难家庭，村里在每年年终给这些家庭进行困难补助，每年补助总额近 20 万元。

近几年来，由于村级经济的发展，逐步提高了村民的各种待遇。每年中秋节每户发放 200 元的月饼费，每年发一次水果，每户金额在 100 元左右。每年春节凡北兴村村民，不论年龄大小，每人发放 20 斤大米。对做满 10 年以上生产队长的每人每年补贴 500 元。凡年满 60 周岁以上的老人，享受 2 年 1 次免费体检等待遇。

（七）落实征地动迁，村民衣食无忧

2006 年 5 月，长兴自来水厂在北兴村 9 组征地 100 多亩，动迁 17 户，镇保 125 人。

2008 年 10 月，上海振华港机厂 4、5、6 期工程征地，北兴村 4 组、5 组全部，3 组、6 组部分征用。征地面积共 1 000 亩，动迁户数 208 户，镇保人数近 500 人。

2010 年潘园公路拓宽动迁征地 10 多亩，镇保 3 户。

2013 年平安小学配套道路工程征用北兴 11 组土地 4 亩，镇保 4 人，北兴村 1 组 1.5 亩，镇保 1 人。

2013 年 9 月，天主教堂补偿征地，征用北兴 11 组土地 1.1 亩，镇保 1 人。

2013 年原水管网改造动迁，征用北兴 9 组土地 5 亩、动迁 4 户。

2015 年 1 月，中海动迁安置房基地征用北兴 1 组、11 组土地共 295 亩，动迁 47 户。

2017 年 8 月，220 伏团结变电站征用北兴 8 组土地、动迁 10 户。

（八）建设美丽乡村，环境更加优美

为配合崇明世界级生态岛建设的需要，根据村里的实际情况，美丽乡村建设做了以下几项工作。一是 2 公里河滩岸坡绿化；二是 4 个组团绿化；三是新建公共厕所 1 座，垃圾箱房 6 处；四是新建道路 3～4 公里；五是环境治理，墙面刷新；六是道路两侧绿化 5～6 公里等。此外，正在规划廊道林建设，建成后使村容村貌有较大的改观，真正做到天更蓝、水更清、景更美。

政绩荣誉篇

70 年代的农业学大寨运动中，由于北兴村在农业生产方面成绩突出，多次被原宝山县评为粮食、棉花、油菜籽生产先进单位，获得较高荣誉。

进入 2000 年以来，由于村级经济相对稳定，招商引资规模不断扩大，动迁等各项工作成绩显著，荣获上海市政府、崇明区（县）和长兴镇（乡）各种荣誉奖牌和荣誉证书。

1999—2000 年被评为崇明县流动人口计划生育先进集体。

2001—2002 年被评为长兴乡五好党支部、招商引资先进单位等。

2000—2002 年被评为长兴乡拥军优属先进单位。

2003 年被评为宝山区文明村。

2004 年被评为上海市文明村、宝山区文明村，获长兴乡经济目标奖、长兴乡农村社会事业目标奖。

2005—2006 年被评为崇明县生态文明村。

2006 年获长兴乡平安小区奖、长兴乡农村社会事业目标奖、长兴乡社会稳定目标奖。

2007—2008 年被评为崇明县生态文明村。

2008 年获长兴乡党建精神文明目标奖、长兴乡农村社会事业目标奖、长兴乡动迁工作目标奖。

2007—2009 年被评为崇明县五好党组织。

2008 年被评为上海市平安小区、长兴乡先进基层党组织、乡优秀团支部。

2009 年获长兴镇动迁工作一等奖、长兴镇社会稳定目标奖、长兴镇环境卫生目标奖、长兴镇农村社会事业目标奖，评为崇明县生态文明村、崇明县村级财务管理规范化村。

2010 年被评为上海市民主法制村、崇明县优秀老年活动室、上海市五好党组织,获得长兴镇党建精神文明目标奖、长兴镇社会稳定目标奖、长兴镇拆迁工作目标奖。

2011 年被评为上海市 2009—2010 年文明村,市五好党组织、市健康村、崇明县优秀老年活动室、县生态文明村。获县稳定工作奖、县党建精神文明奖、县社会事业发展奖。

2012 年获长兴镇党建精神文明奖、镇社会事业发展奖。

2013 年被评为上海市 2011—2012 年文明村、市 2012 年平安小区、崇明县 2010—2012 年五好党组织、县 2011—2012 年生态文明村,获长兴镇社会事业发展奖。

2014 年获长兴镇经济普查三等奖。

2015 年被评为上海市 2013—2014 年度文明村、崇明县生态文明村、县财务规范化村、长兴镇先进集体、长兴镇优秀服务型党组织。

2016 年被评为长兴镇基层服务型党组织示范点、镇先进集体。

2017 年被评为上海市 2015—2016 年文明村。

干部名录篇

北兴大队自 1962 年 1 月成立后,当时大队干部有:党支部书记张龙狗,大队长陈雪昌,会计郁光耀,副大队长高妙法、蔡银法、顾才其,民兵连长盛末郎,团支部书记兼粮管员黄学明,妇女主任王惠英。这届班子成员任期至 1966 年。

1966 年“四清”结束后的大队领导班子人员,党支部书记张龙狗,大队长高妙法,会计郁光耀,副大队长蔡银法、姚祥郎,民兵连长盛末郎,团支部书记张林妹,妇女主任张美芳。

1968 年“文革”期间,大队成立革委会,第一召集人郁光耀,第二召集人蔡银法,第三召集人陆玉明,主要由以上 3 人主持大队日常工作。

1969—1970 年,整党建党后的领导班子,党支部书记郁光耀;大队长蔡银法;副大队长高妙法、盛末郎;会计黄希宰;妇女主任徐品芳;粮管员黄学明。

1971—1982 年,党支部书记郁光耀;副书记兼大队长张惠良;会计唐德忠;副大队长盛末郎;工业大队长先后由蔡银法、忻丁亭担任;其他大队干部还有黄希宰、陈美琴、季正兵、金素珍、徐品芳等人。

1982—1985 年，党支部书记张惠良；大队长季正兵；会计唐德忠；副大队长蔡银法、盛末郎、陆锦标；民兵连长金长法；妇女主任王玉萍；植保员杨明生。

1985 年，党支部书记范伏卫；大队长李树龙；会计唐德忠；村长金长法；工业大队长季正兵；其他大队干部杨明生、王玉萍、陆锦标。

1986 年，党支部书记先后由李树龙、仇德胜担任；大队长杨明生；会计唐德忠；其他大队干部有徐品祥、杨根宝、王玉萍、陆锦标。

1986—1987 年，党支部书记仇德胜；村主任忻丁亭；会计唐德忠；工业大队长徐品祥；农业大队长先后由陆锦标、杨明生担任。

1987 年，党支部书记忻丁亭；会计唐德忠；工业副主任徐品祥；农业副主任陆锦标；劳务村主任万士祥；妇女主任由沙美桃、杨亦妹先后担任。

1988—1990 年，党支部书记吴振祥；村主任忻丁亭；会计唐德忠；副主任徐品祥、黄忠、万士祥、陆锦标；妇女主任杨亦妹。

1991 年，党支部书记张金祥；村主任顾兴元；会计陆锦标；副主任倪长明、黄忠；民兵连长、团支部书记沈学勤；妇女主任曹裕琴；出纳沈小弟。

1992—1996 年，党支部书记陈林德；村主任顾兴元，副主任倪长明、黄忠；会计陆锦标；民兵连长、团支部书记沈学勤；妇女主任曹裕琴；出纳沈小弟。

1996—1999 年，党支部书记汤茂祥；村主任沈学勤；会计陆锦标；妇女主任曹裕琴；其他干部杨根宝、沈小弟。

1999—2004 年，党支部书记盛祖高；村主任曹裕琴；会计沈小弟；其他干部樊备、杨根宝。

2004 年 5 月—2013 年 6 月，党支部书记樊备（兼任三届村主任）；沈小弟（2010—2013）任村主任，副主任杨根宝；其他干部黄岳、盛惠彬、朱爱菊、吴金娣。

2013 年 6 月—2017 年 12 月，党支部书记黄继刚；村主任沈小弟；副主任盛惠彬；支委黄岳；妇女主任先后由吴金娣、颜慧担任。

2018 年之后，党支部书记陈豪；村主任沈小弟，副主任盛惠彬；支委黄岳；妇女主任颜慧。

编后语

在编写北兴村大事记过程中，由于前后跨度达半个多世纪，涉及的人员较多，涉及的事件较广，而且无档案资料记载可查，因此存在一定的难度。为此我们千方百计动脑筋、想方法，采取凭借记忆、找证人、多走访等方法，掌握第一手资料，整理编写出这部较为完整的北兴村大事记。

在编写过程中，得到了北兴村两委班子的大力支持和热心帮助，此外也得到了众多老干部、老同志、知情者(郁光耀、黄希宰、杨根宝、孙兴桃、黄士平、陈俊飞、丁志良、蔡文英、黄申生、陆惠祥等人)的帮助，对此表示衷心的感谢。

由于我们水平有限，加上年代久远，可能有的重大事件有所遗漏或在某些篇章中时间有些出入，肯定会存在一些不足之处，望提出批评指正。

(北兴村大事记编写组，2018年)

第八章　附录

不待扬鞭自奋蹄

——记《崛起的长兴岛》编委会

陈志超

引子

“酒债寻常行处有，人生七十古来稀。”“夕阳无限好，只是近黄昏。”默念低吟着古人的名句，有些耄耋老人不免有些惆怅，他们感慨岁月的无情，感觉体力精力的不支，也感叹还有事业未竟。相比之下，还有众多老人赋予古诗新的阐释，注入了很多新时代元素，认为七老八十多来兮，夕阳无限好，晚霞更璀璨。

阳春三月，笔者有幸见到这么一群老人，他们人人红光满面，个个神采奕奕，朝气蓬勃地活跃在人生新的舞台上，干得风生水起，有滋有味，忙碌得比在职时还辛勤。无论严寒还是酷暑，有的串村走户忙着采风，有的在档案馆、图书馆细心查找资料，有的在编辑室整理文稿，有的对未来新书进行斟酌谋划。他们就是崇明区长兴镇《崛起的长兴岛》的编委会成员们。

早春播下希望的种子，金秋必有丰硕的成果。这几年他们连续编辑出版了《崛起的长兴岛》三部曲——《崛起的长兴岛——长兴儿女话长兴》《崛起的长兴岛——长兴岛的故事》《崛起的长兴岛——情系长兴》及《多彩的长兴岛》《烟雨蒙蒙厚朴镇》等书籍。业内外人士惊叹，这批老同志老当益壮，主动揽难事，自我压担子，出了这么多书，真的了不得。

著书立说颂家乡

“老牛亦解韶光贵，不待扬鞭自奋蹄”，是文学大师的名言，意境不言自明。《崛起的长兴岛》编委会筹备时,没有领导动员,没有组织安排,也没有人给他们布置任务。他们的动议完全出于对家乡的一片深情,在享受新时代美好生活的同时,为家乡做点自己喜欢做的,也是力所能及做的事。因为志同道合,情投意合,共同爱好的红丝带把他们紧紧联系在一起,在这当儿主编徐惠忠起了“领头雁”的作用。

1938年出生的徐惠忠是土生土长的长兴岛人,修过“地球”,参军入党,复员后进入基层领导岗位,兢兢业业工作到退休。因儿女都已立业成家,他退休后与老伴过着舒适的乡野生活。

徐惠忠不爱打牌消遣,不爱老酒香烟,唯有看书读报专心致志。广播、电视、报纸一样不落。尤其对家乡的《新长兴报》情有独钟,新闻报道使他不出家门知晓乡镇事,副刊上文采飞扬的文章使他陶醉其中。这些美文的内容,有的他听说过,有的他也知晓,他也小试牛刀,几番投稿遇“伯乐”,使他欲罢不能。他还有个习惯,喜欢剪报收集,把自己喜欢的文章装订成册,不时地拿出来翻翻,从中汲取“养料”,成了他写作投稿的良师益友。

机会总是赐予有准备的头脑。多年前老战友顾亦兵偕同上海金秋文学社傅家驹、《新民晚报》苏应奎、《东方城乡报》陆卫、著名作家叶孝慎等到长兴岛旅游观光,他们呼吸着长兴岛的新鲜空气,体验着海岛上的风土人情,又顺便到徐惠忠“发挥余热”的办公室坐坐。聊天时知道他爱看书报写短文,便热情鼓励他持之以恒。见他案桌上厚厚几大本剪报本,大部分是长兴岛的风情风采,很有泥土气息,于是建议他能汇编成书,作为乡土书籍,既能充实生活,又能为社会做点事。

徐惠忠从来没有出书的念想,认为著书立说于己而言,似乎遥不可及。但专家一席话,胜读十年书,使他茅塞顿开,渐渐地萌发了出书的念头。

于是他相约居住海岛的同窗好友、至爱亲朋中的“笔杆子”徐光明、蔡德忠、樊敏章、姚伯祥、周早根、虞培康、孙关明、徐忠如、周品其等,传递了老战友及专家们的建议,征求大家的意见。真是“身无彩凤双飞翼,心有灵犀一点通”,这些老同志也有读书看报的喜好,也有着种种美好的愿望,使“夕阳红”生活更加丰富多彩,听到徐惠忠要组织大家出书,还有行家指导,人人喜形于色,个个摩拳擦掌。几经商榷磨合,抱团组建了个编委会,并报主管部门批准。

众人拾柴火焰高

《崛起的长兴岛》编委会成员都是七八十岁的年龄,有热衷于出书的美好愿望,但真正行动起来,没那么轻而易举。他们中有在职时在学校当过教师的,在机关做过领导的，在企业里搞过管理的，人人通文融墨，但很多人没写过书稿，出书更是天方夜谭，他们从事的职业与出版书籍隔行如隔山。但这些“门外汉”牢记毛泽东同志“世界上怕就怕‘认真’两字，共产党就最讲认真”的教导，决心在陌生的领域摸着石头过河，去闯一闯，试一试。

出书首先要组稿。组什么稿，怎样组稿，他们冥思苦想。编委们均是长兴人，生于斯长于斯，都觉得应该写自己身边的人和事，书本要有家乡泥土的味道，也就是要有“长兴特色”。

长兴岛是个有着170多年历史的新兴岛屿，在沧海桑田变化中发生的人和事不胜枚举，他们想把这方面的内容写下来。

编委会中有人写过部分稿件，徐惠忠根据剪报又联系到了《新长兴报》有关作者，但成书的缺口仍很大。于是编委会成员分头到村委会、居委会等单位和有关老人家中采访。凡村委会、居委会中有熟人的，采风比较顺利，但往往也有异样的眼光。遇到不熟悉的，或是受到冷嘲热讽，或是被拒之门外。他们并不气馁，因为有“自讨苦吃，自找烦恼”的思想准备，碰到这些事没有耿耿于怀，灰心丧气，而是坚定了信心。随着时间的推移，老同志们锲而不舍的精神，深深感动着被访单位，于是主动向他们敞开了大门，可见人与人之间，“理解”是多么重要。

经过几个月的边采访边撰稿，及收集剪报上作者的文章，林林总总有了几十篇。但怎样梳理编辑成书，他们没有实践经验，好在得到镇党建办、宣传科、文广站的热情支持与悉心指导。其间编委会成员虚心向行家学习取经，在游泳中学会游泳，在实践中增长知识，逐渐提高着稿件质量和编辑的技巧。

书名是否有视觉冲击力，是否朗朗上口至关重要，编委们搜肠刮肚反复推敲。改革开放以来，长兴岛发生了翻天覆地的变化，当年百姓期盼的“点灯不用油，耕地不用牛”“电灯电话，楼上楼下”的梦想变成现实，而且比当年梦寐以求更美好。尤其是振华港机、江南造船等世界级国企落户长兴，工程浩大的青草沙水库建成，长江隧桥的通行，显映着长兴岛在城市化进程中冉冉崛起，大家异口同声地说书名叫作《崛起的长兴岛》，征求各方意见都说书名“画龙点睛”，昂扬大气深邃，预示着长兴岛的“诗和远方”。

在写文编书的起步阶段，他们碰到过钉子，遇到过困惑。但明知山有虎，偏向虎山行，义无反顾向前走。当第一本图文并茂的新书出版时，在岛上引起了不小的震动，因为这是件破天荒的事，在长兴岛百余年历史上从没有过的。熟悉他们的人说，这些老教师、老领导、老党员还真的有能耐，在文字道路上攻坚克难，砥砺前行，搞出了名堂经，投向他们的是敬佩的眼神。

寻根问祖解乡愁

自2013年初编委会筹备挂牌,并启动写稿,至2014年6月《崛起的长兴岛——长兴儿女话长兴》首本面世,一年半时间,几个出书追梦人,圆了出书的梦,其喜悦的心情难以用言语表达。开弓没有回头箭,从此一发不可收,又接二连三出版了《崛起的长兴岛——长兴岛的故事》《崛起的长兴岛——情系长兴》《多彩的长兴岛》《烟雨蒙蒙厚朴镇》,平均每年一本。

新书出版后在发行方面曾遇到过坎,因为编委会成员无营销经验。但他们牢记哲人说的"路是人走出来的",像出书那样,也要自己闯一闯,亲自试一试,分头前往村、居及有关单位,先是赠送而后推荐,为新书找读者,为读者介绍新书。读者们惊喜地发现书中的内容既是那么熟悉,又是那么陌生,有的更是那么遥远,不看不知道,看了爱不释手。他们说自己生活工作在长兴,对很多事情一知半解,但看了《崛起的长兴岛》系列后,"小葱拌豆腐,一清二楚"。

如读徐光明《一项特别耀眼的建设成就》、黄元章《长兴沙往事》后,知道长兴岛是由瑞丰沙、潘家沙、石头沙、鸭窝沙、金带沙、圆圆沙6个江中小沙连接而成,了解了自己居住的泥沙地的前世今生。读顾希良《苦难的童年》后,知道日寇铁蹄曾践踏过长兴岛,日伪政权下百姓遭遇到的悲惨生活。读秦志超《抗战初期长兴地区归属崇明管辖考略》,知道长兴岛曾经是崇明的辖地,长兴人中很大部分是从崇明迁徙过来的。读柴焘熊《凤凰镇名的传说》,知道凤凰镇还有这么一个披上神奇色彩的美丽传说。读徐忠如的《长兴方言》系列,方言俗语妙趣横生,因为当下长兴地方语与之有了很大差别。读茅兴昌《栉风沐雨整世纪·传薪播火新百年》,知道创办于1912年的长兴中心校是座百年老校,当年叫"新民国民学校",世界上第一个从北坡登上珠穆朗玛峰的我国藏族女登山运动员潘多,曾多次被邀请到学校做报告,还向学校赠送"勇攀高峰"的墨宝,鼓励着莘莘学子。读胡银娣《我们是"解放圩人"》,知道他们的长辈有别于其他长兴人,不是来自崇明,而是1956年在政府关心下,来自市区的人力车工、舢板船民等,开始了新生活。读樊敏章《乱世英豪》,知道厚朴镇上出过将军李海波(沈阳军区中将参谋长)和上校王英(江苏省南通军分区副司令员),这是厚朴镇人的骄傲,也是长兴岛人的骄傲。虞培康《家乡行》,叙述了那么多座桥,那么多条路,从桥和路的变迁中窥见海岛交通的巨变。樊敏章《感恩·生命的闪光》,回顾家父曾冒着生命危险,勇救落水小女孩毛妮的故事,当年是个有口皆碑的见义勇为者,读来感人至深,两家的友谊延续至今。姚伯祥《天上来客——长兴岛陨石坠落点寻访记》，描述了1966年天上陨石光顾长兴岛，很多新长兴人闻所未闻，是个阅读亮点。《知青之篇》中，当年的许多知青，以自己的亲身经历，叙述了把青春献给“广阔天地”的情景。以后他们离岛各奔东西，事业有成，仍视长兴为第二故乡，年逾古稀的他们常回家看看，写得情真意切，感人肺腑。蔡德忠《长兴岛上的知青们》，还原了那个年代贫下中农对知青的亲切关怀。滴水之恩，涌泉相报，才有知青们将长兴当作第二故乡的真情实感。《崛起的长兴岛——长兴儿女话长兴》中有7张照片，是20世纪40年代到21世纪进入新时代，从“环筒舍”到别墅，用视觉的形式，反映海岛居民住房近百年变迁，感动着无数读者。一滴水能见太阳光辉，他们从肺腑发出“没有共产党就没有新中国，没有改革开放就没有今天的新生活”的感叹。通过《育人之歌》篇目，看到了长兴岛教育的蒸蒸日上，和“灵魂工程师”们教书育人的动人事迹，许多受到良好教育的新长兴人不怕艰苦，扎根海岛，为第二故乡奉献智慧和力量。

乡土文化根植于民间，在我国历史上源远流长。她是中华民族得以繁衍发展的精神寄托和智慧结晶，是区别于任何其他文明的唯一特征，是民族凝聚力和进取心的真正动因，也是不能替代的无价之宝。《崛起的长兴岛》系列书中所写的，就是长兴岛滋生的乡土文化，是外来文化无法取而代之的。

长兴岛经历了170多年的历史，而且相当时期处在农耕时代，留下了很多诸如民俗风情、传说故事、古建遗存、趣闻逸事、家族族谱、传统技艺等。由于主客观因素的制约，以往没保留下专门的文字，许多只停留在民间传说中。随着长兴“海洋装备岛”进程的加快和时间的推移，很多将被湮灭在历史的迷漫中和停留在档案馆的资料中，子孙后代们如要了解自己的家史乡史，在档案馆或图书馆中觅寻到的只是一鳞半爪，只言片语。

《多彩的长兴岛》编委们，正是感觉到了这一点，所以不顾年老体衰，以时不我待、只争朝夕的精神，抢救性挖掘收集整理这些资料，花了极大的努力汇编成书，这是留给社会、留给子孙的宝贵文化财富。怪不得许多单位和读者，联系编委会要购买这些书，他们说平日里经常拿出来翻翻，温故而知新，今后也可留给子孙后代，作为他们了解乡情、记忆乡愁的好教材和传家宝。

余音

《烟雨蒙蒙厚朴镇》出版后，编委会本打算偃旗息鼓，原委是成员们年事已高，体力精力有限，却欲罢不能。一些消息灵通的读者和有识之士希望他们趁热打铁接着干，再出几本书。他们说长兴岛上除了厚朴镇，还有凤凰镇、三民镇、圆沙镇，都是很有历史底蕴的老镇。著名作家郭树清听闻后热诚为他们出谋划策，寻找写作新亮点，还拟定了未来的书名，如《云帆沧海凤凰镇》《江水滔滔三民镇》《渔歌声声圆沙镇》，和《烟雨蒙蒙厚朴镇》一起，形成老集镇四大系列。这样包括《崛起的长兴岛》三部曲，外加《多彩的长兴岛》共八本。目前《云帆沧海凤凰镇》在紧锣密鼓组稿编辑中，作为向中华人民共和国成立 70 周年献的厚礼。还有两本书，争取在 2021 年中国共产党诞生 100 周年前出版，给党的百年生日增光添彩。

笔者感言

为了向新中国 70 华诞敬献厚礼，《云帆沧海凤凰镇》一书将于 2019 年 10 月前出版，这是编委会编辑出版的第六本新书。连续出六本书，这在长兴岛历史上不说绝后，也属空前。除了这些老同志身体力行、不遗余力外，领导的关怀是重要方面。多年来编委会得到镇领导的关心和有关方面的支持，长兴镇党委书记邱水华、镇长沈利经常关注，还在相关会议上推荐书籍。2016 年《崛起的长兴岛——情系长兴》首发时，镇党委副书记蔡筱林代表党委、政府参加，对新书的出版表示热烈祝贺，对编委会成员忘我的奉献精神充分肯定，对全镇的文艺工作者提出了希望和要求。

新书的出版，引起了专家们的注目和点赞，中国作家协会副主席叶辛两次为新书作序；崇明籍上海作家郭树清在热诚指导长兴作者的同时，为新书作序三次；上海市文史研究馆馆长沈祖炜、崇明区档案局局长逸风也分别为新书作序。崇明区文史研究会会长秦志超、崇明区档案局文史科科长徐兵经常给予指导。

另外，郭树清、秦志超、徐兵等根据每本书定位，提供了多篇文稿。岛外作家傅家驹、苏应奎、董昊，长兴籍作家吴建国也提供了许多稿件。领导和专家、学者的关心关怀，鞭策着编委会百尺竿头，更进一步。编委会在徐惠忠带领下，徐光明、蔡德忠、樊敏章、姚伯祥等核心编委按照分工，各负其责，三更灯火五更鸡，日夜兼程赶进度，保证着文章的质量和新书的按时出版。同时，他们也在实践中不断摸索，从一个写文编书的旁观者，变成了积有一定经验的实践者，他们戏称自己是“学习新知识后的第二次创业”。

“功在当代，利在千秋”，对于《崛起的长兴岛》编委会几度风雨几度春秋的无私奉献及取得的成绩，有读者这样评价道。

习近平总书记在党的十九大报告中指出:“深入挖掘中华优秀传统文化蕴含的思想观念、人文精神、道德规范,结合时代要求继续创新,让中华文化展现出永久魅力和时代风采。”

在党的十九大精神鼓舞下,《崛起的长兴岛》编委会成员们更是增强了信心,决心在传承乡土文化方面,“老骥伏枥,志在千里”,不忘初心,砥砺前行。

情系凤凰镇

——访宝山区罗店镇党委书记瞿新昌

姚伯祥

初夏的一天，太阳初升，明媚柔和的阳光，照在葱翠的树叶和马路边绿化地的花朵上，点滴露珠闪光。我开着一辆老别克车一早行驶在去罗店镇的路上，去拜访党委书记瞿新昌同志。新昌是我们长兴岛老乡，长兴是由六个小沙细成的，其中瑞丰沙坍了后，新昌的父母搬到了同样偏僻的潘家沙，所以他是从潘家沙走上社会为数不多的正处级领导干部。

罗店镇政府办公大院，几十年来一直在百年老镇上。罗店也叫金罗店，它是银南翔、铜江湾、铁大场等上海北部名镇之首。罗店镇也是宝山的革命老区，解放前就有我党的地下工作者活动，新中国成立后的几十年间人才辈出，宝山的方方面面都有操着罗店口音的领导干部。宝山区的领导在习近平新时代的开局之年把瞿新昌同志从顾村镇调往罗店镇任党委书记，足见区委、区政府对他的倚重。值得回味的是兴昌的前任也是我们长兴岛人，他是从鸭窝沙凤凰镇走出来的领导干部——徐荣森同志，我在《崛起之路》一文中已有关于他的笔墨。

从吴淞镇家里出发，走外环线顾村沪太路立交去浏河方向美兰湖下匝道口下来，应该在马路边上，现在的机关大院原是罗店镇新区北欧风情小镇建设指挥部，在徐荣森书记任上搬迁过来的，我有印象但没有进去过。那大院宽畅无比，绿树成荫、繁花如锦。

顺着台阶拾级而上，办公室的小王见我进来，已在门口等候，瞿书记关照把我领到餐厅用早餐。瞿书记的办公室在三楼中间，整洁有序，新放置的盆景得体，靠墙的书架上摆满了书籍。空气中散发着书香味，是行政首长的办公室更像是学者的书斋。走进门，瞿书记立即起身相迎，连声说老领导请坐，马上端上清香的新茶，弄得我十分难为情。

略事寒暄，直入主题，我汇报了受《崛起的长兴岛》编辑部徐主编委托，送《多彩的长兴岛》《烟雨蒙蒙厚朴镇》两本书，同时正在编写《悠悠往事凤凰镇》一书的打算，请求瞿书记给予帮助支持。瞿书记听了我的简要陈述，当即肯定了我们这些老同志自费出书的壮举，不求名不求财的耕耘，一年一本出版到现在第六本了。谈起凤凰镇的马家港，还有凤凰桥、同心馆、粮管所，新昌书记一下子回忆起了自己的童年和青年时代，有声有色的给我一一道来。

新昌出生在长兴岛西边创建村一个十分贫苦的农民家庭，懂事的他，早早的帮父母割猪草、放羊、看鸡鸭。放学回家总是帮母亲烧火做饭，还要在煤油灯下写作业。他和小伙伴们高一脚低一脚走在田埂上，到三里路之外的三明镇去上小学，然后再到 10 多公里以外的长兴中学读初中、高中。停学后，一个偶尔的机会，村委领导看到他们家的具体情况后，安排他到凤凰镇“同心馆”(饭店)当上了学徒。凤凰镇是人民公社时期的经济、政治和文化中心，是长兴岛的繁华之地，镇上供销社、合作商店、粮管所、邮电局、中心小学、卫生院等应有尽有。同心馆是上海老城隍庙来长兴开设的分店。那时 8 分钱一碗飘着油花、散发着葱香的阳春面也使我至今难忘。我的《赵局的田园梦》一文中的主人公赵敏先于新昌在凤凰镇长兴供销社做事。然后两人分别一步一步走上领导岗位，多年来两人在宝山叱咤风云结成了忘年交，新昌尊称赵敏为师父，这在同行中传为佳话。

在同兴馆的那些年月，新昌说：那时学徒不像现在的青工，我那时天天起早摸黑，早晨开门扫地，生火烧炉灶，给师傅端茶送水样样都要做。夜市收场后，清理桌上、地上所有货物，垃圾也要学徒来清理。夜里还要值夜守更，防火防盗责任重大。学徒磨炼三五年后，人生受用了一辈子。凤凰涅槃重生，双双飞越长江，在宝山的广阔新天地，展示了他们的才华。新昌在文化局的领导岗位上留下了他的精彩笔墨，奔赴江西革命老区扶贫帮困，在红土地的日日夜夜也留下了他的足迹。顾村是“诗乡”，顾村公园是上海在宝山的亮点，更留下了他的智慧和领导艺术。在党委支持下，顾村镇总工会这几年创造总结新时期工会工作的“顾村经验”，更是名声在外。2017 年全国总工会主席李建国带领全国各省市工会主席在顾村镇召开了现场会，号召全国工会系统推广和学习“顾村经验”，把工会工作引向深入，瞿书记也被光荣评为“工会之友”。

不知不觉中时间已过去了一个多小时，后面的几个会议都在等候瞿书记。告别时，他鼓励我们老骥伏枥志在千里，继续为家乡留一点笔墨，并建议我们把书名《悠悠往事凤凰镇》改为《云帆沧海凤凰镇》，他会继续支持我们按计划写好《江水滔滔三民镇》《渔歌声声圆沙镇》……

走出书记办公室，门口已有多人候着。我为顺利完成编委交给的任务而高兴，我相约书记，新书发行之日，我会再次登门送书和感谢书记，感谢老乡的关心支持。迎着八九点钟太阳，心情和汽车发动机一样欢快的一路向前。我相信百年老镇肯定会焕发出强劲的青春活力。

（2019 年 6 月 15 日）

非人磨墨墨磨人

——忆长兴文化馆馆长顾晓雪

刘萍

当代著名学者余秋雨在其《文化苦旅·笔墨祭》中道:“古代文人苦练书法,也就是在修炼着自己的生命形象……”“非人磨墨墨磨人”,磨来磨去,磨出了一个个很地道的中国传统文人,只有把书法与生命合二为一的人,才会把生命对自然的渴求转化成“笔底风光”。而这正是顾晓雪诠释的人生价值。

初次见面,他风华正茂,温文儒雅,自然地展现出文化人特有的书生气息。记得当时正是初春时节,宝山区长兴乡文化馆招聘工作人员的文化考试,正在长兴中心小学教室进行着,我也是应试者。因为我是外来媳妇,在考场也不认识任何人,考试结束从容地第一个交卷走出考场。在楼梯口碰见了一个年轻白净的书生,他微笑着问我:“你考好了?好考吗?第一个交卷?”我一愣:“你觉得好考吗?你不是比我先出来吗?应该是你第一个交卷。”他笑笑,不置可否。

第二次见面,是在当初的台胞接待站,那天正好是文化馆面试工作人员,我接到了面试通知书。我有序跟着人流进去面试,正好又遇见了当初考试出来见到的那个人,他微笑问我:“你来面试?”我点头并礼貌地反问:“你也来面试?”他笑笑点头算是回答了。通过笔试面试,我终于接到被录用的通知书,第一天上班,第三次见到他,原来他就是长兴文化馆馆长顾晓雪,让我很是惊讶!

他外秀内刚,不苟言笑。在工作中,严于律己,坚持原则,作为群众文化工作者,要求员工修炼自我,提高修养。每周,他利用个人休息时间,备课对员工进行行为规范培训讲座,他都是亲力亲为,既是管理者又是教育者。而在我眼中,他既是长辈又是良师益友。员工们集中在图书室,顾馆长摆块小黑板,拿着粉笔在黑板上奋笔疾书的样子还在眼前,工整秀丽的字体,映入眼帘是那样的赏心悦目,听他讲课，既陶冶情操又修身养性，在提升自我修养的同时，又能欣赏到他的书法，所以，每周都很期待他的讲座。没有规矩不成方圆，他严于律己，从不迟到，每天上班，他总是第一个到办公室。有时我会迟到，总是很忐忑，有一次终于被他发现了，把我叫到办公室，严肃而又心平气和地问我："是否生活上有啥困难？为何会迟到？"这样的关心问询方式，比骂我还难受，让我无地自容，从此，我再也没有迟到过。

我敬畏于他儒雅的人格，感激于严父一样的爱护。记得刚上班不久，我病了一场动了手术，心情不是很好。顾晓雪馆长带着其他同事，一起到医院看望我，看我心情不好，他像父亲一样拉着我的手："安心养病，年轻人恢复得快，别气馁。你只不过身体上装了根拉链，没什么大不了的，休养好了继续唱唱跳跳来上班。"引得大家开怀大笑。

他内敛不张扬，豪放又细腻。他静如处子，动如脱兔，在他练笔写字时，"古墨轻磨满几香，砚池新浴灿生光"；书法表演时，行云流水，落笔如云烟。如今，斯人已逝，唯留墨宝在人间。他是怎么练得一手好字的？前不久在长兴文化中心"顾晓雪书法展"上，听他的爱人朱雅芳女士回忆，儿时的顾晓雪聪明好学，在小学时期，因为写字认真，经常得到表扬，老师的表扬使他爱上了写字。当时，没有字帖，他就用心收集一些漂亮的书写文稿、风格出彩的签名等，并迫不及待用手指在自己大腿上比画。到初中少年时期，语文老师发了一本《中楷字帖·金训华同志日记摘抄》，他激动不已，如获至宝，一有机会就临摹练字，没有纸他收集废报纸香烟纸，对书法如痴如醉。高中时期的姬传礼老师，引领他走上了正规的书法练字之路。姬老师告诉他："学书法一定要临帖，不临帖是永远写不好字的。他从中悟出了"端端正正写字，堂堂正正做人"的道理，并逐渐听到了王羲之、欧阳询、颜真卿、柳公权等历代书法大家的名号，更加增加了学习书法的浓厚兴趣。通过不断努力，2012 年，他的作品入展"伟大时代、风采上海"第四届上海市民艺术展，2013 年荣获"翰墨书写人生"首届上海市民书法大赛"百名书法家"称号，并加入了上海市书法家协会。他的书法追求"清新脱俗、古朴典雅、平淡天真、渐老渐熟"的境界。"非人磨墨墨磨人"，他自己也承认被墨磨了将近 50 载。50 载的磨墨生涯，品味中华书法博大精深。"路漫漫其修远兮，吾将上下而求索"，是顾晓雪的座右铭。

笔墨春秋写华章，书画人生叹苦短！无奈天妒英才，英年早逝，然而他光明磊落、追求艺术人生的精神财富却永留人间。顾晓雪，我敬爱的老馆长、老前辈，您永远活在我们文广人的心中，并激励我继续为长兴镇群众文化事业奉献一切！

（2019 年 6 月 27 日）

长兴岛上缘觉寺

郭树清

上海长兴岛的历史并不久远，自1842年露出水面，至今只有177年，佛教传入长兴岛也仅百年。20世纪二三十年代时，岛上曾有四处仅用芦苇和稻草搭建的土庙。那时候，这些乡间土庙，由于海岛闭塞，交通不便，规模极小，平时做佛事的不多，香火也不旺。当时的海岛全是围垦的土筑大堤，遭遇大潮大风时，江水泛滥，冲毁堤岸，淹没房屋粮田，导致颗粒无收。因此，人们为了祈求菩萨保佑海岛风调雨顺，粮食丰收，百姓安康，每年农历六七月份水稻等农作物成熟期，或是遇到干旱等灾害时，乡民们都要自发地举行"出会"(乡间方言，即是"庙会")。出会时，村里挑选几个身强力壮的青年男子，将土庙里的菩萨和香炉抬出庙门，点燃香火，由一个身穿彩服的长者领着，敲锣打鼓、吹喇叭开道，而从四面八方赶来看热闹的人则相随，声势浩大，气氛热烈，排着长长的队伍，吹吹打打，串街走巷，来到田间岸边，祈求菩萨保佑百姓家庭平安，生活美满，没有灾害，年年有个好收成。由此可见，长兴岛上这一富有泥土气息与浓郁地方色彩的民间习俗，寄托了海岛人民祈盼幸福、安定的美好愿景。然而，这些寺庙，因设施简陋，严重失修，破败不堪，有的早在20世纪40年代就遭海坍淹没的厄运，有的已基本废弃，仅剩下一座在当时的厚朴镇东约200米处的"猛将庙"，新中国成立初已停止佛事，20世纪50年代至60年代初被生产大队当作办公场所，后在"文革"期间被当作"四旧"而拆除。从此，长兴岛上没有了寺庙，更是没有民间宗教活动。1978年12月，党的十一届三中全会后，民族宗教政策逐步落实，长兴岛上又恢复建起了寺庙，以使沉淀多年的宗教文化和民风民俗得到挖掘整理和保护。"缘觉寺"是目前长兴岛上仅有的一座佛教寺院，是在建于20世纪90年代初(1994年)的"垂珠园"内经过10多年分阶段改造，而重新建起的佛教寺院。2012年10月22日正式落成，取"缘觉"为寺名，乃是循佛祖"因缘而觉，缘佛成觉”之教义耶。

缘觉寺坐落在长兴岛中部，凤凰镇先丰村，毗邻公路，进出便利，因此也带旺了此地的香火。园区庭院，青瓦黄墙，长廊弯曲，飞檐翘角，画栋雕梁，精美别致，庄重而辉煌。寺院四周，树木苍翠，婆娑逶迤，与院中花卉交相辉映，衬托出佛地的庄严和肃静。寺内步道蜿蜒，小桥流水，曲径通幽。那耸立的宝鼎，玲珑雅致；香炉里香烟袅袅，烛亭内红光闪闪，僧人的诵经声和信众的祷告声，此起彼伏，错落有序，让人不由得心生敬意。

2014年9月落成并开光，高达6米、通体洁白的观世音菩萨，目前是崇明地区最大的露天佛像，耸立在寺院的亭台楼阁、假山水榭间。在光照下，佛像周身隐显出一缕蓝色的光，宛若围在身上的轻纱佛袍，在风中优美地飘动，惟妙惟肖，楚楚动人；蓝光上是明亮的天空，空中飘浮着一层薄薄的云彩，似佛光返照，照彻了过去，照彻了今世，也照彻着未来的极乐世界。据称，缘觉寺建筑，是按照苏州园林风格设计建造的亭阁式景观，将江南水乡的传统建筑艺术发挥得淋漓精致。寺院内有天心阁、观音殿、天王殿和山门，还有彩绘长廊，文化内涵深厚且丰富，吸引着众多的香客和信众去做美好的遐想……

缘觉寺占地面积5 200平方米，建筑面积为1 500平方米，虽历史不长，规模也不大，但寺内大小殿堂布置完整，清净雅致，香火颇旺，尤逢农历初一、十五，及释加牟尼诞生、出家、成道的纪念日及观世音菩萨诞生、成道、出家之日，前来进香礼佛的善男信女络绎不绝。另按当地习俗，岛上人过世后，往往要请庙里和尚或民间吹鼓手上门念经吹打，因此缘觉寺也成为当地人做佛事的超度场所。那天，我们在寺院参观时，正遇上一户人家在院内做佛事，他们身穿孝服，满脸的虔诚，既庄严安宁又温馨简朴的情景，令人印象深刻。

走出寺院大门，回首望去，广场宽大，视野开阔，绿树掩映下的缘觉寺，清砖、黛瓦、黄墙，小巧玲珑、整洁而清丽，庙门前碧波莹莹，溪水似练，在阳光下闪耀着粼粼的波光。极目远望，蓝天似明镜亮丽，大地似碧毯覆盖，河水似丝带飘逸，周围橘树翠绿，橘香四溢，真是难得的一片田园好风光，更是一处休闲娱乐，品味海岛佛教文化的好地方。

编 后 记

当《云帆沧海凤凰镇》一书付梓出版的时候，我们的心情分外激动，更是感慨万千。说是激动，我们这些年逾古稀的老同志、老党员，通过自己的辛勤劳动，编辑了这本书，为中华人民共和国成立70周年献上了一份礼物，感到快乐。说是感慨万千，因为她的出世，实在不容易，历经了多少磨难，饱尝了多少苦痛，才"呱呱落地"。但我们可以自豪地说，她的降临，无疑是一声庄严的呐喊，分明是一篇自我挑战的宣言，更是一首激情飞扬的歌谣。

我们这些七八十岁的老头儿，怀着对家乡的无限深情，不顾年老力衰、体弱多病，努力挖掘海岛文化资源，积极搜集有价值的文史资料，认真组稿、编辑，苦苦追逐着"著书立说"的梦想。四年间，由文汇出版社出版了四本书，为繁荣海岛文化事业，弘扬真善美，传播正能量方面，做出了一定的贡献，也受到了岛内外读者的好评，这是聊以自慰和值得庆幸的事情。

几年的编辑和创作实践，我们越来越感到先天之不足。编委会中没有一人经过文学方面的专业培训，对语法学、逻辑学、修辞学知之甚少，对"文学是艺术、文学是人学"的理解，也十分肤浅。在刚起步的时候，只是凭着"初生牛犊不怕虎"的那股勇气，"雄赳赳气昂昂"地走过了一段路程。但到后来，陷入了古语所说的"初学三年，天下通行，再学三年，寸步难行"的尴尬境地。对照编委会制定的《关于编辑〈云帆沧海凤凰镇〉一书的指导思想和实施意见》，在实施中离要求相差甚远。经过大家的共同努力，虚心向专家学者讨教，按照稿源的情况和展现凤凰镇的历史风貌、人物故事、自然景观、文化教育等基本要求，对有些文稿作了较大的修改和润色，才逐步形成现在的格局。编委会的同志在工作中也受到了教育，提升了自己的人生价值。

这本书得以出版，与方方面面的关心和支持是分不开的。长兴镇党委和政府一直关心着我们的民间出书事业。党委书记邱水华同志，由于工作忙碌，未能为本书亲自作序，为此还派人专门打来电话，打了招呼，这使我们深为感动。崇明区文史研究会会长秦志超同志特地为本书作序；现任宝山区罗店镇党委书记的瞿新昌同志(土生土长的长兴岛人)，怀着深厚的热爱家乡之情，十分关注我们的编书工作，还特为本书确定书名；凤凰镇域的先进、先丰、北兴三个村的党支部和村委会，在编辑过程中给予全程关注，并提供了许多有价值的资料；还有岛上的许多热心人士和作者，也给予大力的支持和帮助。在此，我们一并表示最诚挚的感谢！

由于时间仓促和我们的水平有限，书中一定存在不足之处，敬请读者谅解，并望提出批评。

《崛起的长兴岛》编委会

2019 年 7 月